新心理学ライブラリ **14** 梅本堯夫・大山　正監修

心理統計法への招待

統計をやさしく学び 身近にするために

中村知靖・松井　仁・前田忠彦 共著

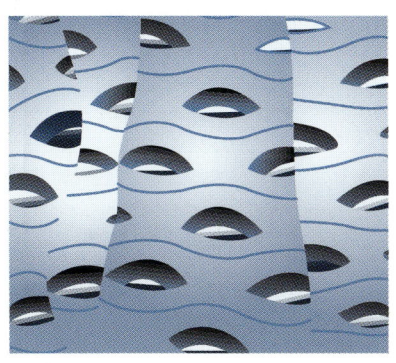

サイエンス社

監修のことば

　「心」の科学である心理学は近年目覚ましい発展を遂げて，その研究領域も大きく広がってきている。そしてまた一方で，今日の社会においては,「心」にかかわる数々の問題がクローズアップされてきており，心理学は人間理解の学問としてかつてない重要性を高めているのではないだろうか。
　これからの心理学の解説書は，このような状況に鑑み，新しい時代にふさわしい清新な書として刊行されるべきであろう。本「新心理学ライブラリ」は，そのような要請を満たし，内容，体裁について出来るだけ配慮をこらして，心理学の精髄を，親しみやすく，多くの人々に伝えてゆこうとするものである。

　内容としては，まず最近の心理学の進展——特に現在発展中の認知心理学の成果など——を，積極的に採り入れることを考慮した。さらに各研究分野それぞれについて，網羅的に記述するというよりも，項目を厳選し，何が重要であるかという立場で，より本質的な理解が得られるように解説されている。そして各巻は一貫した視点による解説ということを重視し，完結した一冊の書として統一性を保つようにしている。
　一方，体裁面については，視覚的な理解にも訴えるという意味から，できるだけ図版を多用して，またレイアウト等についても工夫をして，わかりやすく，親しみやすい書となるように構成した。

　以上のようなことに意を尽くし，従来にない，新鮮にして使いやすい教科書，参考書として，各分野にわたって，順次刊行してゆく予定である。
　学際的研究が行われつつある今，本ライブラリは，心理学のみならず，隣接する他の領域の読者にも有益な知見を与えるものと信じている。

監修者　梅本　堯夫
　　　　大山　　正

まえがき

　心理学の授業を担当していると心理統計法や心理統計学の授業は苦手だという声をよく聞きます。確かに文科系の学生にとっては数学と関連のある統計学に対して苦手意識があるのもよく理解できます。避けることができるなら避けたいというのが本音でしょう。

　しかしながら，苦手意識を持ち続けていたのでは，統計学のよさを理解することは難しいです。統計学に限らず，物事に対して苦手意識やネガティブな感情を持っていると，その対象を自分にとって価値あるものにすることは困難です。まさに統計学が嫌いだというネガティブな感情が，統計学を自分から遠ざけ，それによって理解が進まず，さらに嫌いになるというネガティブなスパイラルに陥ってしまうのです。

　ネガティブなスパイラルから抜け出すには，自分にとってプラスとなる面を統計学から見つけ，統計学に対してポジティブな感情を持つようにすることが大切です。もちろん，意味もなく突然，統計学を好きになりなさいといっても無理なことで，当然，統計学が自分にとってどのような価値があるのかを知る必要があります。

　統計学は，自分が行った研究成果を他の研究者に効率よく伝えるためのコミュニケーションツールの一つです。膨大なデータがあったとしても，その特徴を万国共通な数字によって簡単に表現することが可能です。海外の研究者に対しても研究結果の表を見せれば，言葉で説明するよりも，研究結果を正確に伝えることが可能です。

　また，統計学はデータから意外な発見をもたらしてくれたり，自分の主張を確かなものとしてくれたりします。データを眺めていただけでは決して見いだ

すことができない現象を統計学は新たな切り口で見せてくれます．さらに，自分の主張を言葉巧みに説得するよりも，数字を示して説得するほうが効果的です．

統計学は自分を高めてくれる有効なツールだと思えば，それを学んで理解をし，活用することがいかに大切であるかが分かるでしょう．統計学は嫌いだと遠ざけていたのでは自分にとって損な結果となります．

しかし，統計学に対してポジティブな感情を持てと言われても，内容的に理解できないことが連続すると，ポジティブな感情を維持することが難しいことも事実です．やはり，内容を理解できることも重要です．

そこで本書では，統計学をより身近な存在にするために，内容をできる限り平易に説明し，理解しやすい記述に努めました．また素朴な疑問にも答えられるように紙面の許す限り丁寧に解説しました．

本書に含めた内容としては，心理学を学ぶ上で最低限必要かつ基礎的なものにしました．したがって，必要ではあるが内容的に水準の高い因子分析などの多変量データ解析については取り扱いませんでした．

本書の執筆は3人で行いました．1～4，7，8，11，12章を中村知靖が，5，6章を松井　仁が，9，10章を中村知靖と前田忠彦が担当しました．本書に類似した内容の本は数多く出版されており，また良書も多いので，よりよい本をと心がけるあまりに3人とも筆が進まず，予想以上に原稿完成まで時間が掛かりました．その代わり，BOXにおいて統計ソフトウェアRの解説を少し加えることで，実践的に統計学を学べるような工夫をしてみました．

本書を出版するにあたり，多くの方にご迷惑とご心配をおかけしました．ライブラリ監修者の故梅本堯夫先生，大山　正先生には出版が遅れご迷惑をおかけしたことにお詫びするとともに，出版の機会を与えてくださったことに深く感謝しております．とくに梅本先生に本書をご覧頂けなかったことは後悔の念に耐えません．

また，全原稿に目を通し，表現上の問題点を指摘してくださった大上（内野）八潮氏にも感謝しております．最後に，長年にわたり根気強く原稿を待っていただき，さらに校正時には原稿の問題点などを丁寧に指摘していただいたサイ

エンス社編集部の清水匡太氏と出井舞夢氏に深く感謝いたします。

2006 年 10 月

中村　知靖

目　次

まえがき ………………………………………………………… i

1章　心理統計法入門　1

1.1　心理学と統計学 ……………………………………………… 1
1.2　2種類の統計学 ……………………………………………… 1
1.3　心理統計学 …………………………………………………… 2
1.4　データ ………………………………………………………… 3
1.5　測定（尺度）の水準 ………………………………………… 4
　　1.5.1　名義尺度 ……………………………………………… 4
　　1.5.2　順序尺度 ……………………………………………… 5
　　1.5.3　間隔尺度 ……………………………………………… 6
　　1.5.4　比尺度 ………………………………………………… 7
1.6　変数の種類 …………………………………………………… 8
1.7　Σ（シグマ）記号 ……………………………………………… 9
　　1.7.1　Σ記号の意味 ……………………………………… 10
　　1.7.2　Σ記号の用法 ……………………………………… 11

2章　度数分布表とグラフ　16

2.1　図表による整理・要約 ……………………………………… 16
2.2　度数分布表 …………………………………………………… 17
　　2.2.1　度数分布表とは ……………………………………… 17
　　2.2.2　階級の決め方 ………………………………………… 18
　　2.2.3　質的変数の度数分布表 ……………………………… 21

2.3 グラフ 22
2.3.1 グラフの種類 22
2.3.2 棒グラフと円グラフ 22
2.3.3 ヒストグラム 23
2.3.4 度数分布多角形 24
2.3.5 幹葉表示 26

3章 代表値と散布度 29

3.1 数値による整理・要約 29
3.2 代表値 29
3.2.1 平均 30
3.2.2 中央値 31
3.2.3 最頻値 32
3.2.4 代表値の選択 32
3.3 散布度 33
3.3.1 分散と標準偏差 33
3.3.2 範囲 35
3.3.3 分位数 36
3.3.4 四分位偏差 38
3.3.5 散布度の選択 38
3.3.6 分布の違い 38
3.3.7 変動係数 39
3.4 歪度と尖度 40
3.4.1 歪度 40
3.4.2 尖度 42
3.5 積率（モーメント） 43
3.6 箱ヒゲ図 43

4章 相関と回帰　47

- 4.1　2変数間の関係 …………………………………………… 47
- 4.2　相関図 …………………………………………………… 47
- 4.3　相関係数 ………………………………………………… 50
  - 4.3.1　共分散 …………………………………………… 50
  - 4.3.2　相関係数の求め方 ……………………………… 54
  - 4.3.3　相関係数を解釈する上での注意点 …………… 55
  - 4.3.4　相関係数の大きさに影響を与える要因 ……… 56
- 4.4　順位相関係数 …………………………………………… 60
- 4.5　回帰分析 ………………………………………………… 61
  - 4.5.1　回帰分析とは …………………………………… 61
  - 4.5.2　回帰直線 ………………………………………… 63
  - 4.5.3　回帰直線の求め方 ……………………………… 63
  - 4.5.4　予測の標準誤差 ………………………………… 66
  - 4.5.5　決定係数 ………………………………………… 68

5章 確率と確率分布　70

- 5.1　確率 ……………………………………………………… 70
  - 5.1.1　確率とは ………………………………………… 70
  - 5.1.2　条件付き確率 …………………………………… 73
  - 5.1.3　主観確率 ………………………………………… 75
- 5.2　無作為（ランダム）な抽出 …………………………… 78
- 5.3　確率変数 ………………………………………………… 81
- 5.4　確率分布 ………………………………………………… 82
  - 5.4.1　確率分布とは …………………………………… 82
- 5.5　確率分布の平均と分散 ………………………………… 86
- 5.6　ベルヌイ分布と2項分布 ……………………………… 89
- 5.7　複合2項分布 …………………………………………… 94

6章 正規分布と標本分布　95

- 6.1 正規分布 ･･････････････････････････････････ 95
- 6.2 標準得点 ･･････････････････････････････････ 100
- 6.3 母集団と標本 ･･････････････････････････････ 102
- 6.4 標本分布 ･･････････････････････････････････ 104
    - 6.4.1 標本分布とは ･･･････････････････････ 104
    - 6.4.2 標本平均 ･･･････････････････････････ 106
    - 6.4.3 標本分散 ･･･････････････････････････ 109
    - 6.4.4 t 分布 ････････････････････････････ 112
    - 6.4.5 分散の比 ･･･････････････････････････ 115
- 6.5 中心極限定理 ･･････････････････････････････ 119

7章 検定と区間推定：1標本　121

- 7.1 統計的仮説検定とは ････････････････････････ 121
- 7.2 科学的仮説と統計的仮説 ････････････････････ 122
- 7.3 帰無仮説と対立仮説 ････････････････････････ 122
- 7.4 検定統計量 ････････････････････････････････ 124
- 7.5 棄却域と有意水準 ･･････････････････････････ 125
- 7.6 両側検定と片側検定 ････････････････････････ 126
- 7.7 2種類の誤り ･･････････････････････････････ 127
- 7.8 検定力 ････････････････････････････････････ 129
- 7.9 p 値（有意確率） ････････････････････････ 133
- 7.10 効果量 ････････････････････････････････････ 133
- 7.11 母平均 μ の検定 ･･･････････････････････ 134
    - 7.11.1 母分散 σ^2 が既知の場合 ･････････ 135
    - 7.11.2 母分散が未知の場合 ･････････････････ 136
- 7.12 区間推定 ･･････････････････････････････････ 138
- 7.13 母相関係数に関する検定 ････････････････････ 141

  7.13.1 相関係数の標本分布 ･････････････････････････ 141
  7.13.2 母相関係数がゼロの検定 ････････････････････ 142
  7.13.3 母相関係数がゼロでないときの検定 ･･････････ 143

8章　検定と区間推定：2標本　　146

 8.1 2 標 本 と は ･････････････････････････････････････ 146
 8.2 無作為標本と無作為割り当て ･･･････････････････ 148
 8.3 独立2標本の平均の差の検定 ･･････････････････ 150
  8.3.1 母分散が既知の場合 ･････････････････････ 150
  8.3.2 母分散が未知で等分散の場合 ･･･････････ 151
  8.3.3 例：母分散が未知で等分散の場合 ･････････ 154
  8.3.4 母分散が未知で等分散でない場合 ･････････ 155
  8.3.5 等 分 散 の 検 定 ･････････････････････････ 156
  8.3.6 効 果 量 ･･･････････････････････････････ 157
  8.3.7 信 頼 区 間 ････････････････････････････ 158
  8.3.8 例：等分散の検定と母分散が未知で等分散ではない場合
     ･･･ 158
 8.4 対応のある2標本の平均の差の検定 ･････････････ 160
  8.4.1 方 法 1 ･･･････････････････････････････ 162
  8.4.2 方 法 2 ･･･････････････････････････････ 164
  8.4.3 効果量と信頼区間 ･････････････････････ 165
  8.4.4 例：対応のある平均の差の検定 ･･････････ 165
 8.5 独立2標本の母相関係数の差の検定 ･･････････････ 167

9章　分散分析入門　　169

 9.1 3 標本以上の平均の差の検定 ･････････････････････ 169
 9.2 分散分析のデータ ･･････････････････････････････ 170
 9.3 分散分析の基本的な考え方 ･･････････････････････ 173
  9.3.1 帰 無 仮 説 ･･･････････････････････････ 173

9.3.2　平方和分解 ……………………………… 174
　　　9.3.3　平均平方と F 統計量 ……………………… 175
　　　9.3.4　効果の大きさ …………………………… 177
　9.4　1要因分散分析の例 ……………………………… 178
　9.5　多重比較 …………………………………………… 179
　　　9.5.1　オムニバス F 検定と多重比較 …………… 179
　　　9.5.2　テューキー法 …………………………… 180
　　　9.5.3　ライアン法 ……………………………… 182
　9.6　分散分析の仮定 …………………………………… 184

10章　少し複雑な分散分析　185

　10.1　要因計画の導入 …………………………………… 185
　10.2　2つの要因を検討する実験 ……………………… 185
　　　10.2.1　ご飯に合うおかずと漬け物 …………… 185
　　　10.2.2　ある教訓 ………………………………… 186
　　　10.2.3　実験計画の改善 ………………………… 187
　10.3　要因計画とは ……………………………………… 187
　10.4　1要因計画（完全無作為化法）と2要因以上の計画（要因計画）の違い …………………………………… 188
　10.5　要因計画から得られる基本的な情報 ……………… 189
　　　10.5.1　（独立変数の）単純主効果 ……………… 189
　　　10.5.2　交互作用効果 …………………………… 189
　　　10.5.3　主効果 …………………………………… 190
　10.6　交互作用の概念と定義 …………………………… 190
　　　10.6.1　交互作用の有無に関するグラフによる判定 … 190
　　　10.6.2　交互作用がない場合の例 ……………… 191
　　　10.6.3　交互作用がある場合の例 ……………… 192
　　　10.6.4　交互作用の定義 ………………………… 193
　　　10.6.5　交互作用は理論に何をもたらすか …… 193

- 10.7 2要因分散分析のデータ ………………………… 193
- 10.8 2要因分散分析の考え方 ………………………… 197
  - 10.8.1 帰無仮説 ………………………………… 197
  - 10.8.2 平方和分解 ……………………………… 198
  - 10.8.3 平均平方と F 統計量 …………………… 199
- 10.9 2要因分散分析の例 …………………………… 200
- 10.10 事後検定 ………………………………………… 202
  - 10.10.1 主効果の事後検定 ……………………… 202
  - 10.10.2 交互作用の事後検定（単純主効果の検定）…204
  - 10.10.3 単純主効果検定後の多重比較 ………… 206
  - 10.10.4 効果の大きさ …………………………… 206
- 10.11 被験者内1要因 …………………………………… 207
  - 10.11.1 被験者内要因とは ……………………… 207
  - 10.11.2 被験者内1要因のデータ ……………… 209
  - 10.11.3 平方和分解と分散分析表 ……………… 209
  - 10.11.4 被験者内1要因分散分析の例 ………… 211
  - 10.11.5 被験者内要因での注意点 ……………… 212
- 10.12 より複雑な分散分析 …………………………… 212

11章 度数データの検定　214

- 11.1 度数データとは ………………………………… 214
- 11.2 適合度の検定 …………………………………… 214
- 11.3 独立性の検定 …………………………………… 217
- 11.4 比率の差の検定 ………………………………… 220

12章 順位データの検定　223

- 12.1 分布に依存しない検定 ………………………… 223
- 12.2 マン–ホイットニーの U 検定 ………………… 224
- 12.3 ウィルコクソンの符号検定 …………………… 227

目　次

　　　12.4　クラスカル–ワリスの H 検定 …………………………230
　　　12.5　スピアマンの順位相関係数の検定 …………………………232

付　　表 …………………………………………………………………233
引用文献 …………………………………………………………………250
索　　引 …………………………………………………………………251
執筆者紹介 ………………………………………………………………254

心理統計法入門

1.1 心理学と統計学

「心理学で，なぜ統計学が必要なのか？」。これは，心理学を学び始めた多くの人がもつ疑問である。この疑問の答えの一つとして考えられるのは，心理学における多くの領域が実証科学的な方法を用いているからということである。すなわち，心理学が図 1.1 に示されるような実験・調査・観察・面接によって得られた事実を証拠として理論の正しさを立証しようとする立場にあるからである。そのため，心理学において統計学は，この実証科学的方法を支える有効な道具として利用されているのである。

心理学で用いられる研究方法には，数多くの研究対象から得られた**データ**（data）（資料・証拠）をもとに一般的な法則性を見出そうとする**法則定立的**（nomothetic）**方法**と，特定の研究対象（たとえば，特定の個人）から得られたデータをもとにその対象固有の規則性を求め，その対象そのものを理解しようとする**個性記述的**（idiographic）**方法**とがある。統計学がとくに力を発揮するのは前者の方法で，研究対象から得られたデータを定量的に分析する際に利用される。

1.2 2 種類の統計学

統計学は，大きく 2 つに分けることができる。その一つが**記述統計学**（descriptive statistics）で，もう一つが**推測統計学**（inferential statistics）である。記述統計学は，研究で得られた数値化可能なデータを整理・要約し，データがもつ特徴を可能な限り簡潔に記述するもので，度数分布表，ヒストグラム，

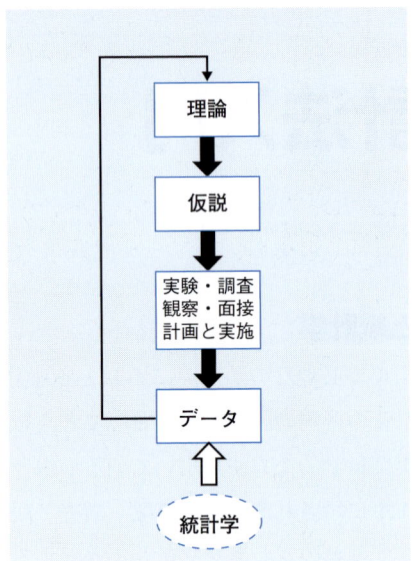

図 1.1 実証科学研究の流れ

代表値,散布度,相関係数などといった方法が用いられる。

他方,推測統計学は,実際に観測される小規模な集団の情報にもとづいて,大規模な集団(研究の全対象)の特徴について推測を行うもので,統計的仮説検定,信頼区間,分散分析などといった方法がある。

心理学においては実証科学的手続きを行う上で2つの統計学とも必要不可欠な方法であり,とくに推測統計学は実験などで得られた知見を一般化する際に利用され,法則定立的研究では重要な役割を担っている。

1.3 心理統計学

本書は,心理学において統計学をどのように利用するのかといった方法を示した内容であるため,心理統計法という用語を使用しているが,一般的にこの用語以外に心理統計学という用語が使用されることがある。

心理統計学(statistics for psychology)には2つの意味合いがあり,一つは,

心理学固有の問題を統計的モデルを用いて解明するための方法論に関する研究を行っている学問領域のことを示す。もう一つは，心理統計法と同じ意味合いで，心理学を研究する上で必要な統計的方法のことを示す。これらに関する理論的研究については，通常，心理統計学というよりも，**計量心理学**や**心理測定学**（psychometrics）といった名称が使われることが多い。

このように心理統計学では，心理学で用いられる統計的方法に関する問題を取り扱うことになるが，その範囲はかなり広い。上に示した 2 種類の統計学はもちろんのこと，探索的因子分析，構造方程式モデリング，階層的線型モデル，項目反応理論，双対尺度法，多次元尺度法，対数線型モデル，多変量分散分析といった**多変量データ解析**（multivariate data analysis）に関わる問題も扱う必要がある。

したがって，心理統計学を学ぶのであれば，多変量データ解析を含めたさまざまな方法について触れる必要があるが，本書は入門的な性格が強いので，心理学を学ぶ上で最低限必要とされる記述統計学と推測統計学を中心に解説を行うことにする。

1.4 データ

実証科学的な方法をとる研究において**データ**（data）は大変重要なものである。すなわち，データは理論を立証するための資料あるいは証拠ということになる。データとは本来，構造化や整理がなされていないものを示すが，すでに構造化されている「情報」という言葉と同意義で用いられることもある。

データは一般的に数字だけに限らず，文字，画像，音声などさまざまな形態をとるが，統計学で扱えるデータは，数値化可能なもの，あるいは数字で表現されたものに限られる。たとえば，性別が男性・女性といった文字で与えられていても，男性を 1，女性を 2 に数値化できるのであれば，統計学で扱えるデータということになる。

1.5 測定（尺度）の水準

　先ほど，数値化という言葉を用いたが，実験・調査など研究で得られた現象などを記述するため，一定の規則に従って対象や現象の特性に対して数値を割り当てることを測定（measurement）と呼び，その際の基準を尺度（scale）と呼ぶ。したがって，実験や調査などで測定された値は数字で表現されるが，数字で表現されているからといってすべての測定値に対して同じような数的操作ができるわけではない。スティーヴンス（1946）は，測定された値がもつ性質によって尺度を4種類（名義尺度，順序尺度，間隔尺度，比尺度）に分類した。各尺度は以下に述べるような特徴をもち，許容される数的操作（変換）が異なるため，尺度によって適用可能な統計的方法も異なる。とくに心理学を始め，多くの行動科学あるいは社会科学の場合，測定方法によってさまざまな尺度水準のデータを扱うことになるので，自分が得たデータがどのような尺度水準をもつのか，また，その水準にふさわしい解析方法は何かを常に考える必要がある。

1.5.1 名義尺度

　名義尺度（nominal scale）は，異なる対象を互いに区別するために用いられる尺度で，大小関係などの量的な関係はもたない。4つの尺度の中でもっとも水準が低い尺度である。たとえば，性別において，女性には「女性」というラ

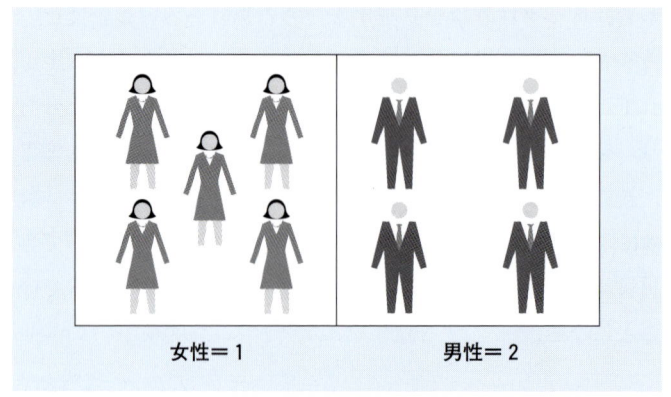

図1.2　名義尺度：性別

ベルをつけ，男性には「男性」というラベルをつけるというのが名義尺度ということになる。ただ，統計学ではデータとして数字を利用するので，質問紙などで性別を入力する際，図 1.2 のように女性に 1，男性に 2 といったような数値を割り当てることになる。

　名義尺度はデータの分類が目的なので，数値の割り当て方は，他のクラス（カテゴリ）と重複しないように，同一クラス（カテゴリ）ならば同じ数字を割り当てる。したがって，性別の例ならば，女性を 3，男性を 8 としてもよい。このように名義尺度では，女性を 1 から 3 へ，男性を 2 から 8 へ変換するといった 1 対 1 変換が許される。ただし，数字ではあっても，数値間に量的な関係がないため，四則演算などを行うことはできない。たとえば，女性が 1 で男性が 2 としたとき，1 + 2 によって算出された数値 3 は意味をなさない。名義尺度の例としては性別以外に，目の色，背番号，基本味覚（甘味，酸味，辛味，苦味）などがある。

1.5.2 順序尺度

　順序尺度（ordinal scale）は，対象のもつ属性に関して順序づけが行われる場合に用いられる尺度で，数字の大小関係のみが意味をもつ。たとえば図 1.3 にあるように，A さん，B さん，C さんの 3 名が 100 メートル走をしたとき，ゴールに速く到着した順番が B さん，A さん，C さんだったとする。そのとき，B さんに数字の 1 を，A さんに数字の 2 を，C さんに数字の 3 を割り当てるのが順序尺度ということになる。ここでの数値は，B さんは A さんより速くゴールに到着したという大小（順序）関係のみを表しており，B さんの数字 1 は，A さんの数字 2 の半分だから，B さんは A さんの半分の速さでゴールしたとはいえない。

　順序尺度では，大小関係が維持されれば，すでに割り当てられた数値を変換することも可能である。上の例ならば，順位を表す数字 1，2，3 をそれぞれ順に 2，4，8 に変換しても，変換前と変換後で互いの大小関係は変わらず，100 メートル走の結果を順序尺度として，どちらの数字で表現してもよいことになる。このような変換を単調変換と呼ぶ。順序尺度の例としては，成績の順位や

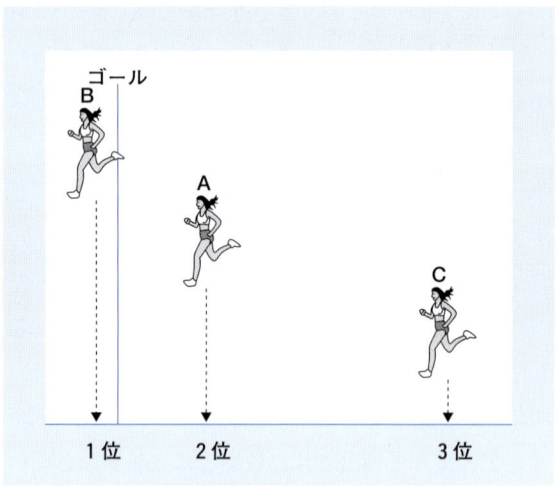

図 1.3　順序尺度：100 メートル走

実験で被験者が刺激を順序づけた場合などが考えられる。

1.5.3　間隔尺度

　間隔尺度（interval scale）は，数字の順序だけでなく，その差の大きさにも意味がある尺度である。ただし，次項の比尺度で述べられる絶対原点は存在しない。評定尺度法で得られるデータは本来順序尺度であるが，間隔尺度と見なして分析を行っている。間隔尺度の例としては，摂氏温度（°C）や華氏温度（°F）が分かりやすい。摂氏温度は，1 気圧の下で水が凍る点を 0 度，沸騰する点を 100 度とし，その間を 100 等分して定められた尺度で，20°C と 15°C の差である 5°C と，15°C と 10°C の差である 5°C は同じ意味をもつ。

　間隔尺度では，文字どおり間隔，すなわち数値間の差に意味があり，差の大きさの関係が維持される変換が認められる。たとえば，摂氏温度から華氏温度への変換，あるいはその逆の変換である。摂氏温度（C）から華氏温度（F）への変換式は，$F = 9C/5 + 32$ であり，一般的に線型変換（$y = ax + b$）と呼ばれるものである。この変換式を利用すると，10°C, 15°C, 20°C はそれぞれ，50°F, 59°F, 68°F となるから，摂氏温度の場合と同様に差をとってみると，

1.5 測定（尺度）の水準

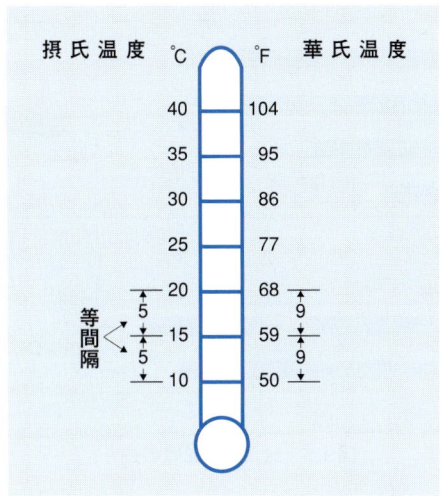

図 1.4　間隔尺度：摂氏温度（°C）と華氏温度（°F）

68°F−59°F＝9°F，59°F−50°F＝9°F となり，変換後も差の大きさは同一であることが分かる（図 1.4 参照）。

したがって，間隔尺度の場合，測定された値どうしの差や和は意味をもつことになる。ただし，気をつけなければならないのは，間隔尺度の場合，あくまでも数値間の差に意味があるので，40°C は 20°C と比べて差である 20°C 暑いと表現できるが，40°C は 20°C と比べて 2 倍暑いとはいえない。これは，40°C と 20°C を華氏に置き換えると分かる。40°C は 104°F，20°C は 68°F となるから，華氏上の尺度では，2 倍となっていない。すなわち，間隔尺度においては，比の関係は意味をなさないのである。

1.5.4　比尺度

比尺度（比例尺度，比率尺度ともいう）（ratio scale）は，間隔尺度の条件に加え，絶対原点が存在する尺度である。比尺度の例としては，身長（長さ），体重（重さ），絶対温度などがある。絶対原点とは，長さや重さがない状態であり，絶対温度（ケルビン温度）の場合は，絶対零度 0°K（−273.16°C）で分子運動が停止し，それ以下の温度は存在しない。

8　　　　　　　　　1章　心理統計法入門

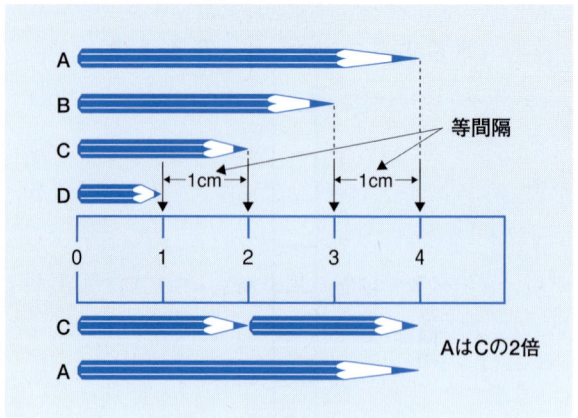

図 1.5　比尺度：鉛筆の長さ

　たとえば，図 1.5 にあるように A（4cm），B（3cm），C（2cm），D（1cm）の 4 本の鉛筆があるとする。A と B の差（4cm−3cm=1cm）である 1cm と，C と D の差（2cm−1cm=1cm）である 1cm は比尺度の場合も間隔尺度と同様に同じ長さを意味する。さらに，比尺度の場合，絶対原点が存在するため，A（4cm）は C（2cm）の 2 倍長いといった比による表現が可能である。
　比尺度で許される変換は，比の関係が保たれる正の定数を乗じる変換である（$y = ax$, $a > 0$）。たとえば，先の鉛筆の例で A と C の長さを 5 倍するとそれぞれ，A（20cm）と C（10cm）となるが，変換前の A と C の比（$4/2 = 2$）と変換後の A と C の比（$20/10 = 2$）は同じとなり，変換を行っても比の関係が保たれていることが分かる。

1.6　変数の種類

　統計学でいう変数（variable）とは，研究における測定対象に関する属性や特性を表すもので，対象によってさまざまな値をとることを意味する。たとえば，身長，体重，テストの得点，性別などが変数である。変数に対して，さまざまな値をとらず一定の条件の下で一定の値をとる定数（constant）と呼ばれ

るものがある。定数の例としては円周率（π）が挙げられる。

　変数は，質的変数と量的変数の2種類に分類される。**質的変数**（qualitative variable）は上記の名義尺度や順序尺度の性質をもち，カテゴリーによる分類がなされている変数である。質的変数で利用されるカテゴリーは，品質の上・中・下のように順序づけられた場合と，性別の男・女のように順序づけられていないものがある。順序尺度については，程度の大きさを量的に表しているとも考えられるため，質的変数ではなく量的変数として扱われる場合もある。もう一つの**量的変数**（quantitative variable）は，人数や件数などを数え上げたり，測定装置など尺度（ものさし）で数的に測定したりすることで得られる変数である。

　量的変数は，さらに離散変数と連続変数に分けることができる。**離散変数**（discrete variable）は，物事を数え上げるときに得られる変数で，とる値は有限で非負の整数である。たとえば，家族の構成員数は，1, 2, 3, 4, …… といった値をとるが，1.2 や 3.5 といった値はとらない。離散変数によって得られるデータのことを**計数データ**（enumeration date）と呼ぶこともある。それに対して，**連続変数**（continuous variable）は，一定の範囲の下で無限の値，つまり実数をとる。連続変数の例としては，身長，体重，温度などが考えられる。連続変数は，無限の値をとりうるが，実際に測定される値は，測定精度の関係で値がまるめられるため，見かけ上離散的になることがある。しかしながら，見かけ上離散的な値が得られたとしても，概念上連続的な値をとるならば，それは連続変数である。

1.7　Σ（シグマ）記号

　統計学の初歩であっても内容を理解するためには，Σ記号を理解しておくことが必要である。Σ記号は，統計学を難しくするためにあるのではなく，数式を簡潔に分かりやすく表現するために利用される記号である。本節では，Σ記号の意味と用法をまとめておく。

　数学と同様，統計学でも変数はアルファベットで表現される。今，学生5人

表 1.1 数学のテスト得点

学生	記号	得点
1	X_1	2
2	X_2	4
3	X_3	7
4	X_4	9
5	X_5	10

の数学のテスト得点（X）が手元にあるとする。具体的なデータを表 1.1 に示した。

1.7.1 Σ 記号の意味

Σ 記号は総和を表す記号で，今回の例の場合，5 人の合計得点を式で表現する場合に便利である。すなわち，

$$\sum_{i=1}^{5} X_i$$

で表現できる。Σ 記号の上下にある記号や数字は，X の添え字である i の値を 1 から 5 まで 1 つずつ変化させて X について総和をとることを意味する。具体的には，

$$\sum_{i=1}^{5} X_i = X_1 + X_2 + X_3 + X_4 + X_5$$
$$= 2 + 4 + 7 + 9 + 10 = 32$$

となる。一般的に表現するため n 人の場合を考えると，

$$\sum_{i=1}^{n} X_i = X_1 + X_2 + X_3 + \cdots\cdots + X_n$$

となる。

1.7.2 Σ記号の用法

1. 変数 (X) を定数 (c) 倍して総和をとったものと変数の総和をとって定数倍したものは等しい。

$$\sum_{i=1}^{n} cX_i = c\sum_{i=1}^{n} X_i$$

2. 定数を n 回総和をとることは，定数を n 倍することと等しい。

$$\sum_{i=1}^{n} c = nc$$

3. 2つの変数 (X, Y) の和について総和をとったものと，各変数ごとに総和をとり各総和の和をとったものは等しい。

$$\sum_{i=1}^{n} (X_i + Y_i) = \sum_{i=1}^{n} X_i + \sum_{i=1}^{n} Y_i$$

4. 変数の2乗の総和と変数の総和の2乗は値が異なる。

$$\sum_{i=1}^{n} X_i^2 \neq \left(\sum_{i=1}^{n} X_i\right)^2$$

5. また，2つの変数の総和の積と2つの変数の積和も値が異なる。

$$\left(\sum_{i=1}^{n} X_i\right)\left(\sum_{i=1}^{n} Y_i\right) \neq \sum_{i=1}^{n} (X_i Y_i)$$

BOX 1.1　統計解析ソフトウェア

　本書で紹介する統計的方法は，電卓や手計算などでも計算することは可能である。しかしながら，通常は統計解析ソフトウェアを利用することが多い。

　心理学でよく利用されるパーソナルコンピュータ用統計解析ソフトウェアとしては，SAS や SPSS がある。これらは大型計算機の時代から利用されているソフトウェアであり，計算結果の信頼性という点で優れているといえる。

　SAS は数多くの統計的方法に対応しており，心理測定の専門家の間でよく利用されている。ただし，SAS の実行にはマクロ程度の簡単なプログラミング言語的な知識が必要である。SPSS は一般的なソフトウェアと同様にメニュー形式で解析を実行することができるので，初心者でも簡単に操作することが可能である。ただし，統計解析に関して SAS ほど豊富な統計的手法に対応してはいない。また細かい制御を行うには SAS と同様にプログラミング的な知識が必要となる。

　上記のソフトウェア以外には，JMP, SYSTAT, STATISTICA と呼ばれる統計解析ソフトウェアもよく利用されている。さらに，統計解析の専門家の間ではプログラミング言語に近い S, S-PLUS, MATLAB もよく利用されている。これらのソフトウェアを利用すれば，論文に掲載されているような最新の統計的手法をプログラミングによって実現することが可能となる。

　上記で紹介したソフトウェアはすべて有償である。統計解析ソフトウェアの最大の欠点はその価格が高いことにある。この価格の問題を解決できるソフトウェアとしては R が注目されている。R はフリーソフトウェアであるが，S や S-PLUS の流れをくんでおり，統計解析の専門家も利用している。

BOX 1.2　R（アール）

　Rは無償で利用できる統計解析ソフトウェアである。グラフィック機能も充実していて，実験で得られたデータを解析し，グラフ化することも容易である。ただし，Rはプログラミング言語的な性質をもっているため，メニュー形式のソフトウェアに慣れている方にはやや敷居が高いかもしれない。しかしながら，プログラミング言語的な性質をもっているからこそ，さまざまなデータを柔軟に解析することができるといえる。

　Rについては初心者が恐れる必要はなく，使い慣れると決して難しいものではない。最初は高機能な電卓の代わりに利用するのがよいであろう。何よりも，Rはフリーソフトウェアなので，自宅のパーソナルコンピュータにダウンロードして簡単に利用することができる。

　ただし，Rの出力結果はSASやSPSSほど見やすく丁寧なものではない。Rでは基本的に統計処理は関数として定義されており，出力結果も関数から返された値として並べられているようなものである。出力結果をより見やすく洗練されたものにするには，出力関係のプログラミングが必要である。幸い，インターネット上に出力制御も含めて使いやすい統計解析の関数が公開されている。たとえば群馬大学社会情報学部の青木繁伸先生のサイト（http://aoki2.si.gunma-u.ac.jp/R/）がある。

　Rは無償であるが，サポートは充実している。誤りを訂正したバージョンアップが頻繁になされており，また使用法などに関する相談もインターネットの掲示板を利用することで可能である。すでにSASやSPSSを利用している人も一度利用する価値のあるソフトウェアである。

BOX 1.3　Rを使う

　Rはインターネット上のRに関するサイト（http://cran.r-project.org/）からソフトウェアをダウンロードして利用する（R開発コアチーム，2006）。バージョン2.1.0以降はメニューなどが日本語化されている。Rは誤り訂正のためのバージョンアップが頻繁になされているので，できる限り最新のバージョンを利用するほうがよい。RはWindows以外にもMacやLinuxでも動作する。

　Rに関する日本語の書籍はまだ少ないが，インターネット上には多くの日本語のドキュメントが公開されている。たとえば，東京学芸大学の森　厚先生のサイト（http://buran.u-gakugei.ac.jp/~mori/LEARN/R/）には日本語化されたRのマニュアルがある。その他は検索エンジンを利用すれば探し出すことができるだろう。

　Rを起動すると図1.6のような画面が現れる。プロンプトである「>」の横に必要な命令（コマンド）を入力することでRを操作することができる。Excelで入力したデータを読み込み，一連の命令群であるRのプログラムを入力すれば，Rは必要な処理を行ってくれる。

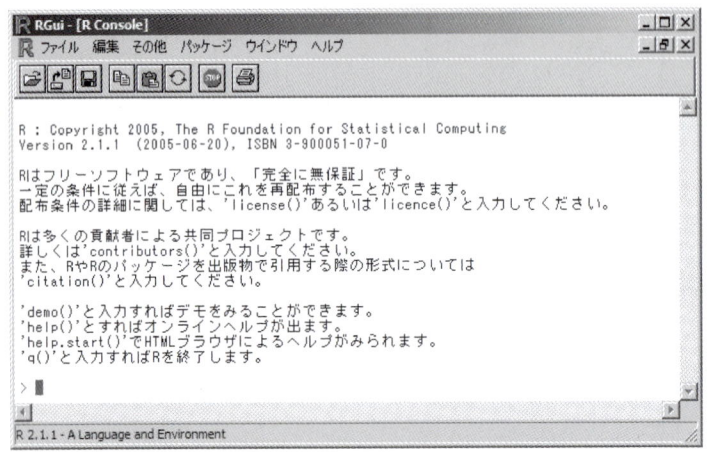

図1.6　R起動時の画面

1.7 Σ（シグマ）記号

BOX 1.4　データの読み込み

　心理学で利用するデータは表を利用して，行を実験協力者，列を変数として整理することができる。したがって，データを Excel などの表計算ソフトウェア利用して入力作業を行うことが可能である。図 1.7 にもあるように最初の 1 行目には列名（変数名）を入力し，実際のデータは 2 行目から入力することになる。ファイルの保存時にはファイル形式を CSV としておく必要がある。データには数学の得点（math）と理科の得点（sci）が入っている。

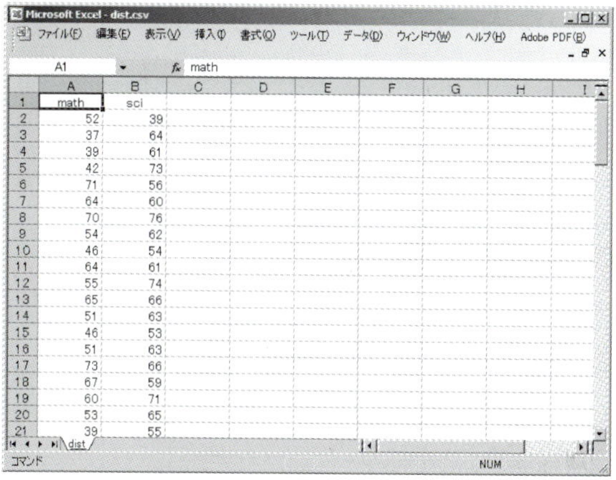

図 1.7　Excel の画面の例

　上記で作成したデータファイルを R で読み込むには，たとえばデータファイルが dist.csv であり，R で利用するデータフレーム名を demodat とすると

　　demodat<-read.csv ("dist.csv")

と入力すればよい。分析対象となる列（変数）を指定するときは「データフレーム名$列名」で表す。たとえば上記のデータの列名 math を指定するときは demodat$math となる。また，いつもデータフレーム名を指定するのが煩しいのであれば，

　　attach (demodat)

と一度入力すれば，その後は列名だけを指定すればよい。

度数分布表とグラフ

2.1 図表による整理・要約

　実験や調査などで得られたデータも，そのままではデータのもつ有効な情報を効率よく取り出すことはできない。そのため，まずはデータをある基準に従って整理・要約することが必要となる。近年，心理学においても高度な統計的手続きが盛んに用いられているが，データ解析の基本は整理・要約といってもよい。

　図 2.1 は，100 人分の数学のテスト得点を示したものである。この単なる数字の集まりを見ただけでは，データがどのような特徴をもっているかを容易に見出すことはできない。しかしながら，記述統計学（1 章参照）と呼ばれる統計的手続きを利用することによって，データを整理・要約し，データのもつ特徴を簡潔に記述・表現することが可能となる。また，後に述べるように整理・要約をすることでデータの誤りなども発見することができ，以降の分析を正確にするためにも必要な手続きである。

52	55	48	59	57	52	32	38	63	58
37	65	35	46	47	56	66	43	57	61
39	51	43	55	51	47	52	53	50	43
42	46	61	52	65	62	44	39	71	65
71	51	53	46	49	58	64	53	61	58
64	73	50	51	61	58	46	40	69	61
70	67	67	49	56	48	63	50	49	49
54	60	52	62	44	34	75	51	49	71
46	53	49	59	46	50	66	40	65	74
64	39	44	73	42	56	45	38	62	52

図 2.1　数学のテスト得点

データを整理・要約する基本的な方法として，① 図表による方法 ② 数値による方法の2つがある。本章で述べる図表による方法は，まさに図と表を利用することでデータの全体像（全体傾向）を把握するのに有効な手段である。本章では，図表による整理・要約でよく利用される，度数分布表とヒストグラムを中心に解説を行うことにする。

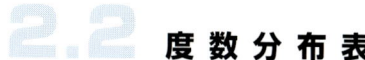 度 数 分 布 表

2.2.1 度数分布表とは

得られたデータを整理するもっとも基本的な方法は，データをある基準に従って表にまとめることである。これによってデータの全体傾向を把握することが可能となる。すなわち，この方法は，データがどの範囲にまで存在し，また，どの範囲に集中しているかなどのいわゆる分布を表によって表現するものである。ここではまず，量的変数によるデータを対象にして**度数分布表**（frequency table）を考えることにする。

度数分布表作成の基本は，得られたデータの範囲を適当な階級に分け，各階級に含まれる値をもつデータを数えて表にすることである。表 2.1 は先ほどの図 2.1 に示した数学のテスト得点に関する度数分布表である。

表 2.1 にある項目を説明しておくと，まず，**階級**（class interval）はデータをグループにまとめるための区間で，テスト得点の分布の特徴が適切に反映されるように定められる。同じデータであっても，階級の設定の仕方で分布がかなり異なって見えることがあるので注意しなければならない。階級の表記法については，表 2.1 の方法以外に「30 点以上 35 点未満」とすることもある。

境界値（real limits）はまさに階級の境を示すもので，実際に測定されたテスト得点が境界値と一致し，階級の分類に困ることがないように，有効桁数を考慮し，実際に測定値として表れることのない値，すなわち最小桁を半分にした値を境界値とする。整数しかとらないテスト得点の場合，最小桁は 1 の位なので 0.5 を単位として境界値が決められる。

階級値（midpoint of class interval）は，階級を代表する値であり階級の中

表 2.1　数学のテスト得点に関する度数分布表

階級	境界値	階級値	度数	累積度数	相対度数	累積相対度数
30〜34	29.5〜34.5	32	2	2	0.02	0.02
35〜39	34.5〜39.5	37	7	9	0.07	0.09
40〜44	39.5〜44.5	42	10	19	0.10	0.19
45〜49	44.5〜49.5	47	17	36	0.17	0.36
50〜54	49.5〜54.5	52	20	56	0.20	0.56
55〜59	54.5〜59.5	57	13	69	0.13	0.69
60〜64	59.5〜64.5	62	14	83	0.14	0.83
65〜69	64.5〜69.5	67	9	92	0.09	0.92
70〜74	69.5〜74.5	72	7	99	0.07	0.99
75〜79	74.5〜79.5	77	1	100	0.01	1.00

心点である。この値は階級の上下の境界値を足して2で割れば求めることができる。**度数**（frequency）は，各階級に含まれるデータの数であり，この表では階級に含まれる得点を得た学生の数を指す。その度数を階級値の小さいあるいは大きいほうから累積した値が**累積度数**（cumulative frequency）である。また，**相対度数**（relative frequency）は各階級の度数を総度数（学生数）で割ったものであり，累積度数と同様に階級値の小さいほうあるいは大きいほうから相対度数を累積した値が**累積相対度数**（cumulative relative frequency）である。

2.2.2　階級の決め方

このような度数分布表を作成するためには，まず，階級を決めなければならない。具体的には，データをどのくらいの大きさの幅で区切るかという**階級幅**（size of class interval），あるいは，データを何個の区間で区切るかという**階級数**（number of class interval）を決めることである。この幅や数は分析者の考えで任意に決めることは可能であるが，データ分布の全体傾向をとらえることが可能な表を作成するためには，以下のような点に注意する必要がある。

階級幅は原則として等しくする。幅としては一般的に 1, 2, 3, 5, 10, 15,

2.2 度数分布表

BOX 2.1　度 数 分 布 表

度数分布表を作成するには以下のようなプログラムを利用する。

```
demodat<-read.csv("dist.csv")
attach(demodat)
freq<-table(cut(math,seq(30,80,5),right=FALSE))
cs<-cumsum(freq)
ftable<-cbind(freq,cs)
colnames(ftable)<-c("freq","cumsum")
ftable
```

cut 関数の中の math は度数分布表を作成する列名，seq 関数の中の 30, 80, 5 はそれぞれ階級の最初の値，階級の最後の値，階級幅である．実際には以上の箇所を変更して表を作成することになる．

出力例にある freq は度数を cumsum は累積度数を表している．また階級は [30,35) と表され，[30 は 30 以上を表し，35) は 35 未満を表す．表 2.1 とは表記が異なるので注意してほしい．

```
出力例
           freq cumsum
[30,35)      2     2
[35,40)      7     9
[40,45)     10    19
[45,50)     17    36
[50,55)     20    56
[55,60)     13    69
[60,65)     14    83
[65,70)      9    92
[70,75)      7    99
[75,80)      1   100
```

20といった値が利用されている。また階級値に小数点が含まれないようにするために，幅を奇数の値にするとよい。階級数に関しては，一般的に階級数が多くなると表が見づらくなりデータ分布の特徴を把握しにくくなる。逆に階級数が少なくなると本来データ分布がもつ多くの情報が失われてしまうので，階級数は多すぎず少なすぎず，情報を集約しやすい数にしなければならない。たとえば，図 2.1 のデータに対して階級幅 1 の表を作成すると，32 点から 74 点までの 1 点きざみの縦に長い表ができ，得点の分布を把握しにくくなる。

上記の点を考慮して階級を決めることになるが，実際には階級数が決まれば，階級幅が決まるので，どちらか一方を決めればよい。ここでは階級数を決める際に参考にされる方法を 2 つ紹介する。

まず，多くの統計学のテキストで紹介されている方法として**スタージェス (Sturges) の方法**がある。この方法はデータ数（学生数）を n とすると，階級数 $= 1 + 3.322 \log_{10} n$ を基準に階級数を決めるものである。表 2.2 にこの基準にもとづいたデータ数と階級数の目安を整理しておいた。

上記の方法はデータ数をもとに階級数を決めているが，データの存在する範囲をもとに階級数を決めることも可能である。すなわち，「階級数 =（最大値 − 最小値）/ 階級幅」を基準に階級数を決める方法である。この方法では，階級幅をあらかじめ決めておくことになるが，実際には階級幅をいくつか変えて階級数を計算し，階級数が 10 から 20 となる階級幅を選ぶことになる。

いずれの方法も絶対的な基準というわけではなく，あくまでも目安にすぎない。上記の方法で得られた階級数をもとに度数分布表を作成し，データ分布の全体傾向がとらえにくいなどの不都合があれば，階級数や階級幅を変えて試行錯誤的に表を作成する必要がある。表 2.1 の作成の際にも，スタージェスの方法の場合階級数は 8 となるが，テスト得点の分布をとらえやすいように，階級幅を 5 とし，階級数もスタージェスの方法よりやや多い 10 としている。

表 2.2　スタージェスの方法によるデータ数と階級数の目安

データ数	50	100	200	500	1,000	2,000	5,000	10,000
階級数	7	8	9	10	11	12	13	14

階級を決める際，他に考慮しなければならない点は，階級をどの値から始めるかである。もちろんデータが存在しない値から階級を始めても意味がない。一つの基準として，最初の階級を階級幅の整数倍の値で，かつその階級が得点を含む値から始めるとよい。表 2.1 の例の場合，階級幅を 5 としているため，その 6 倍にあたる 30 を階級の最初の値としている。

2.2.3 質的変数の度数分布表

量的変数では，階級をどのように決めるかが問題であったが，質的変数によるデータの場合は，階級がカテゴリーに対応するため，階級の幅や数を決める必要はない。単にカテゴリーに含まれる件数を数え上げ表にまとめればよい。

表 2.3 は，数学のテストを受験した学生の所属学部を表に整理したものである。今回は，文科系を対象とした授業であるため文科系学部をカテゴリーとして取り上げ，各カテゴリー（学部）に属する学生の数を数えて表を作成している。この表から，数学のテストを受験した学生がどの学部に多いかなどを把握することができる。

表 2.3　数学のテストを受験した学生の所属学部

学部	度数	相対度数	相対度数（%）
文学部	62	0.62	62.0
教育学部	23	0.23	23.0
法学部	6	0.06	6.0
経済学部	9	0.09	9.0
計	100	1.00	100.0

2.3 グラフ

2.3.1 グラフの種類

　データを表によって整理することによりデータ分布の全体像を把握することができるが，さらにグラフを利用することによってデータ分布の特徴を視覚的あるいは直観的に理解することが可能となる．視覚に訴えることでデータに対する興味がさらに増し，予期しなかった外れ値などを見つけ出すことが可能となる．

　また，統計学で利用されるグラフにはさまざまなものがある．質的変数に対しては棒グラフや円グラフ，量的変数に対してはヒストグラム，幹葉表示，箱ヒゲ図 [→p.43] が利用される．その他，割合の比較に用いられる帯グラフやデータの変化をとらえるのに用いられる折れ線グラフなどがある．

2.3.2 棒グラフと円グラフ

　棒グラフと円グラフはともに質的変数に対して利用される．これらはカテゴリー間の比較を得意とするグラフである．棒グラフ (bar graph) は，棒の長さ（高さ）で数値（度数）を表現したもので，単なる比較以外に折れ線グラフのように変化をとらえるためにも利用される．円グラフ (pie chart) は，構成比を角度に対応させて円の中に扇型で表現したもので，まさにカテゴリー間の比較を得意とする．

　図 2.2 は，表 2.3 の各カテゴリーの度数を棒グラフで表現したものである．横軸にカテゴリーをとり，縦軸に度数をとっている．度数以外に相対度数を利用することもある．また，両軸の交点に縦軸の原点をおいている．棒の幅は任意であるが，隣り合った棒が互いにくっついてはいけない．グラフの高さは，横の長さの 70%程度にすると見やすくて美しい．同様のデータに対して相対度数を円グラフで表したものが図 2.3 である．いずれのグラフも表計算ソフトウェアや統計ソフトウェアを使用すれば容易に描くことができる．

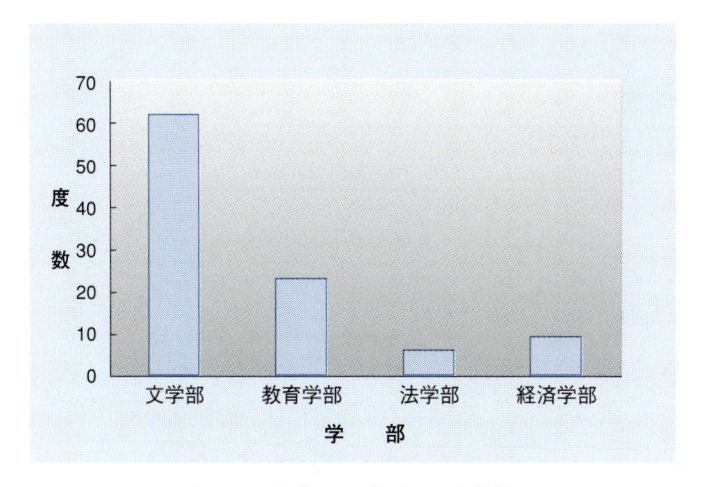

図 2.2　棒グラフ：学生の所属学部

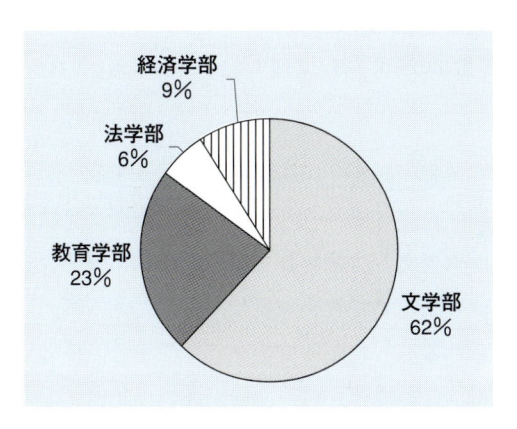

図 2.3　円グラフ：学生の所属学部

2.3.3　ヒストグラム

　質的変数の度数分布表をグラフ化したものとしては棒グラフや円グラフが一般的だが，量的変数の度数分布表をグラフ化したものが**ヒストグラム**（histogram）である。図 2.4 は表 2.1 をもとに作成されたヒストグラムである。ヒストグラムでは，横軸に各階級をとり，階級幅を底辺として面積が度数に比例するように高さをとり柱状の長方形を作る。そのため，ヒストグラムは柱状グラフとも

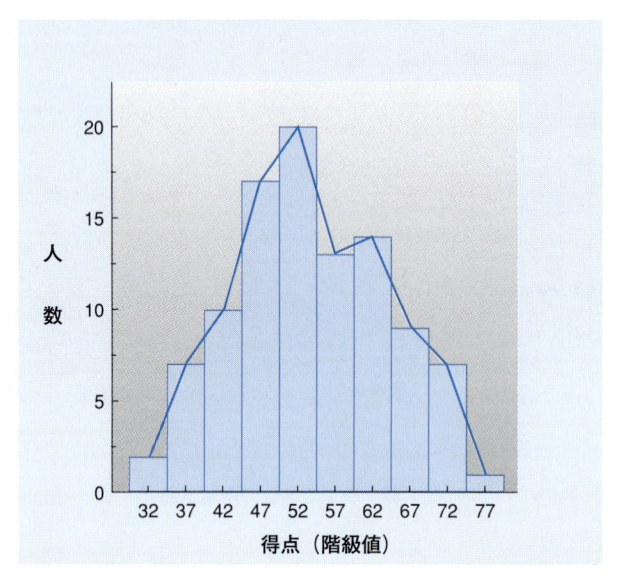

図 2.4　数学のテスト得点に関するヒストグラムと度数多角形

呼ばれる。ちなみに横軸の目盛りには階級値を記入するのが一般的である。

　ヒストグラムは棒グラフと混同されやすいが，棒グラフは質的変数の度数分布で利用されるグラフである。棒グラフでは，横軸に質的変数の点あるいはカテゴリーをとり，棒の高さで度数を表現し，棒の太さ（幅）はグラフを見やすくするためにつけられる。したがって棒グラフの場合，棒は単なる線でもかまわないが，ヒストグラムの場合，柱の面積が度数に比例するので，柱の幅そのものに意味がある。また，ヒストグラムは量的変数を対象としており，度数は下の境界値から上の境界値まで一様に分布していると考える。そのため，柱を描く際，柱と柱の隙間をあけない。

2.3.4　度数分布多角形

　ヒストグラムの代わりに階級値の尖端を直線で結んだ折れ線グラフ（**度数分布多角形**；frequency polygon）を描くこともある。また，度数分布表の度数以外に相対度数，累積度数，相対累積度数をもとにした折れ線グラフや折れ線を

BOX 2.2　ヒストグラム

　ヒストグラムを作成するには hist 関数を利用する。階級の最初の値を 30，階級の最後の値を 80，階級幅を 5 とすると以下のようなプログラムとなる。breaks= を省略するとスタージェスの方法をもとに階級数が決められる。

```
demodat<-read.csv("dist.csv")
attach(demodat)
hist(math,breaks=seq(30,80,5),right=FALSE)
```

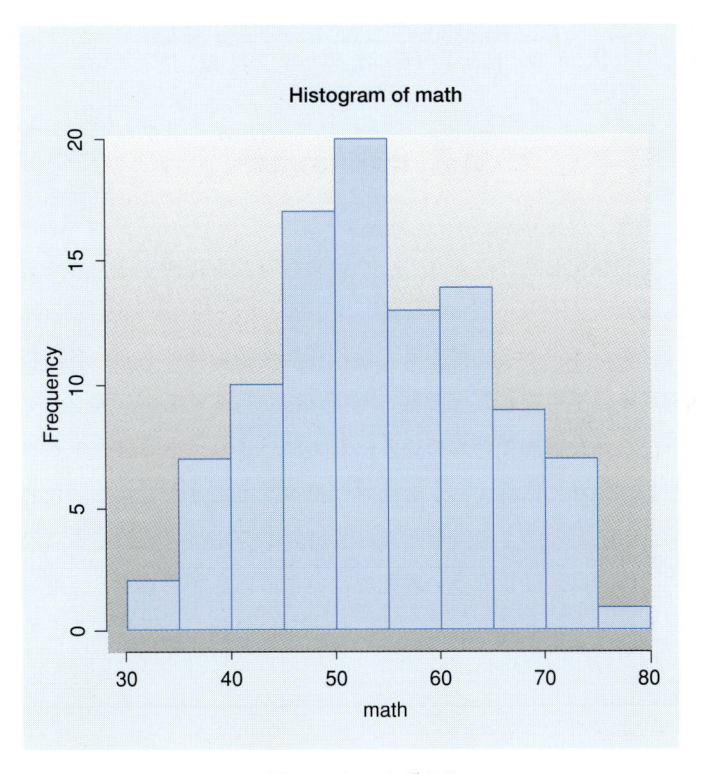

図 2.5　ヒストグラム

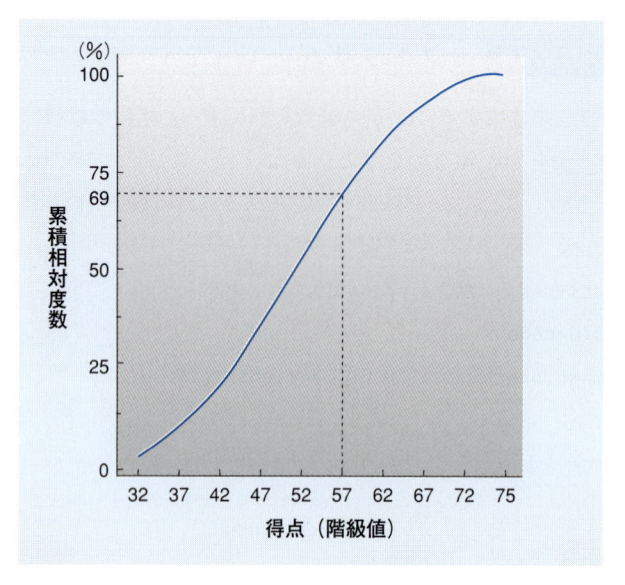

図 2.6　累積相対度数曲線

滑らかにして曲線化したグラフがデータ分布の特徴を把握するために利用されることもある。

図 2.6 は，表 2.1 をもとに描かれた累積相対度数曲線である。各階級値における累積相対度数を単純に直線で結ぶと折れ線が得られるが，図 2.6 では累積相対度数を滑らかな曲線で結んでいる。この図により，ある得点をとった学生が全体のどのあたりに位置するかを簡単に把握することができる。たとえば図 2.6 によると，57 点という得点をとった者が全体の 69% に位置することが分かる。また，この図は，度数の多い範囲では曲線の傾きが急となり，逆に少ない範囲では傾きが緩やかとなるので，データ分布の形状を把握することも可能である。

2.3.5　幹葉表示

得られたデータからその分布を視覚化する方法としてすでにヒストグラムを紹介したが，さらにデータそのものを直接グラフに描き出して度数分布を表現

表 2.4　数学のテスト得点に関する幹葉表示

幹	葉	度数
30～34	24	2
35～39	5788999	7
40～44	0022333444	10
45～49	56666667788999999	17
50～54	00001111122222233334	20
55～59	5566677888899	13
60～64	01111122233444	14
65～69	555566779	9
70～74	0111334	7
75～79	5	1

する方法がある。それが**幹葉表示**（stem and leaf display）である。

　幹葉表示は文字と数字によって作成されるため，ヒストグラムと比べ簡便にデータ分布を図式化できる。表 2.4 は表 2.1 の情報を幹葉表示したものである。左側の幹は階級を表し，右側の葉は幹に含まれるデータを示す。すなわち，葉の数字は各学生のテスト得点を表し，学生 1 人分のテスト得点が 1 つの数字に対応する。テスト得点が 2 桁以上の場合は，最終桁の値が利用される。たとえば，32 点であれば 2 と表示される。

　幹葉表示の最大の特徴は，データ分布の特徴をとらえることができると同時に，各階級の度数の内訳も把握することができるということである。たとえば，表 2.4 から階級 35 ～ 39 の度数の内訳は，35 点が 1 人，37 点が 1 人，38 点が 2 人，39 点が 3 人であることが分かる。度数分布表やヒストグラムでは，そのような情報をとらえることができない。

　このように幹葉表示は，ヒストグラムと比べ多くの情報を提供してくれる。しかしながら，テスト得点一つひとつを数字で表現するため，データ数が多くなると多くの数字でグラフを表現しなければならず，逆に煩雑で見難いグラフとなることがあるので注意しなければならない。

BOX 2.3　幹 葉 表 示

幹葉表示には関数 stem(x) を利用する。x には表示したい変数を指定する。

```
demodat<-read.csv("dist.csv")
attach(demodat)
stem(math)
```

出力例

The decimal point is 1 digit(s) to the right of the |

```
3 | 24
3 | 5788999
4 | 0022333444
4 | 56666667788999999
5 | 00001111122222233334
5 | 5566677888899
6 | 01111122233444
6 | 555566779
7 | 0111334
7 | 5
```

代表値と散布度

3.1 数値による整理・要約

　表や図を利用したデータの整理・要約は，度数分布の全体像を把握するための基本的な方法である．しかしながら，図表の作成に関する基準が曖昧であるため，同一データであっても作成者によって異なる図表が作成される可能性がある．そこで，データの整理・要約のための基準をより明確にした数値による整理がよく行われている．数値による整理・要約で一般的に利用されるデータの特徴を表す指標は以下の4つである．

1. 代表値：分布の中心的位置
2. 散布度：分布の広がり
3. 歪度：分布の歪み（対称性）
4. 尖度：分布の尖り

　この中でもとくにデータの整理においては，基本統計量として代表値と散布度がよく利用されるので，まず以下の節で，この2つの指標について紹介する．

3.2 代表値

　代表値（measures of central tendency）は分布の特徴を表す指標の中でもっとも重要なものであり，分布の中心的位置を表す指標である．データの分布を1つの値で代表させるという意味で代表値と呼ばれる．この代表値には，分布の中心的位置をどのようにとらえるかによって主に平均，中央値，最頻値の3

3.2.1 平　均

平均（mean）は，もっともよく利用される代表値であり，通常平均といえば以下の算術平均（arithmetic mean）を示す。その他の平均としては，比率を平均するときに利用する幾何平均（geometric mean）や逆数の形になっている変数のときに利用する調和平均（harmonic mean）がある。算術平均とは各データの観測値の総和をデータの総数で割ったものである。n個のデータを$X_1, X_2, \ldots\ldots, X_n$と表すと，算術平均$\bar{X}$は以下の式で表される。

算術平均

$$\bar{X} = \frac{1}{n}\sum_{i=1}^{n} X_i \tag{3.1}$$

上記の式では分かりにくいが，算術平均は重心を分布の中心と見なしている。たとえば，ここに5人分のテスト得点 { 2, 4, 7, 9, 10 } があるとする。図3.1 に示したように，学生1人のテスト得点がおもり1つに対応し，そのおもりを数直線上の該当する場所に置いたとき，バランスのとれる位置が算術平均となる。この例の場合の算術平均[1]は，

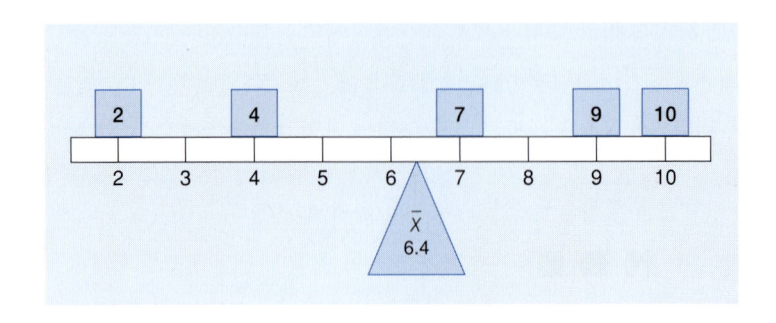

図 3.1　算術平均の概念図

---
[1] 論文では平均の記号として M が利用される。

3.2 代表値

> **BOX 3.1** 平均と中央値
>
> 平均（算術平均）を求めるには関数 mean(x) を，中央値を求めるには関数 median(x) を用いる．引数 x には分析したい変数名（列名）を指定する．
>
> ```
> demodat<-read.csv("dist.csv")
> attach(demodat)
> mean(math)
> median(math)
> ```
>
> ─ 出力例 ─
> ```
> > mean(math)
> [1] 53.78
> > median(math)
> [1] 52
> ```

$$\bar{X} = \frac{1}{5}(2+4+7+9+10) = \frac{32}{5} = 6.4$$

となる．

3.2.2 中央値

中央値（median）は，各データの観測値を大きさの順に並べたとき，まさに中央に位置する値である．値の求め方は単純で，まずデータを大きさの順に並べ替えた後，データ数 (n) が奇数の場合，$(n+1)/2$ 番目となる値が中央値となり，データ数が偶数の場合，$n/2$ 番目と $n/2+1$ 番目の値を足して 2 で割った値が中央値となる．

たとえば，$\{\,2,\ 3,\ 5,\ 8,\ 9,\ 11,\ 12\,\}$ といったテスト得点がある場合，学生数が 7 と奇数であるため，$(7+1)/2 = 4$ 番目の 8 の値が中央値となる．$\{\,3,\ 5,\ 8,\ 9,\ 11,\ 12\,\}$ といったテスト得点では，学生数が 6 と偶数であるため，$6/2 = 3$ 番目と $6/2+1 = 4$ 番目の値，すなわち 8 と 9 を足して 2 で割っ

た 8.5 が中央値となる。ちなみに中央値は Mdn で表されることがある。

3.2.3 最頻値

最頻値（mode）は文字どおりデータの中でもっとも頻繁に現れる値を示す。たとえば，{ 0, 0, 0, 1, 1, 1, 1, 2, 2, 3, 9 } といったテスト得点データの場合，1 がもっとも度数が多いのでその値が最頻値となる。度数分布表やヒストグラムが作成されている場合は，もっとも度数の多い階級の階級値を利用して最頻値を求めることもある。ただし，この方法の場合，階級のまとめ方によって最頻値が変化するので注意しなければならない。

3.2.4 代表値の選択

上記の 3 つの指標のうち，どの指標を選択すればよいのであろうか。そのためには，各指標の特徴を確認する必要がある。平均は，一般的にデータの分布が対称で量的変数の場合に向いている指標である。平均は数学的にも扱いやすく，推測統計学でもよく利用される。ただし，他のデータと比べると極端に大きい，あるいは小さい値である外れ値の影響を受けやすい。

中央値は順序情報を利用しているため，先ほどの平均とは逆に外れ値の影響を受けにくい。しかしながら，平均ほど数学的に扱いやすくはない。最頻値は，質的変数や離散変数に適した指標であるが，データが少数の場合，指標として不安定である。また，この指標はデータの分布の山が複数存在する多峰形分布には向かない。

どの代表値を選択するかは，基本的にデータの尺度水準を考慮することになる。比尺度や間隔尺度の場合は，原則として平均を利用し，順序尺度の場合は，中央値を利用する。もちろん，比尺度や間隔尺度であっても外れ値の影響が懸念される場合は中央値を用いることになる。また，名義尺度の場合は，最頻値を利用することになる。

3.3 散布度

代表値とともに分布の特徴を表す指標として重要なものが，分布の広がり，あるいは，ばらつきの程度を表す**散布度**（measures of dispersion）である。散布度の指標としては，分散，標準偏差，範囲，四分位偏差がよく利用される。

3.3.1 分散と標準偏差

散布度の多くは，分布の中心である代表値からの隔たりの程度を指標としている。**分散**（variance）（S^2）の場合は，代表値として算術平均を考え，各データの観測値と算術平均との偏差の2乗を平均したものを分布の広がりの指標としている。

分散

$$S^2 = \frac{1}{n}\sum_{i=1}^{n}(X_i - \bar{X})^2 \tag{3.2}$$

この分散は単位が2乗されているので，そのままの値では理解しにくい。そこで単位をもとに戻すため，分散の平方根をとったものが**標準偏差**（standard deviation）（S）である。算術平均で用いたテスト得点データを例に分散と標準偏差を計算してみると，

$$S^2 = \frac{1}{5}\{(2-6.4)^2 + (4-6.4)^2 + (7-6.4)^2 + (9-6.4)^2 + (10-6.4)^2\}$$
$$= \frac{45.2}{5} = 9.04$$
$$S = \sqrt{9.04} = 3.01$$

となる。

分散は偏差を2乗しているためその数値が何を意味するのかが理解しにくい面がある。図 3.2 は，分散と標準偏差の理解を深めるため，先ほどのテスト得点のデータをもとに分散と標準偏差を図式化したものである。この図をみると明らかなように，分散は受験者の得点と平均との偏差を2乗することで偏差を一辺とする正方形の面積を計算し，さらに得点ごとに計算された面積を足して

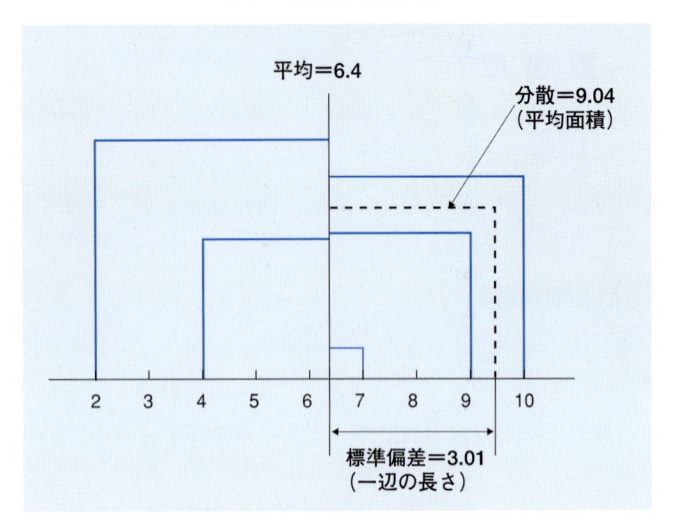

図3.2 分散と標準偏差の概念図

データの総数で割ることによって平均面積を求めていることが分かる。そしてその平均面積の一辺の長さが標準偏差ということになる。

分布の広がりという観点ならば、わざわざ平均からの偏差を2乗しなくても、単に偏差の総和をとることで指標となると考えるかもしれない。しかし残念ながら、この場合、算術平均の性質から上記の値が必ず0となってしまい指標としては役に立たないのである。平均からの偏差を2乗する理由はここにある。

最後に標準偏差の特徴をまとめておくと、この指標は、分布が比較的対称な量的変数の散布度として利用され、平均と同様に数学的に扱いやすく推測統計学でも利用される指標である。ただし、算術平均と同様に、すべてのデータを利用して指標を計算するために外れ値の影響を受けやすいという欠点があり、この指標を利用する際にはその点に注意しなければならない。

また、標準偏差は通常 SD で表すことになっており、先の平均とを組み合わせて、「このテスト得点の分布 ($M = 6.4, SD = 3.01$) から ……」のように記述する。平均と標準偏差は表によって整理され示されることもある。

BOX 3.2　分散と標準偏差

　本章で定義した分散についてはあらかじめ関数が用意されていないので以下のような新しい関数を定義することになる。新しい関数の中で利用されている `sum` は合計する関数，`NROW` は行数すなわちデータ数を返す関数である。以下の分散の関数をみると分かるように，分散の式をそのまま利用している。このように，R では公式を利用して新たな関数を定義することができる。引数 `x` には分析したい変数名（列名）を指定する。ちなみに関数 `var` と `sd` はそれぞれ不偏分散，不偏標準偏差を計算する。

```
demodat<-read.csv("dist.csv")
attach(demodat)
vars<-function(x)  sum((math-mean(math))^2)/NROW(math)
stds<-function(x)  sqrt(sum((math-mean(math))^2)/NROW(math))
vars(math)
stds(math)
```

出力例
```
> vars(math)
[1] 100.8316
> stds(math)
[1] 10.04149
```

3.3.2　範　　囲

　範囲 (range) は，定義として分かりやすく，最大値 (X_{max}) と最小値 (X_{min}) との差を指標とする。計算は容易であるが，分布の端にある 2 つの値のみに依存して定まるため，指標として不安定である。また標準偏差に比べると数学的に扱いにくい。

範囲
$$R = X_{max} - X_{min} \tag{3.3}$$

今，{ 8, 3, 5, 12, 10 } のテスト得点があったとする。このデータを値の小さいものから順に並び替え，最大値（X_{max}），最小値（X_{min}）を求めると，それぞれ $X_{max} = 12$, $X_{min} = 3$ となり，求める範囲は，$R = 12 - 3 = 9$ となる。

3.3.3 分位数

分位数（quantile）は，直接，散布度を表す指標ではないが，後に述べる四分位偏差を求める際にも利用され，データの分布の特徴を表す指標の一つである。分位数にはさまざまなものがあるが，一般的に百分位数（percentile）（パーセンタイル）と四分位数（quartile）がよく利用される。百分位数は，各データの観測値を小さいものから大きなものへ大きさの順に並べ替え，各観測値に順位をつける。そして n 個のデータを等分に百分割し，その値以下の件数が $i\%$ であるような順位を i パーセンタイル順位（percentile rank），それに対応する観測値を i パーセンタイル（百分位数）という。とくに 25, 50, 75 パーセンタイル順位に対応する値を第 1 四分位数（Q_1），中央値，第 3 四分位数（Q_3）と呼ぶ。

たとえば，図 3.3 に示すような 8 人分の小テストのデータがあり，データが大きさの順に並べ替えられているとする。第 1 四分位数はその値以下の人が全体の 25% いるような点であるから，この例の場合 8（人）× 0.25 = 2（人）が存

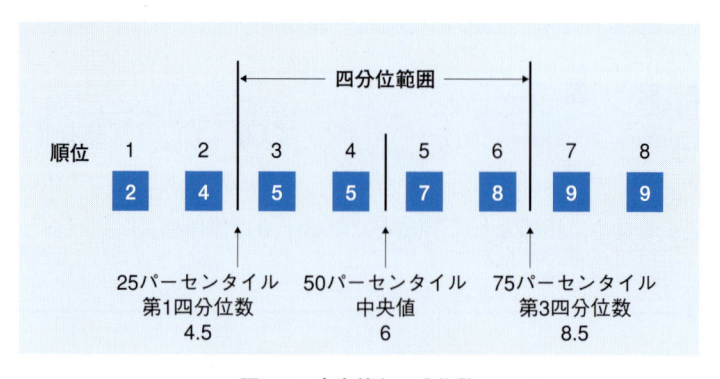

図 3.3 中央値と四分位数

3.3 散布度

> **BOX 3.3 範囲・四分位数・四分位偏差**
>
> 範囲は range，四分位数は quantile，四分位偏差は IQR 関数を用いる。
>
> ```
> demodat<-read.csv("dist.csv")
> attach(demodat)
> range(math)
> quantile(math)
> IQR(math)
> ```
>
> 出力例
> ```
> > range(math)
> [1] 32 75
> > quantile(math)
>    0%   25%   50%   75%  100%
> 32.00 46.00 52.00 61.25 75.00
> > IQR(math)
> [1] 15.25
> ```

在することになる．そして，第 1 四分位数の値は順位が 2 番目と 3 番目の値の境界で 4.5 となる．同様に，第 2 四分位数はすでに述べたように中央値であるため，その値以下の人が全体の 50% いるような点であり，図から分かるように 8（人）× 0.5 = 4（人）が存在することなる．したがって，中央値は順位が 4 番目と 5 番目の境界で 6 となる．さらに第 3 四分位数はその値以下の人が全体の 75% いるような点であり，この例の場合 8（人）× 0.75 = 6（人）存在することになる．したがって，第 3 四分位数の値は順位が 6 番目と 7 番目の境界で 8.5 となる．また第 1 四分位数から第 3 四分位数までの範囲を**四分位範囲**（interquartile range）と呼ぶ．

3.3.4 四分位偏差

この四分位数を利用して，分布の広がりを表現したものが**四分位偏差** (quartile deviation) (Q) で，第3四分位数 (Q_3) と第1四分位数 (Q_1) の差の半分の値を指標としており，第1四分位数と第3四分位数が中央値から平均してどれだけ離れているかを示している．

四分位偏差

$$Q = \frac{Q_3 - Q_1}{2} \tag{3.4}$$

この四分位偏差は中央値に対応する散布度として利用され，中央値同様，外れ値の影響を受けにくい．ただし，標準偏差と比べて数学的に扱いにくいので，標準偏差ほどは利用されない．

3.3.5 散布度の選択

散布度は代表値と密接に関係しており，通常，代表値が決まればそれに対応した散布度が利用される．本章で紹介した指標であれば，代表値を平均とした場合，散布度には分散あるいは標準偏差が，代表値を中央値とした場合，散布度には四分位偏差が利用される．心理学で得られるデータの多くは間隔尺度として得られることから，散布度として分散あるいは標準偏差がよく利用される．もし，データから外れ値を見出したいときは，外れ値の影響を受けない中央値と四分位偏差を利用すればよい．

3.3.6 分布の違い

すでに見てきた代表値と散布度を用いれば，データの分布の違いを表現することができる．平均と標準偏差を例に挙げると，図3.4の (a) にある2つの分布は標準偏差が同じであるが，平均が異なっている．同じく図3.4の (b) にある2つの分布は平均が同じであるが，標準偏差が異なっている．このように，平均だけ，標準偏差だけではデータ分布の特徴を十分とらえることはできないが，その両方を利用することでより詳細な特徴をとらえることができる．実際，

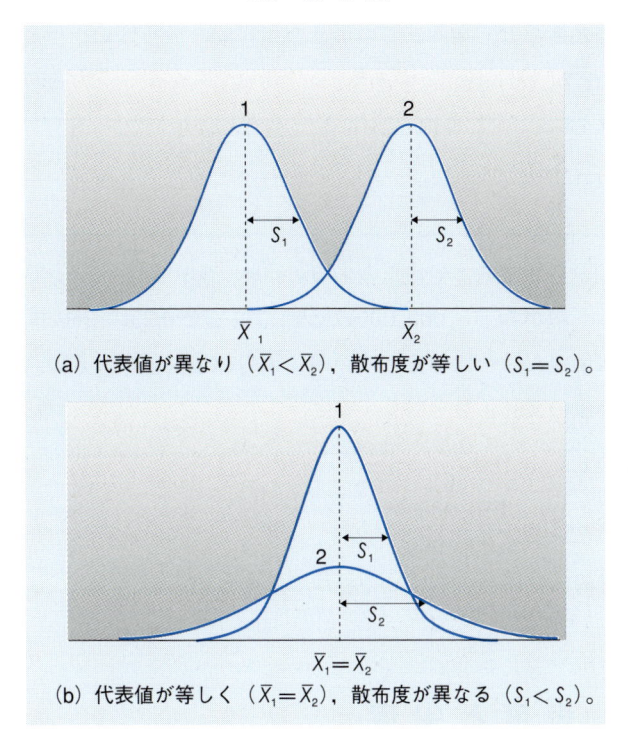

(a) 代表値が異なり（$\bar{X}_1 < \bar{X}_2$），散布度が等しい（$S_1 = S_2$）。

(b) 代表値が等しく（$\bar{X}_1 = \bar{X}_2$），散布度が異なる（$S_1 < S_2$）。

図 3.4　代表値および散布度の違いによる分布の形

6章で示すように正規分布の場合は，その平均と標準偏差が決まれば，分布の形が決まる。

3.3.7　変動係数

2つのデータのちらばりの程度を比較したいとき，間隔尺度や比尺度であれば通常，標準偏差の値を比べればよい。しかしながら，著しく平均の異なる2つの分布の散布度を標準偏差で比較しようとすると極端に平均が高い標準偏差のほうが極端に平均が低い標準偏差よりも大きくなってしまう。たとえば，象の体重におけるちらばりとネズミの体重におけるちらばりを比較する場合，双方の標準偏差の比較ではちらばりを比較できない。すなわち，ちらばりとしての変動の大きさを，標準偏差といった絶対的な大きさではなく相対的な大きさ

で比較したいときなどである．このような相対的な散布度の指標として**変動係数**（coefficient of variation）がある．

> **変動係数**
> $$CV = 100 \frac{S}{\bar{X}} \tag{3.5}$$

たとえば，50匹のネズミの体重の平均が50g，標準偏差が2.5gであり，50頭の象の体重の平均が5t（5,000,000g），標準偏差が0.25t（250,000g）であった場合，標準偏差だけを比べると圧倒的に象の標準偏差が大きい．しかしながら，ネズミと象の変動係数を計算すると，

$$\text{ネズミの } CV = 100 \frac{2.5}{50} = 5\%$$
$$\text{象の } CV = 100 \frac{250,000}{5,000,000} = 5\%$$

となり，相対的には同じちらばりの程度であるといえる．

3.4 歪度と尖度

通常，比尺度や間隔尺度のデータに対し，その分布の特徴をとらえるには，すでに述べた平均と分散・標準偏差で十分であるが，さらに特徴を詳細にみる指標として歪度と尖度がある．後に述べる正規分布では両指標とも値がゼロとなる．

3.4.1 歪度

歪度（わいど）（skewness）は分布の対称性を表す指標で，データ分布の偏りを把握することができる．

> **歪度**
> $$\alpha_3 = \frac{1}{n} \sum_{i=1}^{n} \left(\frac{X_i - \bar{X}}{S} \right)^3 \tag{3.6}$$

図3.5を見ると分かるように，歪度が正の値をとるとき，これを正に歪んだ分布と呼び，正の方向に裾野が長く伸びる．逆に歪度が負の値をとるとき，負

3.4 歪度と尖度

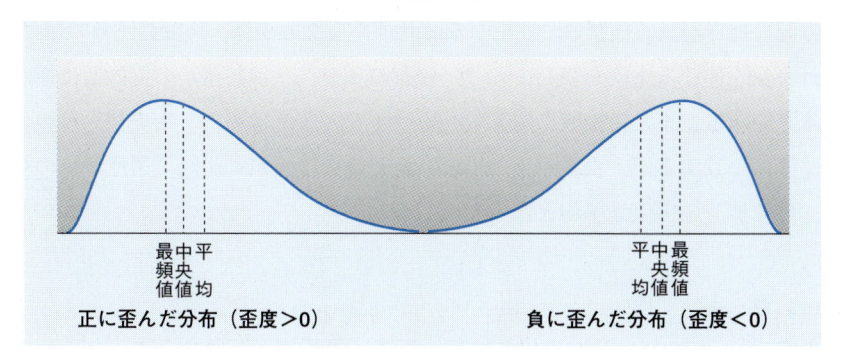

図3.5 歪度と分布の形

（左）最頻値・中央値・平均　正に歪んだ分布（歪度＞0）
（右）平均・中央値・最頻値　負に歪んだ分布（歪度＜0）

BOX 3.4　歪度と尖度

歪度，尖度いずれもあらかじめ関数が用意されていないので，定義式を利用して新たな歪度関数 sk と尖度関数 ku を作成し，それを利用して指標を計算することになる。関数の中で利用されている stds は BOX3.2 で定義した標準偏差の関数である。

```
demodat<-read.csv("dist.csv")
attach(demodat)
sk<-function(x) sum(((x-mean(x))/stds(x))^3)/NROW(x)
ku<-function(x) sum(((x-mean(x))/stds(x))^4)/NROW(x)-3
sk(math)
ku(math)
```

出力例
```
> sk(math)
[1] 0.1061131
> ku(math)
[1] -0.694691
```

の方向に裾野が長く伸びる。注意しなければならないのは，歪度の正負の値は，裾野が長く伸びる方向を表しており，分布のピーク（最頻値）の位置とは逆となる点である。また代表値に関して，歪度が 0 のときは平均，中央値，最頻値の位置は一致するが，歪度が正の場合，最頻値＜中央値＜平均，歪度が負の場合，最頻値＞中央値＞平均となる。

3.4.2 尖度

尖度（kurtosis）は分布の尖りの程度を表す指標で，正規分布の尖りの程度を基準とし，そのときを 0 とする場合が多い。

尖度

$$\alpha_4 = \frac{1}{n} \sum_{i=1}^{n} \left(\frac{X_i - \bar{X}}{S} \right)^4 - 3 \tag{3.7}$$

図 3.6 を見ると分かるように，尖度が正の値をとると鋭い（急尖）分布となり，逆に負の値をとると鈍い（緩尖）分布となる。

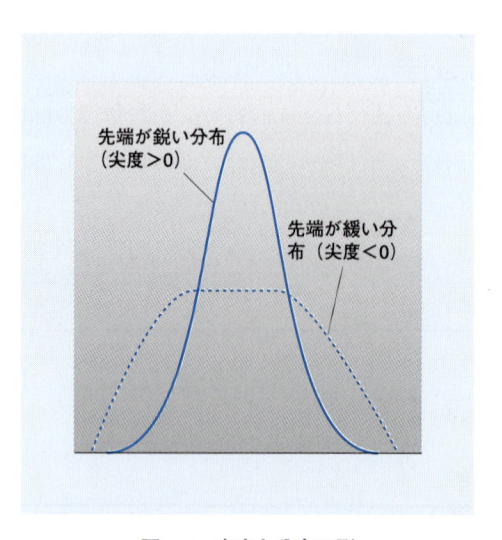

図 3.6　尖度と分布の形

3.5 積率（モーメント）

ここまでデータが間隔尺度や比尺度のときに利用する指標として，平均・分散・歪度・尖度を取り上げたが，これらの指標は**積率**（moment）と呼ばれる分布に関する情報を要約する指標から導くことができる。

積率
$$M_r = \frac{1}{n}\sum_{i=1}^{n}(X_i - c)^r \tag{3.8}$$

上式は，c 周りの r 次の積率といい，c と r を表 3.1 のようにすることで今まで述べてきた指標を表現することができる。ただし，歪度，尖度に関しては変数を標準測度に直し，単位を調整した標準積率が実際には利用されている。

表 3.1 積率と基本的な統計指標

指標	c	r
平均	0	1
分散	$\bar{X}$	2
歪度	$\bar{X}$	3
尖度	$\bar{X}$	4

3.6 箱ヒゲ図

本章でこれまで示してきたように，数値による方法は指標の基準が明確であるため客観性は高いが，データ分布の全体像をイメージすることは容易ではない。そこで，数値による方法によって得られた指標を視覚化し，分布を概観しやすくしたものが**箱ヒゲ図**（box and whisker plots）である。

箱ヒゲ図は，その名称からも分かるように，箱とヒゲから構成されている。また，箱ヒゲ図は**箱型図**（box plot）とも呼ばれることがある。図 3.7 は 2 章図 2.1 のテスト得点のデータを箱ヒゲ図によって表現したものである。中央にある箱は分布の中央部分を示し，下ヒンジから上ヒンジまでの区域を表している。

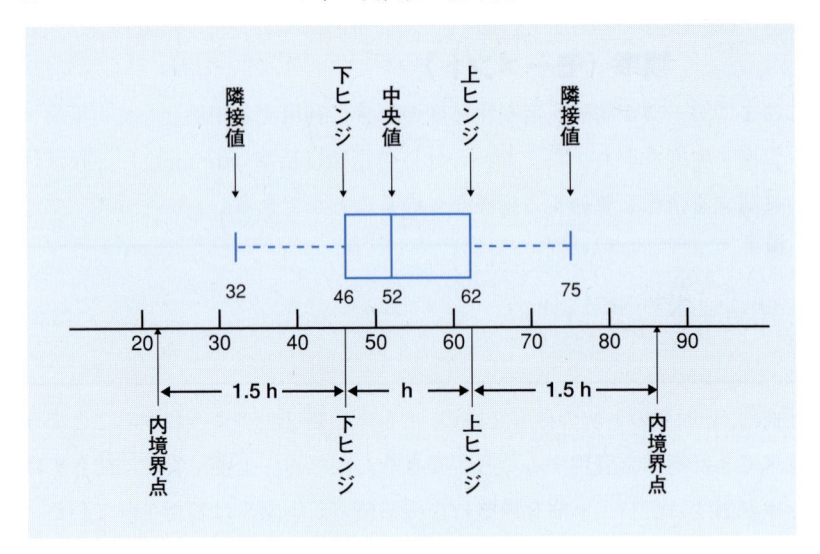

図 3.7 数学のテスト得点に関する箱ヒゲ図

　ヒンジ（hinge）とは蝶つがいのことで分布のほぼ 1/4 に位置する値である。これまでに述べた第 1 四分位数が下ヒンジ，第 3 四分位数が上ヒンジであると考えればよい。また，箱の中にある縦線は中央値を表している。したがって，箱の中には中央値を中心として全データの 50% が含まれていることになる。

　上下ヒンジの差のことをヒンジ散布度（hinge spread）と呼び，上下各ヒンジからこのヒンジ散布度を 1.5 倍したところに内境界点を，図 3.7 には示さなかったが 3 倍したところに外境界点を設ける。そして，内境界点の内側の内境界点にもっとも近いデータの値を隣接値とし，上下ヒンジから隣接値までヒゲを伸ばす。また，内境界点と外境界点の間に含まれるデータの値を外側値，外境界点の外側のデータの値を極外値と呼び，外側値を☆印で，極外値を★印で示す。通常，内境界点の外側のデータを外れ値の候補と考える。図 3.7 では該当するデータが存在しないので外側値も極外値も示されていない。

　この箱ヒゲ図は，中央値や四分位数といった指標を利用していることから分かるように，外れ値の影響を受けにくい。また，利用する指標も少なく，図としても単純に箱とヒゲのみから構成されるので，作成も容易な図である。さら

BOX 3.5 箱ヒゲ図

　箱ヒゲ図を描くには関数 `boxplot` を利用すればよい。ここでは今までの例とは異なり，列名 sci を利用している。横向きの図を描くときは `horizontal=TRUE` を加える。

```
demodat<-read.csv("dist.csv")
attach(demodat)
boxplot(sci)
boxplot(sci, horizontal=TRUE)
```

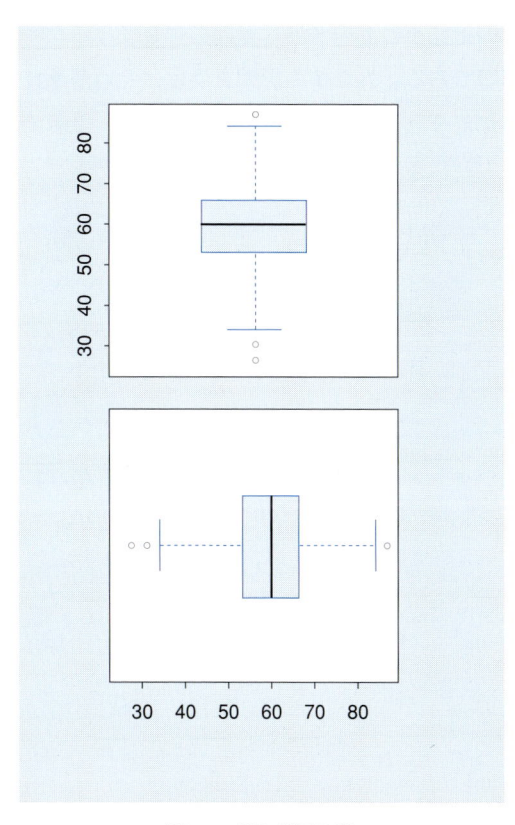

図 3.8　箱ヒゲ図の例

に，箱の位置によって分布の歪みを，箱の大きさで分布の尖りを表現することも可能であり，利用価値の高い図の一つである。

　実際に実験や調査を行ってデータを収集すると，観測値の中で分布の上側あるいは下側に大きくかけ離れた値が存在することがある。この値のことを**外れ値**（outlier）（異常値）と呼ぶ。外れ値は実験方法や個人差などの問題によって生じると考えられるが，外れ値そのものが研究上意味をもつことがあるので，分析データから除外する際は注意したほうがよい。

　一般的に外れ値を検出する方法として，算術平均を中心に 2 標準偏差を超えた値を外れ値とする方法がある。しかしながら，すでに述べたように算術平均も標準偏差も，その指標そのものが外れ値の影響を受けるため，外れ値の検出基準としては不適切である。外れ値の影響を受けにくい基準にもとづいて外れ値を検出することが望ましく，その一つの方法として，上記で述べた箱ヒゲ図を用い，外側値ならびに極外値を外れ値とする方法がある。

相関と回帰

4.1 2変数間の関係

　これまでは，たとえばある1つの科目のテスト得点，すなわち1変数のデータのまとめ方を紹介してきたが，実際の心理学データの分析では2つの変数を同時に扱い，その間の相互関係を記述することもある。たとえば，数学のテストの成績と理科のテストの成績との間に相互関係があるのかどうか，すなわち，数学ができる学生ほど理科もできるのかどうかといった関係を記述する，といったことである。このような関係のことを相関（correlation）と呼ぶ。これは2変数の関係を記述するための重要な概念である。この相関を表現する方法としては，先ほどの1変数の場合と同様に，図であれば相関図あるいは散布図，表であれば相関表，数値であれば相関係数が存在する。そこで，本章では，相関を記述する基本的な方法を紹介した後，相関を解釈する上での注意点，そして相関に関連した回帰分析について解説していく。

4.2 相関図

　今，受験生100人分の数学と理科のテストの成績があるとする。表4.1はその2つのテスト得点の一部である。さらにこの2つの科目の関係を散布図によって表現したものが図4.1である。この散布図は，相関図（scatterplot）とも呼ばれる。

　相関図の作成方法は，まずX軸に数学の得点の目盛りをとり，Y軸に理科の得点の目盛りをとる。表4.1の受験番号1のデータの場合，数学の得点が52，理科の得点が39であるため，X軸の52の目盛りから垂直方向に伸ばした点線

表 4.1 数学と理科のテスト得点

受験番号	数学	理科
1	52	39
2	37	64
3	39	61
⋮	⋮	⋮
99	74	87
100	52	53

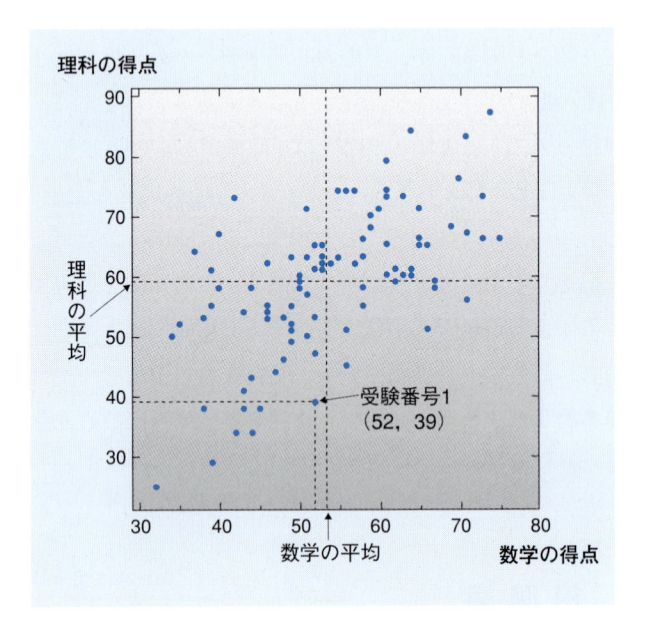

図 4.1 数学と理科のテスト得点の相関図

と Y 軸の 39 目盛りから水平方向に伸ばした点線とが交わる場所にデータを表現する点を書き込む．このような作業をすべての受験生について行うと相関図が完成する．

図 4.1 を見ると，数学の得点が高い受験生ほど理科の得点が高く，逆に数学の得点が低い受験生ほど理科の得点も低い傾向にあることが分かる．このよう

BOX 4.1 相 関 表

相関表は 1 変数の度数分布表を応用すると作成することができる。

```
demodat<-read.csv("dist.csv")
attach(demodat)
x<-cut(math,seq(30,80,5),right=FALSE)
y<-cut(sci,seq(20,90,5),right=FALSE)
table(y,x)
```

出力例

```
         x
y        [30,35) [35,40) [40,45) [45,50) [50,55) [55,60) [60,65) [65,70) [70,75) [75,80)
[20,25)     0       0       0       0       0       0       0       0       0       0
[25,30)     1       1       0       0       0       0       0       0       0       0
[30,35)     0       0       2       0       0       0       0       0       0       0
[35,40)     0       1       1       1       1       0       0       0       0       0
[40,45)     0       0       2       2       0       0       0       0       0       0
[45,50)     0       0       0       2       2       1       0       0       0       0
[50,55)     1       2       1       7       2       1       0       1       0       0
[55,60)     0       1       2       2       3       2       2       2       1       0
[60,65)     0       2       0       3       9       3       5       0       0       0
[65,70)     0       0       1       0       2       2       1       4       2       1
[70,75)     0       0       1       0       1       4       4       2       1       0
[75,80)     0       0       0       0       0       0       1       0       1       0
[80,85)     0       0       0       0       0       0       1       0       1       0
[85,90)     0       0       0       0       0       0       0       1       0
```

に相関図は，1変数のヒストグラムと同様に，2変数間の関係を直観的あるいは視覚的に理解するのには便利な道具といえる。なお，相関関係を記述する方法としては，1変数の度数分布表に対応する相関表も存在する。

4.3 相関係数

先の相関図によって 2 変数間の相関を大まかにとらえることは可能である。しかしながら，相関図では直観的に相関を判断するので，相関の記述としては曖昧な面がある。そこでより客観性を高めるため，2 変数の関係の強さ（関連の程度）を数字で表現したものが考え出された。それが**相関係数**（correlation coefficient）（r）である。

相関係数には，さまざまなものが存在するが，一般的に相関係数といえば**ピアソンの積率相関係数**（Pearson's product-moment correlation coefficient）のことを指す。この指標は，2 変数間の直線関係の程度を測度としているもので，2 変数間に直線的な関係が強ければ，相関係数が高くなるように作られている。またこの指標は，データが比尺度あるいは間隔尺度であることを前提としているので注意が必要である。

4.3.1 共分散

相関係数を理解するにあたっての重要な概念として，**共分散**（covariance）（S_{XY}）がある。これは文字どおり散布度の分散と関連のある指標である。簡単にいえば，1 変数の分散の概念を 2 変数に拡張したものである。すなわち，分散では平均からの偏差の 2 乗を平均していたが，共分散では 2 つの変数を扱うので，2 変数の平均からの偏差の積を平均し，それによって 2 つの変数の同時分布の特徴を表現しようとするものである。

共分散

$$S_{XY} = \frac{1}{n}\sum_{i=1}^{n}(X_i - \bar{X})\,(Y_i - \bar{Y}) \tag{4.1}$$

この共分散と相関関係を図式化したものが図 4.3 である。相関図において 2 つの変数の平均を原点として軸が引かれている 2 変数間に正の相関がある場合，観測値の多くは第 1 象限と第 3 象限に集まる傾向にある。このような状況のとき，共分散はどのような値を示だろうか。まず，観測値が第 1 象限にある場合，

BOX 4.2　相 関 図

　相関図は作図関数 plot を利用して作成する。plot 関数にプロットしたい2つの変数の列名を指定する。abline 関数は線を引く関数であり，以下のプログラムでは，各変数の平均を点線として図に加えている。lty=2 は線のタイプで点線を表している。

```
demodat<-read.csv("dist.csv")
attach(demodat)
plot(math,sci)
abline(v=mean(math),lty=2)
abline(h=mean(sci),lty=2)
```

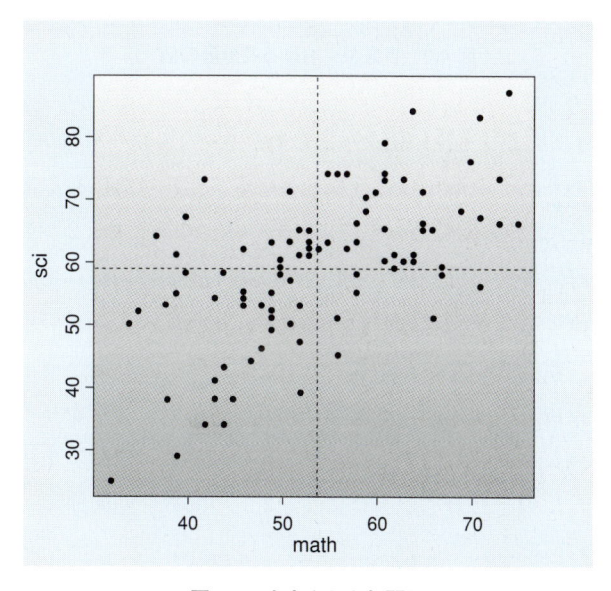

図 4.2　出力された相関図

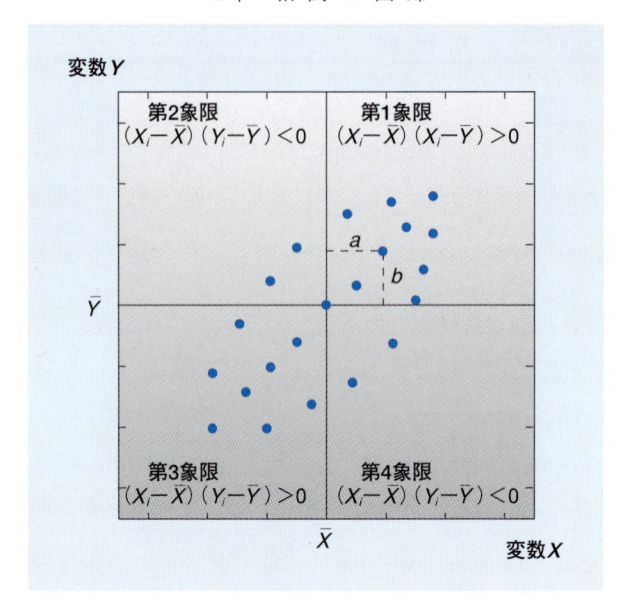

図 4.3 各象限における共分散の値

2つの変数とも平均よりも高い値を示すため，2つの変数の平均からの偏差の符号は共に正であり，その積ももちろん正となる．その対角にある第3象限に観測値がある場合，2つの変数とも平均より低い値となるため，2つの変数の平均からの偏差の符号は共に負であり，その積は第1象限と同様に正となる．すなわち，第1象限と第3象限に観測値が集まれば平均からの偏差の積を足したものは正になり，その値も大きくなる．

逆に，第2象限や第4象限に観測値が集まった場合，平均からの偏差の積を足したものは負となる．したがって，すべての観測値に関して平均からの偏差の積を計算し，その平均を求めることで，2つの変数間の関係を記述できないかと考えるわけである．

以上の説明は，共分散の符号に焦点を当てたものであったが，その大きさも重要である．図 4.3 中に示されている a と b はそれぞれある観測値についての X と Y に関する平均偏差を表している．共分散はこの平均偏差の積をもとにしているので，a と b を辺とする長方形の面積を求め，それを平均したものとな

る。つまり，面積の大きさで 2 つの変数間の共変関係をとらえているのである。

　図から直観的にとらえることは難しいかもしれないが，共分散の値が大きくなるということは，X と Y の平均それぞれから各観測値（散布図の点）が離れた場所にあるということになる。ちなみに，観測値が直線上にすべて並んだときに共分散がもっとも大きな値をとる。したがって，共分散を利用すれば，2 つの変数間の直線的傾向をとらえることが可能となるのである。

BOX 4.3　相関係数

　相関係数の計算には関数 cor を利用する。関数の引数部分に 2 つの列名（変数名）を指定すればよい。また，引数部分にデータフレーム名や行列名を指定すると相関行列が出力される。デフォルトで計算される相関係数はピアソンの積率相関係数であるが，スピアマンの順位相関係数を求めたいなら引数に method="spearman" を，ケンドールの順位相関係数を求めたいなら引数に method="kendall" を指定する。

```
demodat<-read.csv("dist.csv")
attach(demodat)
cor(math,sci)
cor(demodat)
cor(math,sci,method="spearman")
```

出力例
```
> cor(math,sci)
[1] 0.609672
> cor(demodat)
         math      sci
math 1.000000 0.609672
sci  0.609672 1.000000
> cor(math,sci,method="spearman")
[1] 0.600637
```

4.3.2 相関係数の求め方

共分散によって2つの変数間の直線的関係を記述することは可能であるが，共分散はデータの測定単位の影響を受けるため，それによって得られた数値から関係の強さを絶対的に評価することはできない。そこで，共分散を各変数の標準偏差で割ることで測定単位の影響を受けない指標が考え出された。それが**ピアソンの積率相関係数**である。

> **ピアソンの積率相関係数**
>
> $$r = \frac{S_{XY}}{S_X S_Y} = \frac{\dfrac{1}{n}\sum_{i=1}^{n}(X_i - \bar{X})(Y_i - \bar{Y})}{\sqrt{\dfrac{1}{n}\sum_{i=1}^{n}(X_i - \bar{X})^2}\sqrt{\dfrac{1}{n}\sum_{i=1}^{n}(Y_i - \bar{Y})^2}} \tag{4.2}$$

相関係数の計算例として，表4.2に10人分の数学の模擬試験のテストの得点と入学試験のテストの得点を示した。表4.2のような情報から手計算で相関係数を求めるには以下の式を利用するとよい。計算の結果，相関係数 0.83 が得

表4.2　数学の模擬試験と入学試験のテスト得点

受験番号	模試 (X_i)	入試 (Y_i)	X_i^2	Y_i^2	$X_i Y_i$
1	71	61	5041	3721	4331
2	62	63	3844	3969	3906
3	81	74	6561	5476	5994
4	55	50	3025	2500	2750
5	58	60	3364	3600	3480
6	62	57	3844	3249	3534
7	44	51	1936	2601	2244
8	48	41	2304	1681	1968
9	76	61	5776	3721	4636
10	66	56	4356	3136	3696
Σ	623	574	40051	33654	36539

られ，模擬試験と入学試験のテスト得点の間に高い相関（$r = 0.83$）があることが分かる。

$$r = \frac{\sum_{i=1}^{n} X_i Y_i - \frac{\left(\sum_{i=1}^{n} X_i\right)\left(\sum_{i=1}^{n} Y_i\right)}{n}}{\sqrt{\left[\sum_{i=1}^{n} X_i^2 - \frac{\left(\sum_{i}^{n} X_i\right)^2}{n}\right]\left[\sum_{i=1}^{n} Y_i^2 - \frac{\left(\sum_{i}^{n} Y_i\right)^2}{n}\right]}}$$

$$= \frac{36539 - \frac{(623)(574)}{10}}{\sqrt{\left[40051 - \frac{(623)^2}{10}\right]\left[33654 - \frac{(574)^2}{10}\right]}} = 0.83$$

相関係数は共分散を標準化しているため，-1 から 1 までの値しかとらない。相関係数が正の値をとれば，それを**正の相関**（positive correlation）と呼び，一方の変数の値が増えれば他方の変数の値も増える関係がみられ，値が 1 に近づくほどその傾向は顕著となる。逆に相関係数が負の値をとれば，それを**負の相関**（negative correlation）と呼び，一方の変数の値が増えると逆に他方の変数の値が減る関係がみられ，値が -1 に近づくほどその傾向は顕著となる。相関係数が 0 の場合，2 つの変数間には互いに関連性がないことを示す。図 4.4 に各相関係数における相関図を示しておいた。ちなみに，図 4.1 の相関係数は，0.61 である。

4.3.3　相関係数を解釈する上での注意点

先ほど述べたように，相関係数は 2 つの変数間の関連性の程度を数値で表現してくれるものである。では，どの程度ならば高い相関で，どの程度ならば低い相関といえるのだろうか。一般的に相関係数が $\pm 0.70 \sim \pm 1.00$ ならば高い相関，$\pm 0.40 \sim \pm 0.70$ ならば中程度の相関，$\pm 0.40 \sim \pm 0.20$ ならば低い相関であ

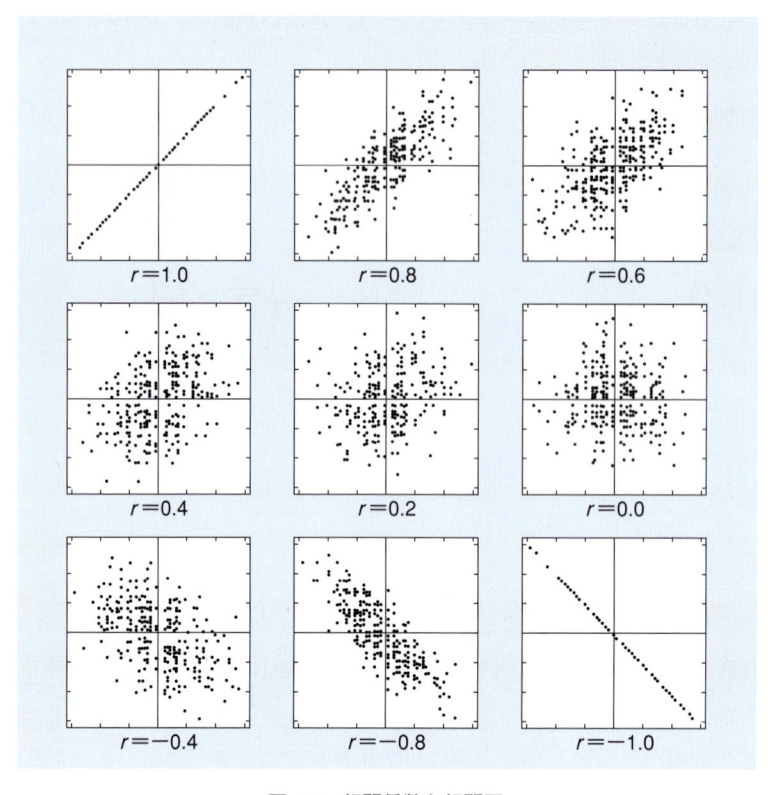

図 4.4 相関係数と相関図

ると解釈されている．しかしながら，この基準は絶対的なものでなく，使用目的や条件によって解釈が異なることがあるので注意しなければならない．

また，2つの変数の相関係数が高いからといって，単純にそこに因果関係が必ず存在するとは限らない．相関係数は2つの変数の内容を考慮することなく，単純に2つの変数の直線的関係を記述しているにすぎない．したがって，因果関係を考慮する際には，変数の内容はもちろんのこと，2つの変数の因果関係を他者に確信させるだけの知識と情報が必要となるので注意しなければならない．

4.3.4 相関係数の大きさに影響を与える要因

相関係数は，いかなる条件下でも2つの変数間の相関関係を正確に記述でき

るわけではない。さまざまな要因の影響によって相関係数の値が変化することがある。したがって，得られた相関係数のみの情報から 2 つの変数間の関係を記述した場合，データによっては誤った解釈を導く危険性があるので十分注意しなければならない。一般的に相関係数に影響を与えるものとしては，外れ値，2 変数間の関係が非線形の場合，制限された範囲（切断された範囲），異なる平均と標準偏差をもつ下位集団の存在が考えられる。

1. 外 れ 値

平均や分散のときと同様に，相関係数は外れ値の影響を受ける。たとえば，図 4.5 にあるようなデータの場合，左下の外れ値がない場合，全体的に円に近くなり無相関を示すが，外れ値を含めて相関関係をみると正の高い相関を示すことになる。このように，外れ値の有無によって相関係数が大きく変化し，状況により誤った解釈をする可能性があるので注意が必要である。

2. 曲 線 相 関

相関係数（ピアソンの積率相関係数）は，2 変数間の直線関係の程度を測度としているため，図 4.6 にあるような 2 つの変数間に曲線的な関係がある場合，相関係数は無相関あるいはそれに近い値をとる。この例の場合，確かに 2 変数間には直線的な関係という点では関連性はないが，相関図を見ると，2 つの変

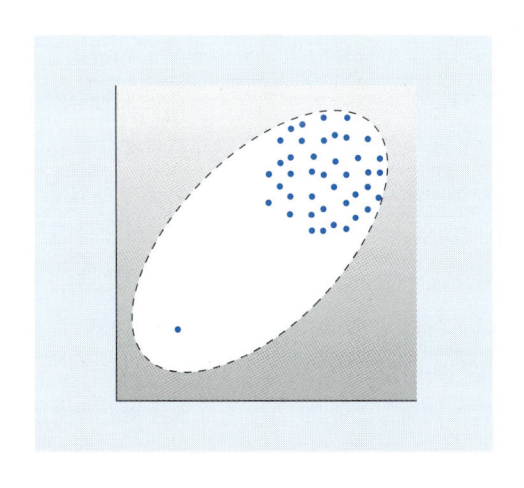

図 4.5　外れ値があるときの相関図

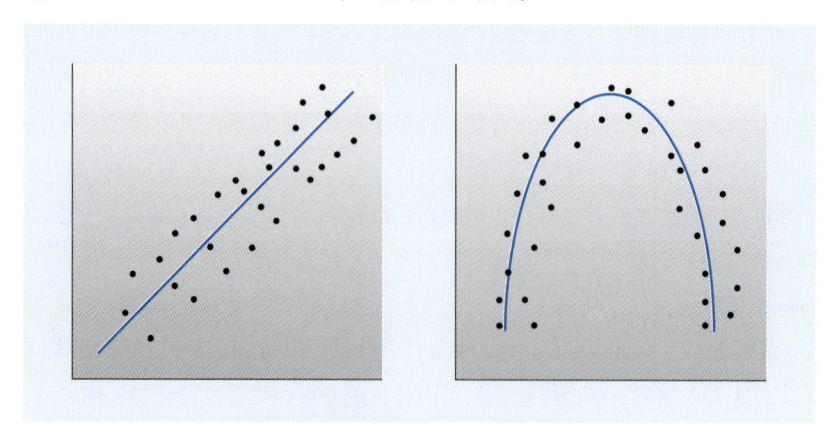

図 4.6　直線相関（左）と曲線相関（右）

数の間に曲線的な関係があるのは明らかである．したがって，このようなデータの場合，相関係数が低いからといって，2 つの変数の間に何も関連性がないと結論づけるのではなく，相関比など他の指標を利用して変数間の関係を記述する必要がある．

3. 制限された範囲（切断された範囲）

　次の問題は，得られたデータが全範囲からのものなのか，切断された範囲あるいは特定の範囲内のデータなのかによって相関係数が変化するというものである．たとえば，入学試験の成績と入学後の成績との関連をみたい場合，入学試験の成績については，受験者のデータがあるので問題はないが，入学後の成績については，当たり前だが入学した学生の成績しか存在しない．したがって，この 2 つの変数間の相関係数を計算する際には，入学した学生のみのデータしか利用できないことになる．このことを図式化したものが図 4.7 の左側に示されている．すなわち，入学試験の成績が入学最低点で切断されたデータを利用するため（図中の A の領域），切断されない全範囲（図中の $A+B$ の領域）を利用したデータと比べ相関係数が低くなってしまう．

　また，図 4.7 の右側にあるように，IQ と学業成績との関連をみるとき，IQ の範囲を 110 から 120 に限定してしまった場合，相関係数は 0.4 となるが，90 から 140 と広い範囲で相関を計算すると 0.8 となる．このように，変数の値が

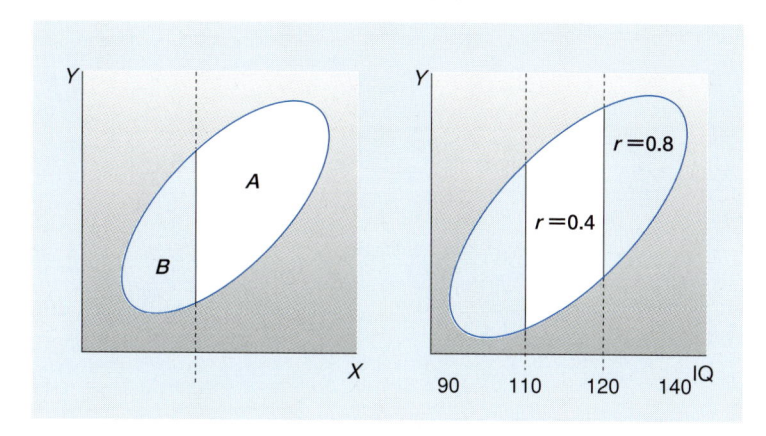

図 4.7 切断されたデータ（左）と限定された範囲（右）の相関図

特定の範囲に限られた場合も相関係数が変化するので注意が必要である。

4. 下位集団

最後の問題は，下位集団が存在し，各下位集団の平均と標準偏差が異なる場合，下位集団のデータにおける相関関係と集団全体のデータにおける相関関係が異なることがあるというものである。その様子を示したものが，図 4.8 である。図の左側の場合，各下位集団では負の相関関係を示しているが，集団全体では逆に正の相関関係を示す。図の右側の場合は，各下位集団でもやや正の相関関係を示しているが，集団全体となるとさらに高い正の相関関係を示す。したがって，ある下位集団のみのデータから得られた相関係数の場合，その情報をもとに2つの変数間の関係を一般化して解釈すると誤った結論を導くことがあるので十分注意する必要がある。

相関係数を利用する際には以上のような点に注意しなければならないので，可能な限り相関図を作成し，これらの問題が生じていないかを検討する必要がある。

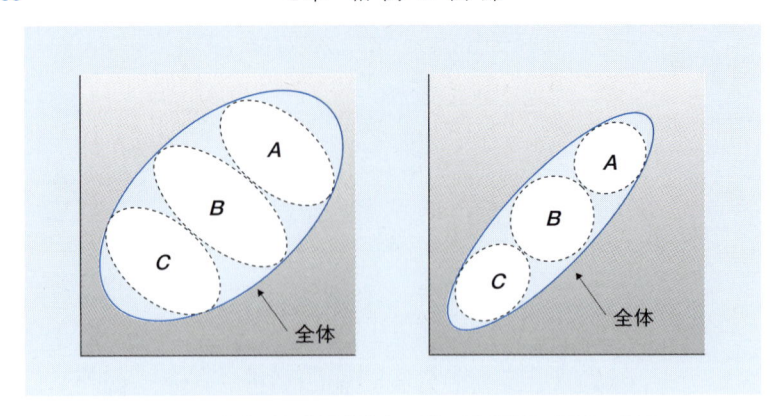

図 4.8 下位集団と集団全体との間で相関関係が異なる場合

4.4 順位相関係数

　すでに述べてきたピアソンの積率相関係数は，データの尺度水準が間隔尺度や比尺度の場合の相関係数であった．それに対して，データの尺度水準が順序尺度の場合に利用する相関係数が順位相関係数（rank correlation coefficient）である．もちろん，データが間隔尺度や比尺度であっても順位に置き換えれば順位相関係数を求めることができる．ここでは，順位相関係数としてよく利用されるスピアマンの順位相関係数(Spearman's rank correlation coefficient)を取り上げる（その他には，ケンドールの順位相関係数(Kendall's rank correlation coefficient）もある）．

　たとえば，ダンス競技において2人の審査員それぞれが10人の演技者を1位から10位まで順序づけて評定し，その結果が表4.3であるとする．2人の審査員の評定間にどの程度相関があるかを調べたいときにスピアマンの順位相関係数を利用することができる．

　スピアマンの順位相関係数を求めるには以下の公式を用いるとよい．

表 4.3　2人の審査員によるダンス競技者の順位づけ

競技者	審査者1	審査者2	$RX_i - RY_i$	$(RX_i - RY_i)^2$
1	6	5	1	1
2	9	8	1	1
3	2	1	1	1
4	7	7	0	0
5	1	2	−1	1
6	3	3	0	0
7	10	10	0	0
8	5	4	1	1
9	8	9	−1	1
10	4	6	−2	4

スピアマンの順位相関係数

$$r_s = 1 - \frac{6 \sum_{i=1}^{n} (R_{X_i} - R_{Y_i})^2}{n(n^2 - 1)} \tag{4.3}$$

表 4.3 のデータを (4.3) 式に当てはめると，

$$r_s = 1 - \frac{6(10)}{10(100-1)} = 0.939$$

となり，審査者の評定間に高い相関があることが分かる。

4.5　回帰分析

4.5.1　回帰分析とは

　先に述べたピアソンの積率相関係数は，2つの変数間の直線的な関係の強さを表していた。そこで，この直線的な関係を利用して，一方の変数から他方の変数を予測するために利用される方法が**回帰分析**（regression analysis）である。たとえば，模擬テストの得点から本テストの得点を予測するとか，父親の身長から息子の身長を予測する場合に回帰分析を利用することができる。

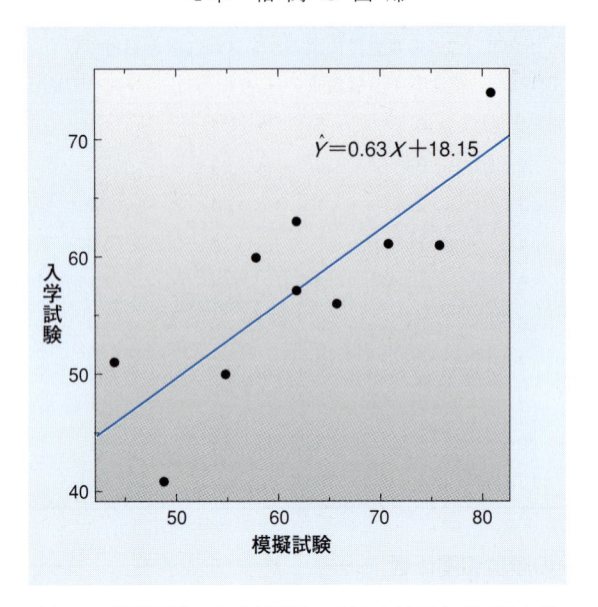

図 4.9 模擬試験から入学試験の得点を予測する回帰直線

　回帰分析でも相関係数と同様に対をなす 2 つの変数を用いる。また，相関係数では 2 つの変数は対等で区別する必要はなかったが，回帰分析では予測を行うために 2 つの変数を役割によって区別する。すなわち，予測に用いられる変数のことを**説明変数**（explanatory variable）あるいは**予測変数**（predictor variable）と呼び，予測される変数のことを**基準変数**（criterion variable）あるいは**目的変数**（objective variable）と呼ぶ。通常，説明変数には X が，基準変数には Y が用いられることが多い。そして，説明変数の値から基準変数の値を以下に述べる回帰直線を利用して予測するのが回帰分析ということになる。
　ここでは，例として相関係数のときに利用した表 4.2 のデータを利用し，模擬試験のテスト得点から入学試験の得点を予測を考えることにする。図 4.9 にこのデータの相関図と回帰直線を示した。

4.5.2 回帰直線

回帰分析は，直線式を利用して予測を行う．そのときに用いられる直線のことを**回帰直線**（regression line）と呼ぶ．説明変数（X）から基準変数（Y）を予測するための回帰直線は以下のような式で表現される．

回帰直線

$$\hat{Y}_i = \alpha + \beta X_i \tag{4.4}$$

$\hat{Y}_i$ は予測値，α は回帰直線の切片，β は回帰直線の傾き，X_i は説明変数の値を表す．とくに β のことを**回帰係数**（regression coefficient）と呼ぶ．

4.5.3 回帰直線の求め方

回帰分析では，予測のために利用する直線をどのように引くのかが問題となる．その際，利用されるのが**予測誤差**（prediction error）（残差（residual）：$e_i = Y_i - \hat{Y}_i$）を最小にする基準である．つまり，予測がうまくいっているということは，基準変数の観測値と回帰直線から得られた予測値との差が小さいことを意味している．この基準をもとに回帰式，すなわち α と β の値を求めるのである．予測誤差を図式化したものが図 4.10 に示されている．実際のデータでは基準変数の値が回帰直線の上下に位置し，基準変数の値が回帰直線の下にある場合，残差がマイナスとなり誤差の大きさを正確にとらえられないので，実際の基準では残差を 2 乗したものを基準として用いる．

上記の考えをもとに実際に利用されている基準を式で表現すると，

$$Q = \sum_{i=1}^{n} e_i^2 = \sum_{i=1}^{n} (Y_i - \hat{Y}_i)^2 = \sum_{i=1}^{n} [Y_i - (\alpha + \beta X_i)]^2$$

となる．このように，実際のデータの値とモデルである回帰直線から得られた値との残差の 2 乗を最小にするような未知数である α と β を求める方法のことを**最小二乗法**（least squares method）と呼ぶ．この基準をもとにして α と β を求めると以下のようになる．

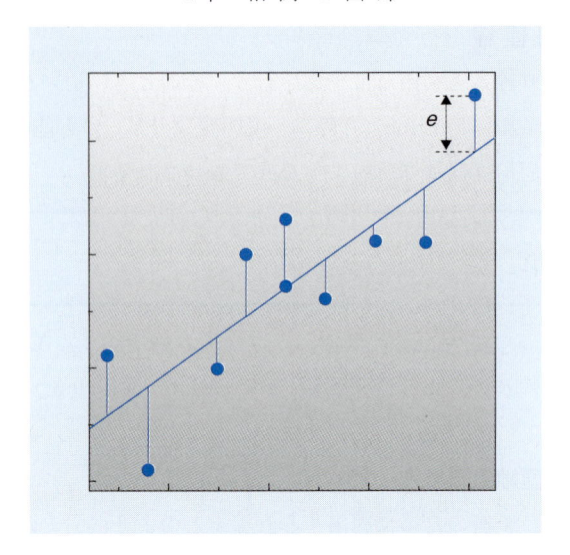

図 4.10　回帰分析における予測誤差

―― 回帰直線の切片と傾き ――

$$\alpha = \bar{Y} - \beta \bar{X} \tag{4.5}$$

$$\beta = \frac{S_{XY}}{S_X^2} = r\frac{S_Y}{S_X} \tag{4.6}$$

上記の公式から，説明変数と基準変数の標準偏差が等しければ直線の傾きは相関係数に一致し，また相関係数が 0 の場合，回帰直線は $\hat{Y}_i = \bar{Y}$ となることが分かる。

表 4.2 のデータから図 4.9 にある回帰直線を求めてみる。まず，模擬試験の平均・標準偏差は $\bar{X} = 62.30, S_X = 11.13$ であり，入学試験の平均・標準偏差は $\bar{Y} = 57.40, S_Y = 8.40$ である。また模擬試験と入学試験との相関係数は $r = 0.83$ であるから，(4.5)(4.6) の公式を用いると，

$$\alpha = 57.40 - (0.63)(62.30) = 18.15$$

$$\beta = 0.83 \frac{8.40}{11.13} = 0.63$$

4.5 回帰分析

BOX 4.4　回帰分析

回帰分析には，線型モデルによる回帰分析を行う関数 `lm` を用いる．変数名の指定は引数部分に「基準変数名~説明変数名」といった書式で指定する．以下の例では，表 4.2 の模擬試験の成績（x）と入学試験の成績（y）のデータのみが入ったファイル `regdata.csv` を利用している．以下のプログラムでは `lm` 関数の出力を `rlm` に保存し，`summary` 関数を利用して回帰分析に関する出力を得ている．

出力例の Coefficients に回帰分析の切片と傾きが示されている．Intercept の Estimate18.2115 が切片で，その下の x の Estimate0.6290 が傾きである．決定係数は，Multiple R-Squared の 0.6935 である．本文中の値と微妙に異なるのは本文では小数点 3 桁目を四捨五入して計算しているためである．

```
regdat<-read.csv("regdata.csv")
attach(regdat)
rlm<-lm(y~x)
summary(rlm)
```

出力例

```
Call:
lm(formula = y ~ x)

Residuals:
   Min     1Q Median     3Q    Max
-7.405 -3.498 -1.042  5.043  5.789

Coefficients:
            Estimate Std. Error t value Pr(>|t|)
(Intercept)  18.2115     9.3568   1.946  0.08748 .
x             0.6290     0.1478   4.255  0.00278 **
---
Signif. codes:  0 '***' 0.001 '**' 0.01 '*' 0.05 '.' 0.1
' ' 1

Residual standard error: 5.202 on 8 degrees of freedom
Multiple R-Squared: 0.6935,     Adjusted R-squared: 0.6552
F-statistic:  18.1 on 1 and 8 DF,  p-value: 0.002782
```

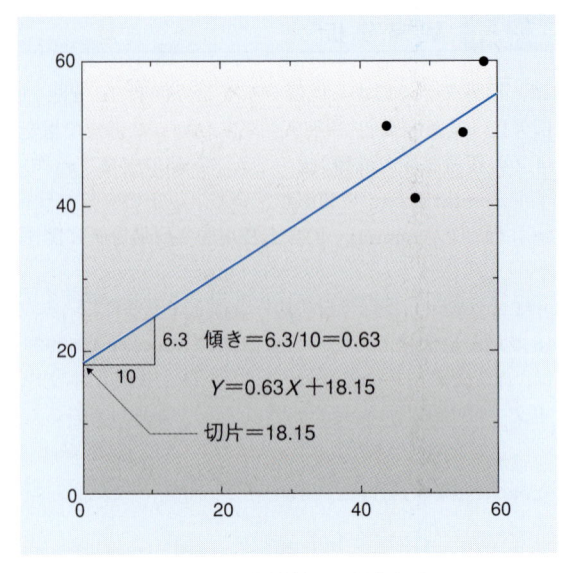

図 4.11　回帰直線の切片と傾き

となる。図 4.11 は回帰直線の切片と傾きの意味が分かるように切片付近を示したものである。

4.5.4　予測の標準誤差

上記で求められた回帰直線による予測がどの程度正確であるかについての測度が**予測の標準誤差**（standard error of prediction）である。回帰直線を求めるとき，Y の観測値と回帰直線による予測値の差，すなわち予測誤差が最小になるようにしたが，その予測誤差をもとに算出される指標である。以下の式を見て分かるように，これは回帰直線による予測値を基準とした標準偏差の一種である。

予測の標準誤差

$$S_e = \sqrt{\frac{\sum_{i=1}^{n}(Y_i - \hat{Y}_i)^2}{n}} = S_Y\sqrt{1-r^2} \tag{4.7}$$

4.5 回帰分析

BOX 4.5　回帰直線図

相関図には回帰直線を加えることができる。まず `lm` 関数を利用して回帰分析を行い，結果を `rlm` に保存する。そして相関図に線を加える関数 `abline` の引数に回帰分析の結果の入った `rlm` を指定すればよい。

```
regdat<-read.csv("regdata.csv")
attach(regdat)
rlm<-lm(y~x)
plot(x,y)
abline(v=mean(x),lty=2)
abline(h=mean(y),lty=2)
abline(rlm)
```

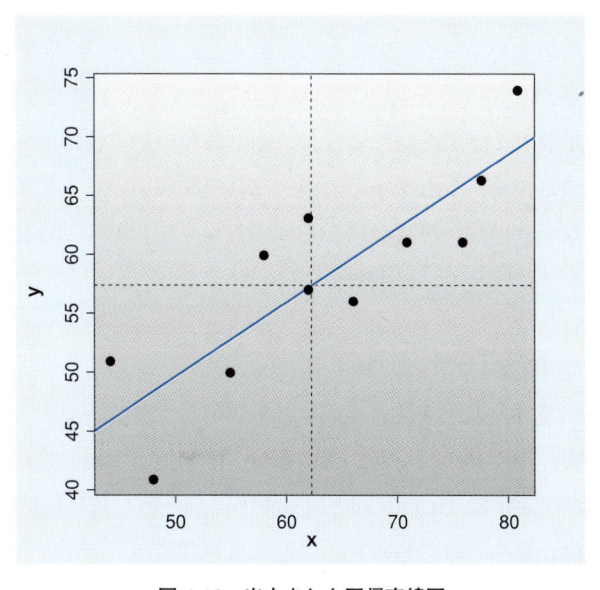

図 4.12　出力された回帰直線図

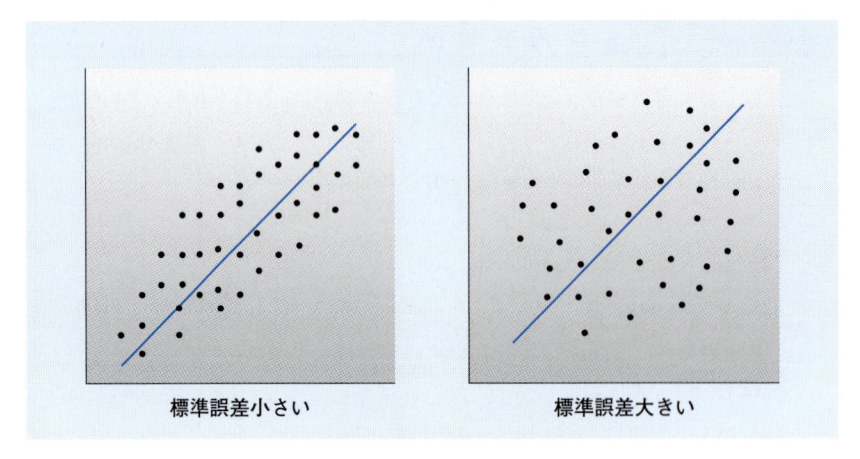

図 4.13　相関係数と予測の標準誤差

　この値が小さいほど観測値と予測値との差が小さいことを示しており，それはすなわち予測がうまくいっていることを示す．また，相関係数が大きければ，それに応じて予測の標準誤差は小さくなる．この関係を示したものが図 4.13 である．相関係数のときに述べたように，相関係数の絶対値が 1 に近づくほどデータは直線に近づく．したがって，図の左側の相関図のように相関が高い場合は標準誤差が小さいが，図の右側の相関図のように相関が低い場合は，標準誤差が大きくなる．

4.5.5　決定係数

　予測の標準誤差は，基準変数の観測値と予測値のずれ，すなわち誤差に注目した予測の精度の指標であったが，基準変数の予測値と平均との差を精度として考える指標が**決定係数**（coefficient of determination）である．図 4.14 にあるように予測値と平均の差 $(\hat{Y} - \bar{Y})$ は回帰直線によって説明される偏差，先ほどの予測誤差 $(Y - \hat{Y})$ は回帰式によって説明されない偏差，観測値と平均との差 $(Y - \bar{Y})$ は全偏差である．

　回帰直線によって説明される偏差は，データの数だけ和をとっても常にゼロとなり，そのままでは指標として利用できないので，偏差の 2 乗和をとる．そ

4.5 回帰分析

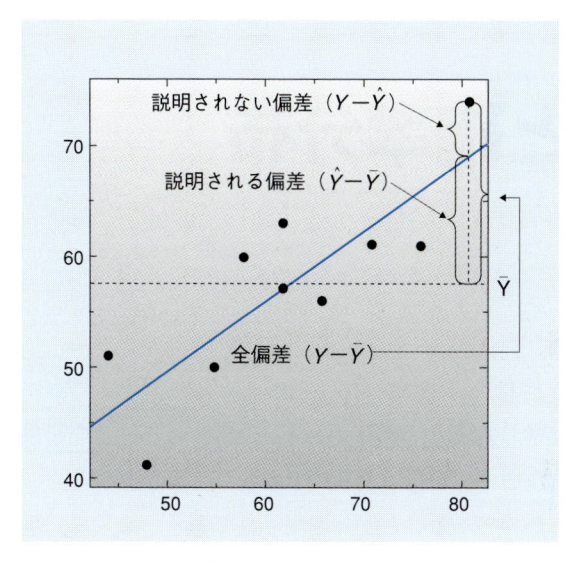

図 4.14 決定係数

して，全偏差の 2 乗和との比をとって，以下のような説明率を考える．これが，決定係数である．すなわち，基準変数の変動（分散）のうち，回帰直線を利用して説明変数が説明できる変動（分散）の割合を表している．

> **決定係数**
>
> $$\text{決定係数} = \frac{\sum_{i=1}^{n} (\hat{Y}_i - \bar{Y})^2}{\sum_{i=1}^{n} (Y_i - \bar{Y})^2} = r^2 \tag{4.8}$$

決定係数という言葉は，説明変数がどれだけ基準変数の値を決められるかからきている．この決定係数は (4.8) 式にあるように相関係数の 2 乗に一致する．したがって，決定係数を計算する場合は，説明変数と基準変数の相関係数を 2 乗するだけでよい．模擬試験と入学試験の例の場合，決定係数は $r^2 = 0.69$ であることから，回帰直線によって 69% 説明できていることになる．

確率と確率分布

5.1 確 率

5.1.1 確率とは

　教育学や心理学の領域で，**確率**（probability）は不確定な事象の推測や予測といった問題解決の糸口を得るねらいで使われてきた。ここでの**事象**（event）とは，起こる可能性のあることがらの集まりである。そして，事象の起こり方を確定的でないととらえたとき，このことがらの生じ方を確率的であるというわけである。

　もっともわかりやすい例として，サイコロを振ることを取り上げてみよう。ここで1から6の目の出方の予測について，大きく意見が2つに分かれるだろう。一つは，サイコロを振ることに関わるあらゆる要素を記述し，かつ，それらと出る目との関係を知ることで目の出方をはっきりと予測できるという考えである。つまり，サイコロを振る状況が必要十分な範囲で記述できていれば，どの目が出るかという結果を確定できるということである。いいかえれば事象に関わるあらゆる要素を把握できていれば，機械的に結果を予測できるという立場である。放物運動で，初速と仰角が決まれば落下点が確定するという考えに等しい。ただ素朴に考えて，サイコロの場合における同様なスタイルによる主張は非現実的であろう。

　対極にあるもう一つの考え方は，どの目が出るのかはサイコロを振ってみないと分からないという，あらかじめ結果を確定させられない考え方である。これは目の出方について機械的に結果を確定することはできない，そのような不確かさを受け入れるという立場に立つものである。この不確かさを許す立場で事象を見るときに，確率的というわけである。言葉で表現すれば「はっきりあ

る」「ほとんどない」というところであるが，この生じ方を 1 から 0 までの数値で表現しているのが確率というわけである．後述のように，ここには直感のような類（ここでは「確からしさ」ということが多いが）も入り込む余地が出てくる．この考え方は 7 章で説明する検定などの場面でも利用されることになる．

　サイコロならば 1 から 6 のいずれか 1 つが出るので，「1 が出る」……「6 が出る」といった一つひとつのことが事象となる．確率的な考えからサイコロの目の出方を推測するために，**確率実験**（experiment）を行うことになる．確率実験とは事象を確率的に発生させる作業で，ここではサイコロを振ることがそれにあたる．また，この作業の単位を**試行**（trial）と呼んでいる．

　確率的な現象における事象の生じ方を示す値として，確率値を割り当てるのである．たとえば「1 が出る」事象について，全試行数に対する比をとって確率を表現する．

確率

$$p = \frac{\text{「1 が出る」試行数}}{\text{全試行数}} \tag{5.1}$$

　この値については，全試行数を増加させて確率実験を繰り返していけば，極限値としての固有な点に近づくと期待する．この近づき方を，「漸近的な近づき方」といったりもする．もちろん一様に近づくわけではない．試行の積み重ねの中で，全体的にある幅をせばめながら近づくということである．通常のサイコロの場面では，経験的に 1/6 という値に近づき，この値を確率値に対応づけるのが自然というだけである．このような試行の相対度数の極限値に対応させた値を**確率**と呼ぶ．ここで，確率とは同一条件の下での無限の繰返しを想定した，ある種非現実的な確率実験で定義されている点が重要である．ただこの考えを実用につなぐため，現実の有限回の試行でわれわれは確率を求められたとするのだが，実際に使っている値は確率の推定値であることを頭のどこかにとどめておきたいものである．

　確率の式において，分母の全試行数（すなわち起こりうるすべての数）と，分

子の事象数すなわち注目している出来事の数を同じ基準で求めなければならない。サイコロと別の例として，箱の中に白玉 4 個，黒玉 6 個を入れた状況を考えてみよう。ここで，まず 1 個を取り出して箱の中に戻さないまま 2 個目を取り出す実験をしたとする。この実験で取り出した 2 個の玉の色が異なる確率を考えよう。1 回目と 2 回目の色の順を考えると，生じうる 10 個の玉の出方は $_{10}P_2 = 10 \times 9 = 90$ 通りとなる。これが色の出方順を区別する基準で考えたときの全事象数である。そのうち白黒の順となるのは $4 \times 6 = 24$ 通り，黒白の順となるのは $6 \times 4 = 24$ 通りとなり，異なる色の出方は合計 48 通りとなる。よって色の出方順を区別する基準で事象を数えて確率を計算すれば，$p = (24+24)/90 \approx 0.53$ となる。

一方，白黒と黒白をいずれも白 1 つと黒 1 つの組と見なしてしまう，すなわち出る順を区別しない組合せとして事象数を数えるという考え方もあろう。この場合，生じうる玉の出方は全事象として $_{10}C_2 = 45$ 通り，白黒の組は $6 \times 4 = 24$ 通りとなる。よって，色の出方順を区別しない組合せという基準で考えれば，$p = 24/45 \approx 0.53$ となる。要するに，事象のとらえ方にはさまざまな観点がありうるのだが，確率の計算をする際には，その数え方をそろえなければならない。

再びサイコロの例にもどると，考えられる事象の要素を書き並べることが必要である。これらすべての集まりを先に述べた**全事象** (universal event) という。事象を「3 より小さい」などと部分集合で定義することもできる。事象を書き上げることができたら，次の 3 法則に注意して各事象に確率 P を割り当てることになる。この作業を確率モデルの設定という。

1. $0 \leq P(E_i) \leq 1$ (すべての i に対して)
2. $P(S) = 1$，ただし S は全事象
3. A，B が排反のとき，$P(A \cup B) = P(A) + P(B)$

1 は，すべての事象について 0 から 1 の間の値を確率として割り当てるということである。2 は，すべての事象の集まりである全事象の確率を寄せ集めた値は 1 であり，決まっているということである。3 は，互いに共通要素をもたない事象の和集合の確率について，各事象の確率の和で示せるということであ

る。排反（もしくは排反的）とは，共通要素をもたない事象群の関係性を表す用語である。これに対して，共通要素をもった重なりある関係といえる2事象の和の確率は，重なりを差し引いて考える必要がある。これは**確率の加法定理**（addition rule of probability）と呼ばれるもので，以下のように示される。

確率の加法定理

$$P(A \cup B) = P(A) + P(B) - P(A \cap B) \tag{5.2}$$

サイコロを振って予想されるすべての事象に1/6の確率を割り当てる分布の決め方は，これら3法則を満たしているので，確率モデルとして認められる。ただ，この3法則を満たして確率モデルとして認められる割りつけ方は，これだけに止まらない。たとえば，1の目から順に0, 0, 1/2, 1/6, 1/3, 0といった割りつけを設定し，これをあるサイコロに想定した確率モデルとして事象の検討を進めることも許容できる。ただ，形式としてこのようなモデル設定は条件を満たすということで許容できるが，現実のサイコロ現象を考える上では役に立ちそうにない。以上のことから，通常採用しないのである。

5.1.2 条件付き確率

一般には，何ら前提とする制限をいわないまま事象が生じる確率を考えている。しかし，それだけでなく，ある条件の満たされるという前提を明言した上で，またその範囲内で生じうる事象に視野を限ると宣言した上で，事象の生じ方を考える場面がある。たとえば，日本人の中から1人を選んで身長が170cm以上である（事象Aとする）確率を考える。これについて，日本人全体を見渡して一般として（何ら制限を加えずに）考えるのと，20歳代である（事象Bとする）などといった前提を明言して視野を限って考えた確率とを，区別するというわけである。前者の確率を$P(A)$と表し，後者の確率を$P(A|B)$とし，**条件付き確率**（conditional probability）と呼んで区別している。条件付き確率は，事象AとBが同時に生じるという確率$P(A \cap B)$と事象Bの確率$P(B)$を使って示すことができる。

条件付き確率

$$P(A|B) = \frac{P(A \cap B)}{P(B)} \tag{5.3}$$

　条件付き確率の式中に $P(A \cap B)$ が含まれている。これは加法定理でも登場した。これは事象 A と B の同時確率とも呼ばれるもので，この例でいえば，何ら前提をつけずに日本人を連れてきたときに「身長 170cm 以上である（事象 A）」と「20 歳代である（事象 B）」とを共に満たす確率である。先に示した条件付き確率の式は，「20 歳代である（事象 B）」を前提として，ここに視野を制限したときの確率 $P(A|B)$ と日本人全体を見渡して両条件の満たされる確率 $P(A \cap B)$ とを結びつけるものである。

　記号の扱い方として，B の生じている状況で A も生じることを $A \cap B$ もしくは $B \cap A$ で示す。A, B の順は関係しない。ただ $P(A \cap B)$ は「B の状況で A が生じる確率」ではなく，「A かつ B の生じる確率」で，前の例でいえば，すなわち日本人全体を見わたしたときの A と B が同時に生じる確率となる。「全体を一般として見わたす」とは，確率について全事象を単位として考えることである。同時確率では A と B との扱いに差はない。対して，「B の状況で」という条件付き確率の観点は，事象 B が生じうる結果のすべてという宣言である。よって，$P(B)$ を単位として考えるという数的処理として，$1/P(B)$ を乗ずるわけである。この調節を施すことで，条件付き確率は前節の確率に関する 3 法則を満たすことになる。

　サイコロの例で，A を「1 の目が出る」，B を「3 以下の目が出る」とすれば，$A \cap B$ の事象は「1 の目が出る」のみとなる。$P(A \cap B)$ はサイコロの 6 通りの目の出方全体を見渡したときの $A \cap B$ の事象を考えての確率なので，1/6 となる。次に $P(B) = 1/2$ である。ここで「3 以下の目が出る」という条件下で「1 の目が出る」という条件付き確率は $P(A|B) = (1/6)/(1/2) = 1/3$ となる。つまり，この場合の条件付き確率は B の「1, 2, 3 の目が出る」に視点の範囲を限っているわけである。「1, 2, 3 の目が出る」場合以外を見ないという前提をつけているといってよい。この手続きで得られる B の全事象の確率の和は，

$P(1の目|Bの範囲) + P(2の目|Bの範囲) + P(3の目|Bの範囲)$
$= 1/3 + 1/3 + 1/3 = 1$

となる。

　蛇足を承知でつけ加えると，$P(A)$ と条件付き確率 $P(A|B)$ は一般に等しくない。これは条件付き確率ということで，B による情報によって扱う観点の範囲を限定しているからである。視野を限定することで確率値が変化するということは，一般に事象 B の生じるということが事象 A の生じやすさに影響しているからともいえることである。したがって，逆に事象 B が生じても事象 A の生じやすさに影響しない状況ならば，すなわち式で記して $P(A|B) = P(A)$ となる。このとき，(5.3) 式とあわせて $P(A \cap B) = P(A)\,P(B)$ という関係を引き出せる。この状況は事象 A と事象 B とが影響し合わないときに成立するもので，そのような 2 事象の関係性に対して独立という言葉をあてがっている。独立という用語に対して，独立でない関係を従属という言葉で表現している。

5.1.3　主観確率

　本章の最初に述べたように，確率とは事象の生じる相対度数を手がかりに，事象の生じやすさに推定値として値を割りつけたものである。確率の考え方と適用範囲を拡張していくと，事象の発生頻度の話にとどまらず，一般に命題や仮説についても「生じやすさ」や「正しさへの確信」に確率を考えることができる。振り返ってみても，「この予想は何割で当たりそうだ」といった類の相対度数を使った表現は，極めて日常的なものとしてわれわれの生活に浸透している。ここで確率は，不確実性の下での個人のいわば「確信」の度合いを表すものとして登場している。根拠は，狭義の実証主義の下で示されると限らない。これを**主観確率**（subjective probability）と呼ぶことがある。

　重要なことは，われわれのいだくこのような確信においては，さまざまな知識や情報を得ることによって変化していくということである。出発点は問わず，日々の生活実践により知識や情報を得たという前提で記述されることになる。よって主観確率は，情報獲得という営みで条件付けられた条件付き確率として

示される。当然，情報の入手とその成果としての知識の増加によって主観確率は変化する。この変化に関わる議論は，ベイズの定理によって記述される立場で登場することになる。

　主観確率の考え方から統計的推測を行う一連の方法をベイズ的手法と呼ぶ。たとえばサベイジが主観確率の公理系を与え，不確実性における個人行動の整合性に結びつけて妥当性を示した。だがこのような確率概念をとる立場や方法については，非ベイズ的方法をとる立場との論争が続いている。

　ベイズの定理（Bayes' theorem）とは，2つの事象 A, B があるときに，条件付き確率 $P(A|B)$ と $P(A)$ および $P(B)$ から $P(B|A)$ を求める手続きとして示される。これは，

> **ベイズの定理**
>
> $$P(B|A) = \frac{P(A|B)\ P(B)}{P(A)} \tag{5.4}$$

と示すもので，B の余事象を $\bar{B}$ で示せばさらに，

$$P(B|A) = \frac{P(A|B)\ P(B)}{P(A|B)\ P(B) + P(A|\bar{B})\ P(\bar{B})}$$

となる。B の余事象とは，全事象のうち事象 B 以外のすべての集まりである。分母については，$P(A) = P(A \cap B) + P(A \cap \bar{B})$ ということから考えればよい。この式は，B という事象に与えた確率 $P(B)$ から，A という事象が生じたという条件下での B の確率 $P(B|A)$ への変化を示していると解釈できる。A という事象が生じたというのは，A という情報や知識を得たということである。ベイズの定理では，情報を得るという出来事の前後ということで，前者を事前確率，後者を事後確率と呼んでいる。そして，事前確率に B という事象のまったく情報のない状況での主観確率を割り当てる。そして，A に何らかのデータを見たり実験をしたことを確率式として割り当て，A を観測したという条件下での B の確からしさを条件付き確率による表現につないでいる。最後の条件付き確率が，A を観測したという「出来事」後における B の確からしさを示す新たな主観確率となる。ということで事後確率と呼ぶ。もしさらに新たな情報 A'

5.1 確率

表 5.1　心理検査の結果（人数）と問題の有無

	陽反応（A）	陰反応（$\bar{A}$）	計
問題あり（B）	95	5	100
問題なし（$\bar{B}$）	2	98	100

が入ってくるならば，今度は $P(B|A)$ を事前確率として位置づけ，ベイズの定理により新たな事後確率 $P(B|A')$ に更新していけばよい。

例として，表 5.1 に示した心理検査の集計結果を見てみよう。ある問題を抱えた人を見分けるための臨床試験として心理検査を用意したとする。これを使った臨床試験の結果，実際に問題を有する人の中で 0.95 の確率で陽性反応を示し，問題なしの人の中では 0.02 の確率で反応があったとする。表は問題あり／なしの群ごとに 100 人ずつの集計になっており，条件付き確率を容易に読み取れるよう示した。別の情報として，ここで関心を向けている問題というのは 100 人中 3 人程度が抱えている，確率として $3/100 = 0.03$ のリスクが先行研究などから「分かっていた」とする。検査結果の情報がない状況では，世間一般を見渡したところでの確からしさとして，この人を問題ありとする確信は 0.03 としか語れないであろう。よって，この 0.03 がデータを見る前の主観確率となる。

ここでこの心理検査を新たに受けた人が陽性反応を示したとして，この結果を踏まえてこの人が問題ありである確率を考える。心理検査の結果で陽となる事象を A，問題ありという判定の事象を B とすると，この検討の焦点は $P(B|A)$ が 0.03 に対していかほどになるのかということである。この条件付き確率は，陽であることから問題ありの確からしさである。

前述のように主観確率 $P(B) = 3/100 = 0.03$，表は B もしくは $\bar{B}$ 判定が判明している状況での調査および集計なので，これら情報を条件付き確率に書き換えていくと $P(A|B) = 0.95$, $P(\bar{A}|B) = 0.05$, $P(A|\bar{B}) = 0.02$, $P(\bar{A}|\bar{B}) = 0.98$ となる。これらをベイズの公式に埋め込んでいくと検査結果が陽性 A であると知った後の問題ありという確信は，

$$P(B|A) = \frac{P(A|B)\ P(B)}{(P(A|B)\ P(B) + P(A|\bar{B})\ P(\bar{B}))}$$

$$= \frac{0.95 \times 0.03}{0.95 \times 0.03 + 0.02 \times 0.97}$$

$$= \frac{0.0285}{0.0285 + 0.0194}$$

$$\approx 0.59$$

となる。検査結果を見る前に問題ありと判断できる確率は $P(B) = 0.03$ であったわけだから，この一連の手続きで $P(B|A) = 0.59$ という確信度を得ることは，問題ありと考える方向に判断を偏らせざるを得ないだろう。このように，新たな情報を得ることによる確信の変化について，確率表現として量的に示すところにベイズの定理を利用する一つの意義がある。

一方でこの事後確率は，表のデータから直観的に想像する値よりも小さいと思う人が多いだろう。この事後確率によれば，確かに 59% の確からしさでこの検査によって問題を察知できようが，残りの 41% はさらに調べていくと誤診と判明しうる可能性を同時に示唆している。現実の対処として，これでは問題ありといってしまうには心もとない。誤診をおこした場合の損失などが関係してくることだが，この検査のみで問題とするには大いなる危険を伴いそうである。しばしば権威ある研究論文においてすら，この種の同時分布データから別章で示す仮説検定などのみをよりどころに陽性であれば有意水準 5% とか 95% の確からしさと称して問題ありと論じていることがある。しかし問題なしの確率を大いに残しながら，この結果のみで「問題を抱えているでしょう」と決めつけて詮索されるとすれば，検査対象として研究に協力してくれた協力者の個々人のレベルでは迷惑そのものかもしれない。統計的予測と検定とは別ものであるという指摘に，ここではとどめておく。

5.2　無作為（ランダム）な抽出

ここまでは事象に確率を割り当てる営みを述べてきたが，確率的な事象の確

5.2 無作為(ランダム)な抽出

率を評価することは無限の繰返しを想定した相対度数への近似を知ることに関わるということは繰返し述べているところである。繰返し出てくるサイコロの例でも、現実に「1の目が出る」事象の確率を知るには、試行を無限に繰り返して、その相対度数をとって推測しようというわけである。ここで問題となるのは、われわれの生きている現実において試行の繰返しに限りがあるということである。サイコロを振るという試行なら「必要ならやればいいじゃないの」と、その限界は想像し難いかもしれない。が、この1試行がたとえば論文作成で行われる大規模調査や実験そのものであるとする。現実のさまざまな制約により、相対頻度を算出するほどの繰返し試行はできない。出発点にある基本前提に反して、この限られた試行や対象から推測せざるを得ないのである。

ここで調べるべき全対象について、具体的に定義されたものを**母集団**(population)と呼ぶ。母集団は、たいていの場合「日本の中学生一般」といったように実際に調査研究を行うにはそのすべてを集めることが困難なほど大きなものである。これに対して、実際に試行や研究の対象となって母集団特性の推測のための情報を提供してくれる、つまり情報収集のために研究者の眼の前に登場する「現実」集団を**標本**(sample)という。この標本を母集団から取り出すことを**標本抽出**(sampling)という。

標本の第1の要点は母集団の特徴をできるだけよく反映していること、いいかえれば母集団に対して偏りのない取り出しであること、である。実際、実験や調査で特定の傾向が強い方向に偏って標本を選んでしまうと、母集団と結びつけた確率の推定や標本から得た成果を全体に押し広げた、いわゆる一般値を目ざした推論ができなくなる。現実の手続きとしてはさまざまな困難があるのだが、原則として母集団からの標本抽出は確率的に**無作為**(random)(ランダム)に行うことを前提としている。この一連の営みを**無作為抽出**(random sampling)といい、このようにして得た標本を**無作為標本**(random sample)もしくは**ランダムサンプル**と呼んでいる。標本が無作為(ランダム)であるというのは、標本を抽出する手続きに求められる条件であり、抽出された後の標本分布の結果というか、その見た目には関係ないことである。誤解をおそれずにいってしまえば、抽出結果の見た目としてたとえ無作為な標本と感じられないものであっ

ても，手続きを正しく「無作為に」用いたならば，それは無作為（ランダム）な標本と呼ぶのである。ここでは実験における手続きの重要性を強調しておきたい。

推測統計学（統計的推測）との関係では，「相互に独立で同じ確率分布」からデータを得ることが無作為標本における2番目に重要な要点である。しばしば問題となるのが，ある反応が他の反応に影響しているデータの場合である。ある反応が他の反応の条件になっている場合や，同一標本の反復測定の場合で相互に独立といえなくなる場合では注意を向けて考えたい論点である。とくに後者の場合，たとえ公刊レベルの研究であっても，繰返し測定の各測定を無条件にあたかも独立な標本と見なした分析が見られる。だが，これは無作為標本を前提とした分析手法の適用として，誤用と見なさざるを得ないことがある。この見分けは，読者側の力量の問題となってくるところだろう。スーパーバイザーと共に十分な点検をする必要がある。

無作為な抽出の中でもっとも素朴なものは，単純無作為抽出（simple random sampling）と呼ばれる方法である。これは乱数の割り当てなどによって，母集団から全くランダムに標本を選ぶ方法である。先の「日本の中学生」ならば，一人ひとりに割り当てた乱数から一定の規準で選ぶのである。ただこの手順は，現実に労力・時間・経費などの面で膨大な作業となる。無駄とは言葉が過ぎるかもしれないが，かなりの労力と出費が予想されるということで効率が悪い。そこで系統的抽出法（systematic sampling）などの単純無作為抽出法を変形し，工夫することになる。たとえば社会調査の場合などでは，まず地域をランダムに選んで，次にその中の中学校をさらにランダムに選ぶ。このように，2段階抽出もしくは多段階抽出の工夫などによって，より効率的に（無駄を節約して）抽出作業を進めることになる。ただ，これら現実の制約に対応すべく工夫された方法の多くは，前述の統計的推測上で標本抽出に求める前提条件を厳密には満たさなくなる。結果として，利用される種々の統計技法の適用に無理が生じるリスクを抱える。それぞれの標本抽出の手順に対応した分析技法が望まれるわけであるが，それは利用者の便宜から離れてしまうことが多い。結局，実用面を考慮して妥協するわけである。抽出法ごとの処理の処方箋の見本に関わる特論

は本書の守備範囲を確実に超えているが，それぞれの標本の特性を認識し，自らの扱うことのできる分析手法の要請する条件との距離を自覚的に検討する態度（ある種の内省）は，データ解析の実践者として求められることに違いない．

5.3 確率変数

これまで確率実験で発生する事象を取り上げ，それぞれの事象の生じる相対頻度や確からしさを考え，そこに確率という数値を割り当てることを述べてきた．これに対して事象そのものに数量を割り当てて事象相互を区別するとき，これを一般に確率変数（random variable）という．サイコロの例ならば，出る目の数値そのもので事象を区別している．単純にそうしていることがほとんどであるが，出た目の値を確率変数として利用することができる．

ここで事象にどのような数値を割り当てるのかということは，この推測を実際にどのような場面で利用するのかということに関わる問題である．出る目を確率変数にするサイコロゲームの場合，偶数の目が出たときに5点を得，奇数ならば2点を失うというルールにすれば，それぞれの目で決められた加点／減点が確率変数となる．同様にテストの得点などのように始めから結果を数値で与える事象の場合，そのまま得点を確率変数と見なしているだろう．また何らかの属性で被験者を質的に区別するだけの場合，必要に応じて任意に数値を割りつけて確率変数として扱うことができる．たとえば，ある人の身長が170cm以上なら1，170cm未満なら0といった変換を施した値の場合，この0か1かの値を確率変数として扱うことができる．

このように，生じうる事象に数値を割りつけてしまえば，その確率実験は確率変数になる．言葉を変えれば，確率変数とは確率的に数値を生じさせる確率実験を指している．そして，確率実験でわれわれが現実に手に入れる結果が，確率変数の実現値（データ）である．本来，確率変数と区別する必要がある．多くの教科書における区別の仕方として，確率変数をたとえばXと大文字で示し，実現値もしくはデータをたとえばxと小文字で示す工夫をしている．確率変数と実現値との関係を，関数fと関数の値$f(x)$との関係になぞらえてみれ

ばよいだろう。書き手からしてみても宙に浮きそうな話であるが地に足を下ろす工夫として，確率変数は確率実験の手続きを指して実現値を発生させるための装置を指している点，関数と同じ性質をもっていると考える。むしろこの内容から，確率関数と呼んだほうがよいのかもしれない。ただし高校の教科書などでは，これらの区別に多少混同しても大きな誤解のおそれがないということで，ハッキリと区別しない傾向が見受けられるようだ。

5.4 確率分布

5.4.1 確率分布とは

次に，確率変数のとりうるすべての値に対して確率値を割りつける。この対応関係を示したものを，**確率分布**（probability distribution）といっている。ここで，確率変数がとびとびの値をとるような離散量もしくは質的変数の場合と，途切れのない連続量をとる場合とに分けて確率分布の表現をみる。

確率変数が離散量をとり，それぞれに対する確率値が対応づけられているとき，確率分布は不連続な形となる。具体的には，確率変数 X の実現値 x に確率 $P(X=x) = p(x)$ が対応するとき，確率分布は棒グラフなどで表すことになる。横軸に順序尺度レベル以上の情報がある場合に限り，折れ線グラフが許容される。しかし，棒グラフでの表示が離散量に不要な情報付加の期待を混在させない点，筆者としてはお勧めである。話を戻すと，棒の高さが確率である。サイコロの例ならば，確率変数としての出る目 X の実現値 x は $1, \ldots\ldots, 6$ となり，どの目の出方も同程度という推測の下ですべての場合に確率 $1/6$ を割り当てたとする。例として，この確率分布を図に示すと図 5.1 のようになる。図の棒の高さが確率を表現している。確率の要件を満たすこととして，これら高さの総和が 1 すなわち $\sum p(x) = 1$ となっている。

確率変数が連続量である場合，確率変数の特定の値に対して確率を割り当てることができない。このような事態の通常の対応として，確率変数の値の周りに幅をとって考慮する。そして，その確率変数の区間に対して確率を対応づけるのである。このような場合では，確率分布を連続的なグラフで示す。確率変

5.4 確率分布

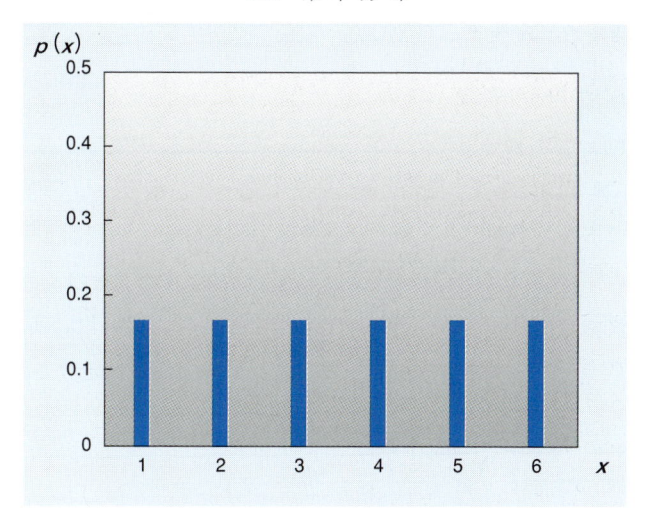

図 5.1 離散量における確率分布の例

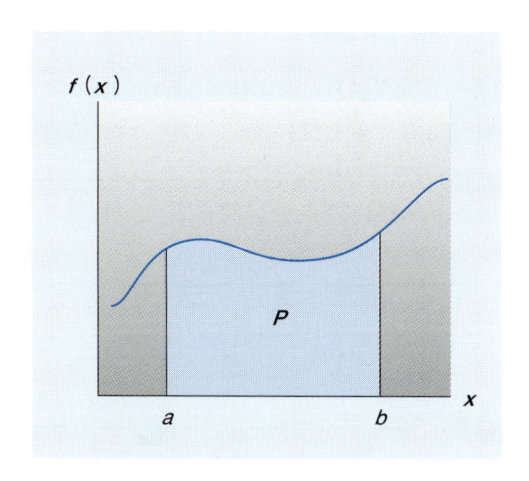

図 5.2 連続量における確率分布の例

数 X の区間 $a \leq X \leq b$ に対する確率として，対応する区間の面積で確率を定める．数学的にはグラフを示す関数 $f(x)$ を設定して，区間 $a \leq X \leq b$ でのグラフにおける面積，すなわちその区間の定積分値が確率値と対応するように定める（図 5.2）．式で示すと，以下のようになる．

> **連続変量における確率**
>
> $$p(a \leq X \leq b) = \int_a^b f(x)\, dx \tag{5.5}$$

$f(x)$ は，確率変数を表す横軸と囲む面積によって，確率としての意味を発生させる関数である。横軸との「積」で確率という意味をもつ関数ということで，$f(x)$ は横軸の単位あたりの確率を表現する量を示しており，そのことから $f(x)$ を **確率密度関数**（probability density function）と呼んでいる。確率の性質より，確率変数 X が $l_1 \leq X \leq l_2$ と下限および上限で値域が定義される分布ならば，

$$\int_{l_1}^{l_2} f(x)\, dx = 1$$

となる。ただ，確率変数の値域は $l_1 \leq X \leq l_2$ のように有限とは限らず，正負いずれの方向でも無限となりうる。無限の場合，∞ もしくは $-\infty$ で示す。

離散量および連続量のいずれの場合でも，確率変数 X の下限から特定の実現値 x までの確率の総和を **分布関数**（distribution function）と呼ぶ。確率分布関数は一般に $F(x)$ で示す。離散量の場合，以下のようになる。

> **分布関数（離散量）**
>
> $$F(x) = \sum p(x) \tag{5.6}$$

連続量の場合は，グラフの左端からの面積の総和ということで，以下のようになる。

> **分布関数（連続量）**
>
> $$F(x) = \int_{l_1}^{x} f(x)\, dx \tag{5.7}$$

確率変数 X の下限が $-\infty$ で定義されているときは $l_1 = -\infty$ であるために，

$$F(x) = \int_{-\infty}^{x} f(x)\, dx$$

となる。このように **分布関数**（累積確率密度関数）$F(x)$ は，確率変数 X が離

BOX 5.1　確率分布

Rではアルファベットと分布名（xxx）の組合せで以下のような関数名のルールが決められている。
- dxxx：確率密度関数
- pxxx：分布関数
- qxxx：分位点関数
- rxxx：乱数

たとえば，2項分布の場合，分布名がbinomであり，確率密度を求めたいときはdbinomを用いる。引数部分は分布名によって多少異なるが，dbinomの場合はdbinom（生起回数，試行数，母比率）となる。また，この関数を利用して2項分布の理論分布を描くこともできる。

```
dbinom(4,10,0.5)
plot(0:10,dbinom(0:10,10,0.5),type="h",lwd=10)
```

出力例
```
> dbinom(4,10,0.5)
[1] 0.2050781
```

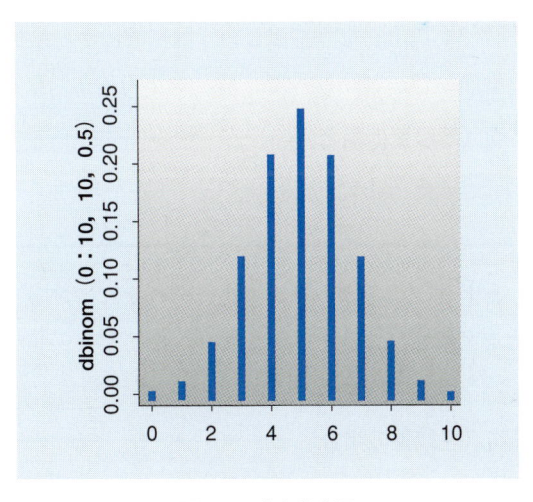

図 5.3　確率分布図

散量もしくは連続量のいずれであれ，それ自体で実現値 x 以下の事象の生じる確率を示している．

推測統計学（統計的推論）において，しばしば確率分布の裾野部分を下側確率もしくは上側確率と呼ぶ．**下側確率**（lower tail）とは，確率分布図の裾野の下限側で確率変数の小さい左側の確率を指し，対応する実現値の確率分布関数に一致するものである．これに対して**上側確率**（upper tail）とは，確率分布図の右側の上限側の裾野面に対応する．ある確率分布の実現値 x の上側確率を α とすると，実現値 x の分布関数と上側確率の和は，全確率 1 となる．この確率分布の分布関数 $F(x)$ を使って，

$$F(x) = 1 - \alpha$$

を満たすものと，実現値 x に対する上側確率 α は示される．

5.5 確率分布の平均と分散

さまざまな確率分布の違いを見分ける指標として，平均，分散そして標準偏差を定義する．**平均**とは確率変数の値と確率との積の総和として定める値である．確率を重みとして変数値を総計するという計算方法から，加重平均と呼ぶこともある．離散量の場合における平均 μ は，以下のようになる．

確率分布の平均（離散量の場合）

$$\mu = \sum xp(x) \tag{5.8}$$

連続量の場合，まず X の小区間 dx を考えてそれぞれに対応するの確率が $f(x)\,dx$ であることを利用し，この確率と変数の実現値 X との積を総和する．すなわち積分するということで，以下のようにして平均を得る．

確率分布の平均（連続量の場合）

$$\mu = \int xf(x)\,dx \tag{5.9}$$

5.5 確率分布の平均と分散

平均とは，分布の重心としての中心的位置を示す代表的な指標である。また，分布の中心的位置を示す指標を一般に代表値と呼んでいるが，代表値としてもっとも利用頻度の高いものである。

離散量，連続量いずれでも μ を確率分布の平均とか確率変数 X の期待値と表現する。一方，X の期待値を求める手続きを $E(X)$ で示すことがある。この示し方を利用すれば，X のみならず X の関数の期待値の表示へと拡張させて示すことができる。たとえば確率変数 X の平方の期待値ということで離散量において，

$$E(X^2) = \sum x^2 p(x)$$

連続量ならば，

$$E(X^2) = \int x^2 f(x)\, dx$$

と，示すことができる。確率分布の**分散**とは，確率変数 X の平均との差の 2 乗の期待値として定められる。つまり分散 σ^2 は，

確率分布の分散

$$\sigma^2 = E\left\{(X-\mu)^2\right\} \tag{5.10}$$

と示すことができる。これを単に $V(X)$ と記すこともある。離散量の場合，

$$V(X) = E\left\{(X-\mu)^2\right\}$$
$$= \sum (x-\mu)^2 p(x)$$

となる。和記号内の扱い，確率の総和が 1 であること $\left(\sum p(x) = 1\right)$，および平均 $\mu = \sum x p(x)$ に注意して展開すると，

$$V(X) = \sum x^2 p(x) - \mu^2$$
$$= E(X^2) - \mu^2$$

となる。連続量の場合においても同様に，

$$V(X) = E\left\{(X-\mu)^2\right\}$$

$$= \int x^2 f(x)\, dx - \mu^2$$
$$= E(X^2) - \mu^2$$

である。積分は X の定義域の範囲で行う。分散といっているものは，分布の広がりの程度を示すものである。この値が大きいほど裾野幅をもって広がっていると考えればよい。ここで確率変数と単位の次元をそろえるべく平方根をとり，標準偏差として平均値と併せて分布の位置と広がりを示す指標としてセットで利用する。セットで示すため，小数点以下の桁数をそろえるなどの基本的な書式マナーに注意したい。また，標準偏差 σ は，

$$\sigma = \sqrt{E\{(X-\mu)^2\}}$$

と与えられる。

その他，3 章 3.4 節にあるように確率分布の左右対象に関わる歪みの指標として**歪度** a_3，分布の中央部分の尖り具合の指標として**尖度** a_4 があるが，実際の利用頻度は必ずしも多くない。歪度は確率変数 X の平均との差の 3 乗の期待値，尖度は確率変数 X の平均との差の 4 乗の期待値で定めている。

確率分布の歪度・尖度

$$a_3 = \frac{E\{(X-\mu)^3\}}{\sigma^3} \tag{5.11}$$

$$a_4 = \frac{E\{(X-\mu)^4\}}{\sigma^4} \tag{5.12}$$

ここでそれぞれの分母にある σ^3 や σ^4 は，X の単位によらずにその値の大きさから一意的に分布の特徴を記述できるよう，標準化の調整を施すために使っている。これら指標の大まかな特徴の判断の目安は，以下のとおりである。歪度 a_3 の場合で，正で右に（確率変数の大きい方向に）裾野が長く，右に歪んでいると表現する。0 付近でほぼ左右対称，負で左に裾野が伸びている，この場合左に歪んでいると表現する。

尖度 a_4 の場合では，およそ値 3 付近で後述の正規分布に近い尖り具合となり，それ以上で急な尖り，以下で緩やかな尖りと見なせばよい。正規分布の尖

りを基準におくということで $a_4 - 3$ を尖度と定義している教科書もあり，その場合は正値で急な尖りということになる。

σ^2, a_3, a_4 と平均 μ の周りにおける変数の広がりを量的に示している点で，共通な特徴をもっている。よって，順に2次のモーメント，3次，4次……と呼ぶことがある。ここで考えると1次のモーメントとは $\sum (x - \mu) p(x)$ であるが，この値については読者への課題としよう。

5.6 ベルヌイ分布と2項分布

推測統計学（統計的推論）で使われる確率分布の中で，**ベルヌイ分布**（Bernoulli distribution）は基本的なものとして取り上げられる確率分布である。この分布の確率変数は，値として 0 か 1 をとる離散量である。この確率変数に対して，それぞれ確率 $1 - \pi$, π を割り当てて確率分布を定義する。π は確率変数 $x = 1$ 事象の生じる確率である。このような分布をする確率実験を**ベルヌイ試行**（Bernoulli trials）といい，確率分布を図示すると図 5.4 のようになる。このような確率分布を当てはめる例として，コイン投げ，ゲームの勝負，問題解

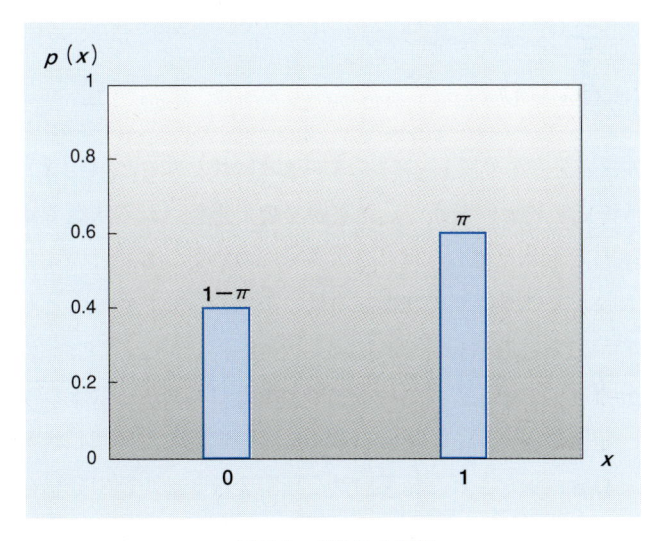

図 5.4　ベルヌイ分布

決の成否などがある．要するに，結果が 2 通りの事象に限られていれば，該当する．この確率モデルは確率変数が 0 と 1 のみの 2 値で定義できる多くの二者択一の状況で，広く適用できるわけである．数式でベルヌイ分布を示せば，

ベルヌイ分布

$$p(x) = \begin{cases} \pi, & x = 1 \\ 1 - \pi, & x = 0 \end{cases} \tag{5.13}$$

もしくは同じ意味で，

$$p(x) = \pi^x (1-\pi)^{1-x}, \quad (x = 0, 1)$$

と示す．またこの分布の平均と分散は，確率変数が離散量であることより，以下のようになる．

ベルヌイ分布の平均と分散

$$\begin{aligned} E(X) &= \sum xp(x) \\ &= 0 \times (1-\pi) + 1 \times \pi \\ &= \pi \end{aligned} \tag{5.14}$$

$$\begin{aligned} V(X) &= \sum (x-\mu)^2 p(x) \\ &= \pi^2(1-\pi) + (1-\pi)^2 \pi \\ &= \pi(1-\pi) \end{aligned} \tag{5.15}$$

ここでベルヌイ分布の分散 $V(X)$ を π の 2 次関数とみると，$V(X)$ は $\pi = .5$ で最大値 .25 をとることが分かる．結果が 2 値で定義される状況では，確率が .5 の状態でもっとも結果のちらばりが大きくなること，もっといってしまえば事態がいずれになるのか半々の状況で結果の不確からしさがもっとも高まることを数式上で示している．

ベルヌイ分布は単一回試行における確率分布として利用されるわけだが，次に，これを一定回数繰り返した場合を考える．一定回数だけ同じ状況下で試行を積み重ねた場合，指定された結果回数を確率変数とした確率分布を考えることができる．ベルヌイ試行における値 1 の事象回数を新たに確率変数とするわ

けである。この確率分布を **2 項分布** (binomial distribution) という。ここの新たな確率変数は，ベルヌイ分布における確率変数の和事象になる。コイン投げでコインの表が出る結果に確率変数 1 を割り当てていれば，1 回の試行での 1–0 確率を考えるのがベルヌイ分布である。これを n 回繰り返して表が出ればベルヌイ分布の値を加算し（$0, 1, \ldots, n$ の $n+1$ 通りの実現値），この和を確率変数とするのが 2 項分布というわけである。ここで，ベルヌイ分布は独立に繰り返されていることが重要な条件である。表記として，確率 π で n 回繰り返す 2 項分布を慣習として $B(n, \pi)$ で示す。

例として，10 回投げるコイン投げでの確率実験を考えてみる。表もしくは裏が出るだけの同一コインを 10 回投げるとする。ここで表が出たときを 1 点として合計し，全試行後の得点ごとの確率を求めることにする。各試行の結果パターンは 2 通りで，10 回繰り返したときの表と裏の出方パターンは $2^{10} = 1024$ 通りとなる。これらが 0 点から 10 点の得点のいずれかによって 11 のグループに分かれることになる。ところで x 点のグループとは，x 回表が出て $10-x$ 回裏が出たという点で共通しているため，表裏の順が異なっていても各々の生じる確率は $\pi^x (1-\pi)^{10-x}$ となっている。また，10 回の試行のうち x 回が表になるパターン数は ${}_{10}\mathrm{C}_x = 10!/x!(10-x)!$ 通りある。各パターンが生じることは，重なりがない排反の関係である。よって，x 点という得点で分けられたグループの確率は，各々の確率をそのパターン数だけ加算することになる。よって，x 点となる確率は，$p(x) = {}_{10}\mathrm{C}_x \pi^x (1-\pi)^{10-x}$ で示すことができる。10 回といわず，より一般に n 回の繰返しについて示すということで，2 項分布は以下のように示される。

---
2 項分布

$$p(x) = {}_n\mathrm{C}_x \pi^x (1-\pi)^{n-x} \tag{5.16}$$

ここで，n 回繰返し試行の式が 2 項展開 $\{\pi + (1-\pi)\}^n = \sum_n C_x \pi^x (1-\pi)^{n-x}$ の各項に対応した形になっている点，2 項分布の名前の由来となっている。この 2 項展開の式を見ると，右辺が 2 項分布の各事象の確率の総計となってお

り，左辺を整理すると $\pi + (1-\pi) = 1$，すなわち 1^n になっている．つまり，2項分布の各事象の確率の総計が1になっており，全事象の総和が1という確率の性質を確かめられる．

通常のコインならば，表裏の出る確率を同じと推測して $\pi = 0.5$ であろう．しかしこの式を利用すれば，何らかの細工があるために $\pi = 0.3$ の場合における確率分布も考えられる．表5.2に10回試行での2項分布について，$\pi = 0.5, \ldots, 0.1$ それぞれの場合で，確率変数の値 $x = 0, 1, \ldots, 10$ に対応する確率の一覧を示した．π が小さくなれば確率分布が小さい値の方に偏っているのが分かる．

2項分布の平均および分散については，以下のようになる．分散の式をみると，π の2次関数とみることで $\pi = 0.5$ で最大の分散をとることが分かる．

2項分布の平均と分散

$$\mu = \sum xp(x) = n\pi \tag{5.17}$$

$$\sigma^2 = \sum x^2 p(x) - (n\pi)^2 = n\pi(1-\pi) \tag{5.18}$$

コイン投げのみならず，2項分布は各試行の結果が2値で示され，独立に繰り返される事象に当てはめることができる．たとえば，ある問題に対する被験者の回答について，機械的に当て推量をして正解となってしまう「当て推量による正答数」の分布を考えることができる．ここで10問の○×式設問を用意したとし，回答者が何らかの事情でまったくでたらめに回答したと仮定しよう．この試験は6問以上正答で合格と判定するものとする．まったくでたらめの回答で偶然に正答となる確率は，○×の二者択一の場合で全問 .5 で同一と見なせるだろう．要するに，各試行の正答確率 $\pi = .5$ で試行回数10の2項分布と見なせるわけである．表5.2を利用すれば，まったくのでたらめ回答で6点以上正答して合格となる確率は，

$$P(X \geq 6) = p(6) + \cdots + p(10)$$
$$= 0.205 + 0.117 + 0.044 + 0.010 + 0.001$$
$$= 0.377$$

5.6 ベルヌイ分布と2項分布

表5.2 $\pi=.5, .4, .3, .2$ および $.1$ の2項分布

成功数	$\pi=.5$	$\pi=.4$	$\pi=.3$	$\pi=.2$	$\pi=.1$
$X=0$	.000	.006	.028	.107	.348
$X=1$	.009	.040	.121	.268	.387
$X=2$	.043	.120	.233	.301	.193
$X=3$	.117	.214	.266	.201	.057
$X=4$	.205	.250	.200	.088	.011
$X=5$	.246	.200	.102	.026	.001
$X=6$	.205	.111	.036	.005	.000
$X=7$	.117	.042	.009	.000	.000
$X=8$	.043	.010	.001	.000	.000
$X=9$	.009	.001	.000	.000	.000
$X=10$	.000	.000	.000	.000	.000

となる。これは，4割弱が何を学習しなくとも当て推量だけでハードルを越える可能性をもつことを示唆している。これに対して，たとえば各問の選択肢数を増やして，偶然に正答となる確率 π を .3 まで引き下げた場合，6点以上正答して合格となる確率は，

$$P(X \geq 6) = p(6) + \cdots\cdots + p(10)$$
$$= .037 + .009 + .001 + .000 + .000$$
$$= .047$$

となる。当て推量だけでハードルを越える可能性が，5%以下に引き下げられることになる。ということは，何らかの（おそらく学力）特性が得点結果に反映したと期待できる。

多くの大学では得点率が6割以上で単位を認定しているだろう。実際場面のことを考慮すると，まったくでたらめな回答をするすなわち当て推量で得点し単位認定してしまう危険（確率）を引き下げたいものである。少なくとも，教員側はそう思うものである。これに対して，選択肢数を増やすといった取組みは，各問題の当て推量による正答確率を引き下げる有力な方法であることが統

計的な議論の結果として分かる。どのような選択肢を用意するのかは，内容および方法論上の課題である。

5.7 複合2項分布

2項分布は，π が同一値の試行の積み重ねを前提としている。これに対して，たとえば先の当て推量の例などで各設問の選択肢数が異なると，各試行の π が異なるために2項分布を単純に当てはめるわけにはいかなくなる。この場合，異なる確率 π でありつつ独立なベルヌイ試行の成功数の確率分布を考えることになる。このような場合，成功数は**複合2項分布**（compound binomial distribution）と呼ばれる確率分布に従う。

この分布の平均と分散については，それぞれ次のようになることが分かっている。1回目から n 回目のそれぞれの確率を $\pi_1, \ldots, \pi_n$ とすると，

$$\mu = \sum \pi_i$$
$$\sigma^2 = \sum \pi_i(1-\pi_i)$$

であり，ここで各確率 π_i の平均を $\bar{\pi}$，π_i の分散を σ_π^2 とすると，

$$\mu = n\bar{\pi}$$
$$\sigma^2 = n\bar{\pi}(1-\bar{\pi}) - n\sigma_\pi^2$$

となる。

この結果から，σ_π^2 が十分に小さいとき，すなわち π_i に示す試行による成功確率がさほど変わらないときは，複合2項分布を2項分布に近似して論じて差しさわりないと分かる。

正規分布と標本分布

6.1 正規分布

　いろいろな確率分布の中で，確率変数が連続量をとる分布としてもっとも重要なものの一つに正規分布 (normal distribution) がある。この分布の提案は，もともと社会において観察される分布の形を，なめらかな曲線によって近似したところから出発している。発案者については諸説あるようだが，ガウスの名前を挙げることが多い。そのこともあって，この確率分布をガウス分布 (Gaussian distribution) と呼ぶこともある。図 6.1 は正規分布を表したものである。平均 μ，分散 σ^2 の場合の正規分布を慣習として $N(\mu, \sigma^2)$ で示す。この分布の確率変数 X は $-\infty$ から $+\infty$ にわたる連続量をとり，次式のような確率密度関数 $f(x)$ をとる。

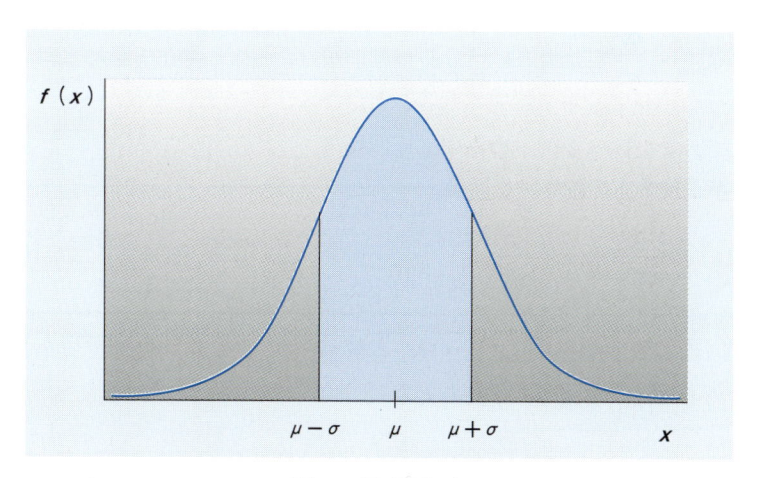

図 6.1　正規分布

正規分布の確率密度関数

$$f(x) = \frac{1}{\sigma\sqrt{2\pi}} \exp\left\{-\frac{(x-\mu)^2}{2\sigma^2}\right\} \tag{6.1}$$

この式で示されるように，正規分布の形は平均 μ，標準偏差 σ の2つの値で定められる。また平均 μ を中心として左右対称となっており（すなわち歪度 $\alpha_3 = 0$），$x = \mu$ となる点で最大値 $1/\sigma\sqrt{2\pi}$ をとる。平均からそれぞれ標準偏差1つ分離れた点が変曲点となっており，グラフの曲がり方が上に凸から下に凹の切り替わる点となっている。一般に正規分布といった場合，それは分布の中心の位置も広がりもさまざまな分布，全体の形は共通しているがどこにどの程度の幅であるのかは伸縮自在な集まりを指している。このような確率分布の集まりを**分布族**（distribution family）という。

ここでとくに $\mu = 0$，$\sigma = 1$ の正規分布 $N(0, 1^2)$ を**標準正規分布**（standard normal distribution）と呼んでいる。標準正規分布に従う確率変数を z で示す。z の大きさで1ということは，標準偏差1つ分だけ平均からずれていることを示している。標準偏差を単位として平均からのずれを示しているのが，z である。このように平均と標準偏差（もしくは分散）を指定すれば，特定の正規分布を決めることができる。5章で示した確率分布一般では，確率変数のとりうるすべての値に対応する確率を示すことによって特定していた。これに対して正規分布では，正規分布という分布の概形が分かっていれば，平均と標準偏差という2つの値で分布を特定できることになる。

ここで，この確率変数 z の確率密度関数は，

標準正規分布の確率密度関数

$$f(z) = \frac{1}{\sqrt{2\pi}} \exp\left(-\frac{z^2}{2}\right) \tag{6.2}$$

となる。ここで $N(0, 1^2)$ に従う確率変数が $z_1 \leq z \leq z_2$ の範囲で値をとる確率を求めるには，次式のように考える。

$$P(z_1 \leq z \leq z_2) = \int_{z_1}^{z_2} \frac{1}{\sqrt{2\pi}} \exp\left(-\frac{z^2}{2}\right) dz$$

BOX 6.1　正 規 分 布

　統計ソフトウェア R の関数を利用して正規分布の確率などを求める方法を紹介する。標準正規分布に従う確率変数 z が特定の値 x をとるときの確率密度は関数 dnorm(x) で求められる。また x の値をとるときの下側確率，つまり $P(-\infty \leq z \leq x)$ を求めるには，関数 pnorm(x) を利用すればよい。逆に上側確率を求めたいときは pnorm(x,lower.tail=FALSE) とする。lower.tail=FALSE は上側確率を扱うことを意味する。

　ある下側確率 $(P(-\infty \leq z \leq x) = p)$ をとるときの x 値を求めるには，関数 qnorm(p) を利用する。上側確率 (q) にもとづいて x 値を求めたいときは qnorm(q,lower.tail=FALSE) とすればよい。以下の例では，x に 1.29 を，p に 0.975 を，q に 0.025 を代入したときの値を示している。

```
x<- 1.29
dnorm(x)
pnorm(x)
pnorm(x,lower.tail=FALSE)
p<- 0.975
qnorm(p)
q<- 0.025
qnorm(q,lower.tail=FALSE)
```

出力例

```
> x<- 1.29
> dnorm(x)
[1] 0.1736022
> pnorm(x)
[1] 0.9014747
> pnorm(x,lower.tail=FALSE)
[1] 0.09852533
> p<- 0.975
> qnorm(p)
[1] 1.959964
> q<- 0.025
> qnorm(q,lower.tail=FALSE)
[1] 1.959964
```

この定積分計算の形にした確率計算に対して，通常は**付表 A** を利用することになる。ただし，本書では統計ソフトウェアの関数を利用して確率を求めることをさらに紹介する。

今，統計ソフトウェアの関数として $P(-\infty \leq z \leq z_2)$ 値を示すものを利用する。たとえば関数に 1.29 を代入すれば $-\infty$ から $z_2 = 1.29$ の間をとる確率が 0.901 であると求められる。この統計ソフトウェアの関数を利用すると $z = 1.00$ に対応する確率は 0.841 となる。正規分布は**図 6.1** のように左右対称であり，標準正規分布の場合，$-\infty$ から平均である 0 までの確率は 0.5 となる。また，$-\infty$ から ∞ までの確率は 1 である。このことを利用すると平均から 1 標準偏差ずれたところまでの確率は，$0.841 - 0.500 = 0.341$ となる。さらに平均の周りに 1 標準偏差ずれたところの範囲 $(-1 \leq z \leq +1)$ における確率は，$2 \times P(0 \leq z \leq 1) = .682$ となる。正規分布における確率の大まかな目安の一つとして，平均の周り 1 標準偏差の範囲にある確率が 2/3 強であることを知っておくと便利であろう。

同様にして，平均の周り両側 2 標準偏差，および 3 標準偏差の範囲をとる確率は，それぞれ 0.954，0.998 となっており，目安として 2 標準偏差で 95%，3 標準偏差で 99% であるというのが，正規分布での大まかな確率と考えればよさそうである。**図 6.2** に標準正規分布における平均周りの各標準偏差の範囲にある確率を図示しておいた。任意の 2 点間範囲に関する確率も求めることができる。たとえば $-0.45 \leq z \leq 1.25$ の確率を考えた場合，$-\infty \sim 1.25$ の確率から $-\infty \sim -0.45$ の確率を引けばよいので，

$$P(-0.45 \leq z \leq 1.25) = P(-\infty \leq z \leq 1.25) + P(-\infty \leq z \leq -0.45)$$
$$= 0.894 - 0.326 = 0.568 \simeq 0.57$$

となる。また範囲の片側を指定しない例として，$z \geq 1.5$ では，

$$P(z \geq 1.5) = 1 - P(-\infty \leq z \leq 1.5)$$
$$= 1 - .933 = 0.067 \simeq 0.07$$

のように，全確率が 1 であることを利用すればよい。

6.1 正規分布

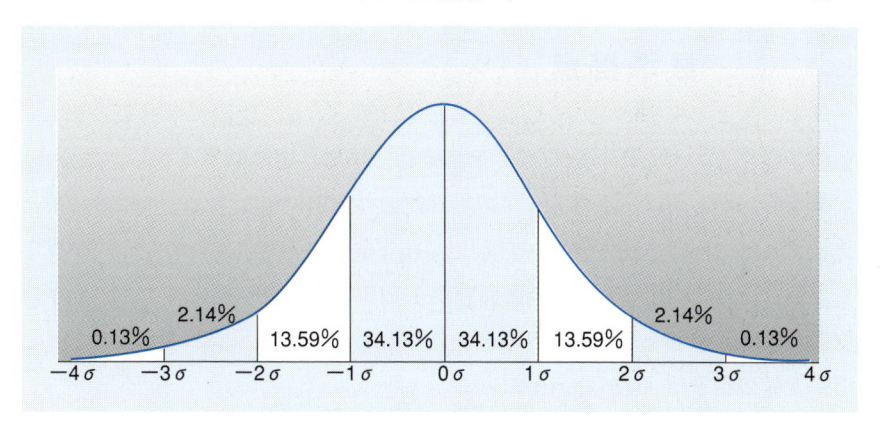

図 6.2 標準正規分布と平均から各標準偏差の範囲における確率

逆に確率から確率変数 z の値やとりうる範囲を求めることもできる。たとえば標準正規分布における上位10%の z 値という場合，

$$P(z_1 \leq z) = 0.10$$

となる z_1 を求めることになる。統計ソフトウェアでの関数は下位 x% のときの z 値を求めてくれる。ここで全確率が1であることを利用すると，

$$P(-\infty \leq z \leq z_1) = 1 - 0.10 = 0.90$$

となる z_1 を関数を利用して求めればよい。この場合，$z_1 = 1.28$ となる。

正規分布が重要な分布であるのは，次の2点から分かるだろう。一つ目は，現実に観測される度数分布を見わたしてみると，本章のはじめに述べたように正規分布に似た形をとるものが経験的に多いということである。人間の身長の分布などがそうであるし，さまざまな自然観察で人間の犯す測定誤差もこの形状に近いと知られている。よって，データに対して「正規分布に従う」といった仮定を当てはめて，議論を進めることが多くなっているのである。二つ目としては，さまざまな統計量の中で一定の条件の下で正規分布に従う場合が多く知られており，この分布の重要さが強調される理由となっている。

6.2 標準得点

確率変数として挙げられる観測値もしくはデータは，実際には対象によって多種多様なものである．分布も，それぞれで平均と標準偏差（もしくは分散）が異なる．たとえば，小学 5 年生の計算能力の測定結果と中学 2 年生の結果と比較すれば，同じ方法で測定したとしても分布の中心や広がりの度合いが異なるだろう．ここで平均が 0，標準偏差が 1 となるような変換を施すと，分布の位置と広がりの幅をそろえられるということで便利である．この変換のことを確率変数の**標準化**（standardization）と呼んでいる．

確率変数 X の平均を μ，標準偏差を σ とすると，確率変数の標準化とは次の変換である．

> **標準得点**
> $$z = \frac{X - \mu}{\sigma} \tag{6.3}$$

このような変換をした得点 z を一般に**標準得点**（standard score）と呼んでいる．z の平均は 0，標準偏差は 1 であり，依然として分布の形は正規分布である．つまり標準正規分布 $N(0, 1^2)$ となるわけである．

ここで仮に X が平均 μ，標準偏差 σ の正規分布に従う確率変数であるとしよう．$x_1 \leq X \leq x_2$ の範囲をとる確率は，

$$P(x_1 \leq X \leq x_2) = \int_{x_1}^{x_2} \frac{1}{\sigma\sqrt{2\pi}} \exp\left\{-\frac{(x-\mu)^2}{2\sigma^2}\right\} dx$$

となる．ここで確率変数 X をこの変数の分布の情報としての平均 μ と標準偏差 σ を使って標準化し，標準得点 z を使うと，

$$P(x_1 \leq X \leq x_2) = P(z_1 \leq z \leq z_2)$$
$$= \int_{z_1}^{z_2} \frac{1}{\sqrt{2\pi}} \exp\left(-\frac{z^2}{2}\right) dz$$

のように，標準正規分布を使って示すことができる．ここで大切なことは，ここには変換前の確率変数 X の平均や標準偏差を含まないということである．つ

6.2 標準得点

まり，正規分布に従う変数のとる確率を知る問題は，標準化をしておくことで標準正規分布に対応する確率問題に置き換えられる。そして，前節のように統計ソフトウェアの関数を利用して簡便に確率を求めることができる。

ここで 5 章で示した **2 項分布** $p(x) = {}_nC_x \pi^x (1-\pi)^{n-x}$ について，試行数 n が比較的多い場合を考える。試行数は少ないときには，5 章で示した確率変数 X に対応させた確率 $p(x)$ を直接計算していけばよい。ただ，試行数 n が多い場合にこの計算は大変煩雑である。ここで，試行数の多い場合には正規分布に近似できることを利用する。このことは，同じベルヌイ分布をとる確率変数の和の分布（すなわち 2 項分布）は，試行数を増やせば正規分布に近づくことを示している。近似する正規分布を特定するには，平均と標準偏差を指定できればよい。2 項分布の平均と標準偏差は，それぞれ $n\pi$，$\sqrt{n\pi(1-\pi)}$ である。これを使って標準化するということで，

$$z = \frac{(X-\mu)}{\sigma} = \frac{(X-n\pi)}{\sqrt{n\pi(1-\pi)}}$$

とすれば，z は試行数 n の増加に伴って標準正規分布に近づく。この近似については，試行数 n の大きいことだけでなく，2 項分布の標準偏差が大きい，すなわち π が 0.5 に近いほどよい近似であると分かっている。

現実の事象に引きつけて考えるとして，たとえば四肢選択の問題を 50 問用意し，すべてに当て推量で答えたと仮定して 30 問以上正解する確率を考えよう。四肢選択の問題であるため，まったく知識がなく当て推量のみで解答をいい当てる確率は 1/4 となる。つまり各問題への解答の行為は $\pi = 1/4$ で値 1 をとるベルヌイ試行と見なせる。そして 50 問これを繰り返すわけなので，そのうち x 回だけ当て推量でいい当ててしまう確率分布は，2 項分布 $B(50, 0.25)$ となる。すなわち，何ら知識をもたない当て推量だけで，12～13 問解かれてしまうのである。ここでは 30 点以上の確率に関心がある。一つの方法として，$x = 30$ の確率，$x = 31$ の確率，……，$x = 50$ の確率，と順次計算して合計するとよいだろう。ただこの計算は思いのほか煩雑である。このような場合，試行数が比較的多いことから，正規分布に近似して求める方法が有用である。方法として，まずこの 2 項分布の平均と標準偏差を求める。

$$\mu = n\pi = 12.50$$
$$\sigma = \sqrt{n\pi(1-\pi)} = 3.06$$

これらを使って 2 項分布上における $x = 30$ の位置を標準化すると，

$$z = \frac{(x-\mu)}{\sigma} = \frac{(30-12.50)}{3.06} \simeq 5.72$$

となる．つまり，2 項分布 $B(50, 0.25)$ において $x \geq 30$ となる確率を求める問題を，標準正規分布 $N(0, 12)$ において $P(z \geq 5.72)$ を考える問題に置き換えられたわけである．後者のほうが，数表や統計ソフトウェアの関数を使えるだけ簡便である．ただ実際には，結果として $P(z \geq 5.72) = 0.00$ と十分な大きさの z に応じた裾野の確率を考えるには，数表や統計ソフトウェアの関数を利用するまでもない．四肢選択問題で当て推量ということだけで 30 問以上正答することは，統計的に見て相当に生じにくいということである．

6.3 母集団と標本

一般に，統計的方法による分析の対象となる集団を**母集団**（population）という．研究課題として関心を寄せられている対象といってよい．**標本**（sample）とは，その中から実際に観測される一部の対象である．前述のように，多くの場合で標本を母集団から**無作為**（ランダム；random）に抽出することを前提とする．そのためには，まず母集団の正体を明確に定義し，対象を特定化している必要がある．母集団が十分に特定化されるように記述されていれば，任意の対象について母集団に属するのか否かを見分けることができる．また，標本から得たさまざまな分析結果やさらに知識をどの範囲にまで成果を拡大し，一般化してよいのかについて，明確に答えることができる．もちろん母集団のすべてについてつぶさに調べるといった全数調査ができるならば，標本という考え方自体が重みを失う．しかし現実にはこれは不可能であるか，そうでなくても労力や費用などの面で現実的ではない．

統計的な問題以前の重要なこととして，この母集団の定義と標本との関係を

6.3 母集団と標本

十分に吟味したいものである．考え方の順序として，まず母集団の定義をする．それに対応づけて標本を無作為に収集する，この順で考えるのが自然であるし，筋というものである．しかし実際場面では，さまざまな制限が加わることにより，母集団の定義とは別の要素が強く効いた標本収集になるものである．そうすると，どこに向けて分析の成果を一般化しようとしているのかがあいまいなまま分析作業が進み，現実のさまざまな制約の中でたどりついた便宜的な標本が，まるで母集団からの無作為標本のように扱われかねない（ただ実際には，そのような調査報告や研究が多数見受けられる悲しい現実があるのだが）．母集団と標本との対応をあいまいなままにした結果として，分析結果の過剰な一般化や誤った判断への方向づけが生じる．これを少しでも抑えるには，母集団の定義を常に確認し，標本の妥当性を母集団側から常に点検吟味することが必要である．

加えて実際の場面を振り返ると，研究計画段階で想定した母集団の定義をひとまず脇に置き，現実に入手できた標本側からどの集団にまでその特徴を拡大できるのかを考える必要がある．標本から無理なく成果を押し広げられる母集団を考えるという，一見逆向きの考察である．しかし，そこに分析の成果を生かす範囲もしくは母集団を限定する．それ以上に無理に成果の当てはめを広げない．この限定を明確に論じることにより，判断の誤りを低めようというわけである．研究などの目的から定義される母集団と，現実の標本側から規定される母集団といった二重性が母集団を規定する議論にかかり，さらにはどの範囲まで研究成果を一般化するかと，研究者の良識が試されることになる．

一般に時間や場所が重要な意味をもつ現象を扱っているとき，母集団をなす対象は有限個であることが多い．対象が有限個の母集団を**有限母集団**（finite population）といい，母集団を構成する対象のすべてをリストアップできる．これに対して対象の数が無限である，もしくはそうたやすくすべてをリストアップすることができない場合，**無限母集団**（infinite population）と呼んでいる．こちらは，より普遍的な法則を見出そうという研究で多く見られる．

母集団に属する対象の分布を**母集団分布**（population distribution）という．当然ここには，標本として観測されていないものが含まれている．よって，概

念的な設定となる。統計的推論とは，何らかの議論を踏まえて，前述の正規分布などといった特定の確率分布を仮定し，分布を特定する母数を推定する営みである。ただ特定の確率分布を仮定しない場合もあり，その場合はノンパラメトリック法と呼んだり分布に依存しない方法と呼んでいる（12章参照）。

6.4 標本分布

6.4.1 標本分布とは

　母集団分布を知るために，標本を抽出もしくは収集する。この標本から求められる平均，標準偏差，最大値，最小値といった記述的な指標を**標本統計量**（sample statistics）という。ここに母集団分布に関する未知の母数を推定する情報をねらっているのである。無作為抽出によって得た大きさ n の標本 $(X_1, X_2, \ldots, X_n)$ は，それぞれが確率的に変動する確率変数である。詳しくいえば，標本 $(X_1, X_2, \ldots, X_n)$ 自体が確率的に変動するものである。実際には，入手できた特定の標本について分析するのであるから，標本が変動するとは何ともなじみ難い表現である。しかし私たちが扱う多くの方法は，標本を繰返し抽出することができて，これが変動していることを想定している。したがって，ここから求める標本統計量は確率的に変動する確率変数であり，この変動を示す確率分布を**標本分布**（sampling distribution）と呼んでいる。標本統計量の標本分布において，そのちらばりの幅が広いほど母集団に対する推定が不確かであるということになる。そのため，標本分布での標準偏差を**標準誤差**（standard error）と呼ぶことになる。値として小さいほど望ましいということで，標準誤差の小ささをもって母数の推定精度の高さと見なしている。

　ここで，母集団と呼ばれるある種のデータ発生装置をもとにして確率的に発生させた標本から標本統計量が計算される点が重要である。誤解をおそれずにいってしまえば，標本統計量はたまたま偶然であれ，その標本に入ってしまったデータに依存しているということである。よって標本統計量を手がかりに現実的な議論を展開する際には，このような変動，すなわち標本分布を確率的に位置づいたものとして，十分考慮する必要がある。

6.4 標本分布

もっとも目にする標本分布は，標本の和の分布である。たとえばサイコロを 2 回振ってその目の和を考えてみる。1 回目のデータを X_1，2 回目のデータを X_2 とし，$X_1 + X_2$ を考える。1 回目と 2 回目の出る目の組合せは 36 通りあり，互いに独立な試行ならば確率はすべて 1/36 である。$X_1 + X_2$ のとりうる値は 2, 3, ……, 12 の 11 通りであるが，その確率分布は，

$$P(X_1 + X_2 = 2) = P(X_1 = 1, X_2 = 1) = 1/36 \simeq 0.03$$
$$P(X_1 + X_2 = 3) = P(X_1 = 1, X_2 = 2) + p(X_1 = 2, X_2 = 1)$$
$$= 2/36 \approx 0.06$$
$$\vdots$$

となる。これより確率分布の平均と分散の式に当てはめてみると，$X_1 + X_2$ の標本分布の平均 μ と分散 σ^2 は，

$$\mu = \sum (X_1 + X_2) \, P(X_1 + X_2) = 2 \times 1/36 + \cdots\cdots = 7.00$$
$$\sigma^2 = \sum (X_1 + X_2)^2 P(X_1 + X_2) = (2-7)^2 \times 1/36 + \cdots\cdots$$
$$= 35/6 \approx 5.83$$

となる。ここで 1 回だけの試行 X_1, X_2 の標本分布の平均と分散は，同様にして 3.50, $35/12 \approx 2.917$ である。すなわち，$X_1 + X_2$ の平均と分散は X_1, X_2 各々の平均および分散の和になっていると予想される。実際例からの推測だけでは飛躍があるものの，この関係は互いに独立な確率変数で成り立つものである。つまり，独立な確率変数 $X_1, X_2, \cdots\cdots, X_n$ の和の平均および分散は，それぞれの平均および分散の和に等しい。式で示すと，

$$\mu_{X_1+\cdots\cdots+X_n} = \mu_{X_1} + \cdots\cdots + \mu_{X_n}$$
$$\sigma^2_{X_1+\cdots\cdots+X_n} = \sigma^2_{X_1} + \cdots\cdots + \sigma^2_{X_n}$$

となる。さらに，$X_1, \cdots\cdots, X_n$ が同一の平均 μ，分散 σ^2 の分布から抽出されていれば，

$$\mu_{X_1+\cdots\cdots+X_n} = n\mu$$
$$\sigma^2_{X_1+\cdots\cdots+X_n} = n\sigma^2$$

となる．同一の平均と分散の分布をもつとは，同一の母集団から無作為抽出されているという状況である．

6.4.2 標本平均

標本平均（sample mean）は標本の和を標本の大きさ n で割ったもの，すなわち各標本を大きさ n で割った和である．また，平均 μ，分散 σ^2 の母集団分布から抽出した場合，各標本を大きさ n で割ったものの平均および分散は $\dfrac{\mu}{n}$, $\dfrac{\sigma^2}{n^2}$ となる．よって，標本平均の平均と分散は，

標本平均の平均と分散

$$\mu_{\bar{X}} = n\frac{\mu}{n} = \mu \tag{6.4}$$

$$\sigma^2_{\bar{X}} = n\frac{\sigma^2}{n^2} = \frac{\sigma^2}{n} \tag{6.5}$$

となる．

σ は，母集団を定義すれば定まる数である．よって，標本平均の分散と標本の大きさ n は n の1次で反比例の関係にあることが分かる．これは，標本数 n を大きくすれば標本平均のちらばりが小さくなる，すなわち n の増加が標本平均の分散を小さくして，μ の周囲に X の平均値が集まることを示唆している．つまり，十分な標本数のもとでの標本平均による μ の推測は，さほど大きなずれは生じていないと見込むわけである．ずれが低まる，すなわち推定精度が高まるわけである．この点において，統計分析において十分な標本数が望まれるわけである．このことを示す法則を**大数の法則**（law of large numbers）といっている．より正式ないい方をするならば，標本数を大きくすると標本平均は母集団平均 μ に確率的に近づくと表現する．

確率的に近づくとは，ある一定の p をとるとその範囲に入る確率が高まる，その範囲をせばめていけるということである．また，標本数を無限大（∞）にすることで標本平均が母集団平均 μ から離れる確率が 0 に近づく（収束する），と表現することもある．

6.4 標本分布

　母集団分布が正規分布の場合，標本平均は母集団平均 μ の推測上でもっとも分散が小さいと知られている。たとえば，標本平均で μ を考える場合と標本メディアン（中央値）で考える場合とで比較すると，いずれも分布の中心 μ を推測することになるのだが，後者のほうがその標準偏差が約 1.25 倍あると分かっている。当然，推定精度の観点からいえば，標本から母集団の特徴を推測するには標本分布のばらつきが小さい，すなわちその標準偏差が小さいことが望まれる。このようなことから，標本から母集団分布の中心を考える多くの場面で標本平均が利用されるのである。

　正規分布 $N(\mu, \sigma^2)$ に従うと仮定される母集団分布があるとき，大きさ n の標本平均の標本分布は $N(\mu, \sigma^2/n)$ となる。ここで母集団分布に仮定を設けると，標本分布について平均と分散のみならず分布の形も定まることが重要である。この場合の標本分布は，標本平均 $\bar{X}$ を平均 μ と標準偏差 $\sigma/\sqrt{n}$ で標準化した統計量，

$$z = \frac{\bar{X} - \mu}{\sigma/\sqrt{n}}$$

に置き換えると，標準正規分布表や統計ソフトウェアの関数を利用して容易に確率的な検討ができるわけである。

　たとえば，得点分布が平均 50 点，標準偏差 10 点の正規分布に従うように作られた学力検査があるとする。これを無作為抽出された 25 人の生徒に実施したときの平均の分布を考える。この場合，正規分布 $N(50, 10^2)$ とする母集団から大きさ 25 の標本の標本平均の分布は，正規分布 $N(50, 10^2/25)$ となる。結果として標本平均の分布における標準偏差は 2 となり，もとの個々のちらばりから見て狭い範囲のちらばりになることが分かる（図 6.3）。ここで，25 人の平均値がたとえば 55 点以上になる確率を求める。方法として，この平均値の標本分布を表す確率密度曲線で，標本平均が 55 点以上になる面積をみればよい。標準正規分布を利用するため，標準化した値を求めると，

$$z = \frac{55 - 50}{10/\sqrt{25}} = 2.5$$

となる。標準正規分布表や統計ソフトウェアの関数から，確率変数 z がこの値

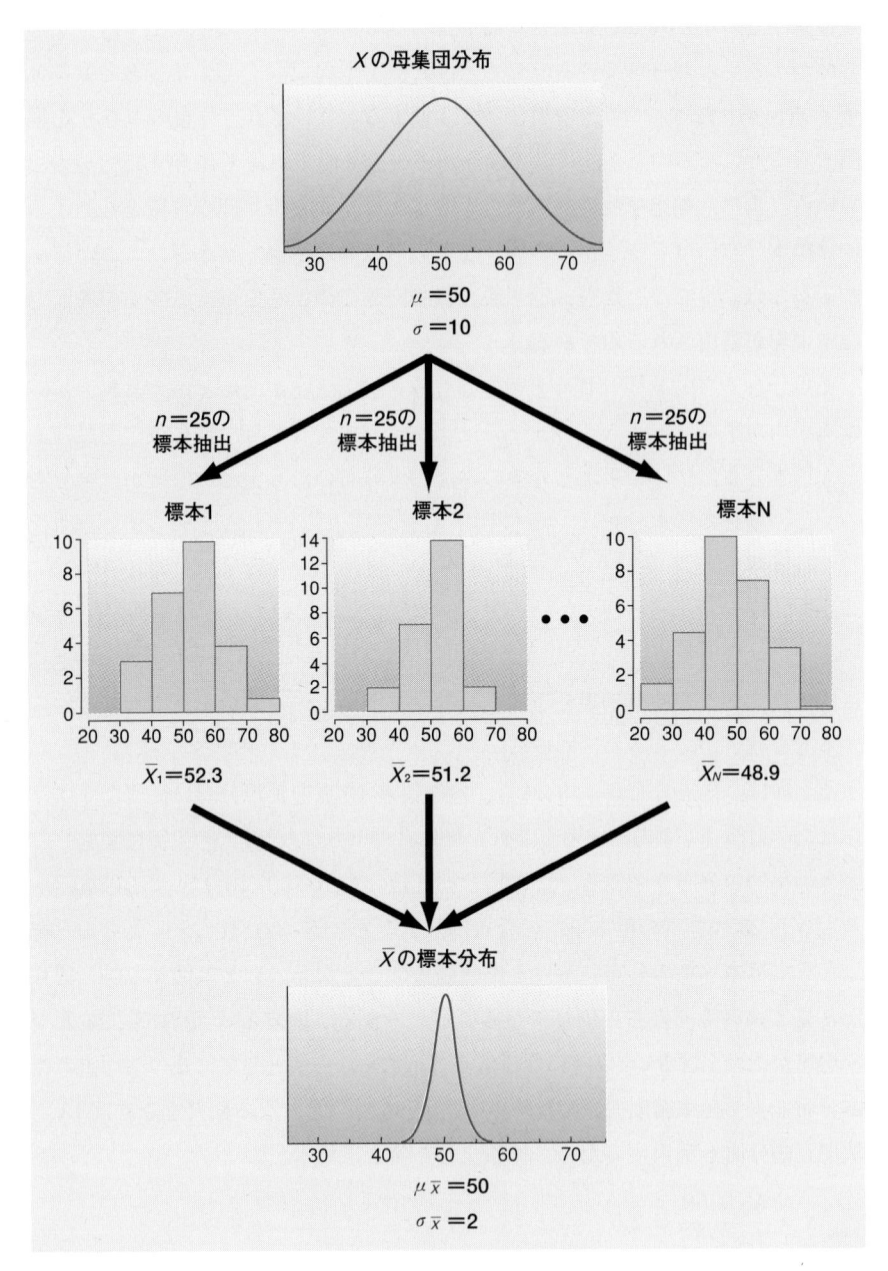

図6.3 母集団分布と標本分布

6.4 標本分布

より大きくなる確率 $P(z \geq 2.5)$ をみると, 約 .006 である。つまり大きさ 25 の標本平均値として 55 点を上回ることはまれであると分かる。これは, 平均から 2 標準偏差以上離れていることから直感的に察せられることでもある。

6.4.3 標本分散

標本分散 (sample variance) S^2 は, $\sum (X_i - \bar{X})^2$ を n で割って定義する。

--- 標本分散 ---
$$S^2 = \frac{1}{n} \sum_{i=1}^{n} (X_i - \bar{X})^2 \tag{6.6}$$

後述のように, $n-1$ で割ったもので定義する場合もあるが, 別に区別される。ここで $\sum_{i=1}^{n} (X_i - \bar{X})^2 / n$ で定義した標本分散は, 繰返し抽出した標本から得た標本分散を並べてそれらの平均をとると $\sigma^2 (n-1)/n$ となることが分かっている。σ^2 は母集団分散であるが, 標本分散の平均と母集団分散とが一致する性質を標本統計量にもたせるため, $n-1$ で割った定義が別にあるわけである。この分散を区別して $\hat{\sigma}^2$ とし,

$$\hat{\sigma}^2 = \frac{1}{n-1} \sum_{i=1}^{n} (X_i - \bar{X})^2$$

を利用する。またテキストによっては $\hat{\sigma}^2$ を標本分散として解説するものもある。

一般に, 繰返し抽出された標本から計算された標本統計量の平均値が母集団統計量 (母数) に一致する性質を**不偏性** (unbiasedness) という。母数を推定する上で, 不偏性とは標本統計量の好ましい性質といえる。上記の標本統計量 $\hat{\sigma}^2$ は, 母集団分散 σ^2 を推定する上で不偏性をもっていることになる。そのため, **不偏分散** (unbiased variance) といって分散の定義式をデータ平均を使ってそのまま当てはめて計算したものと区別することがある。

念をおすと, 推定の対象となっている母集団での分散は,

$$\sigma^2 = \frac{1}{n} \sum_{i=1}^{n} (X_i - \mu)^2$$

で定義されている。標本分散は母平均 μ が未知の状態で計算するのが普通であり，これに代わって $\bar{X}$ というデータの情報を代入してしまっている。このことが，標本分散に不偏性をもたせる上で調整が必要になることにつながっている。

不偏分散のちらばりを示す分散は，さらに複雑な計算を要する。重要な性質として，不偏分散の分散は標本の大きさ n に反比例する。すなわち，標本を大きくしていくと，母数である母集団分散の推定の的が絞られていくというわけである。これは，母集団平均の推定の場合と同様な性質である。

正規分布を母集団分布として想定している場合，標本から計算する不偏分散の標本統計量を考える。このときに利用するのが，カイ2乗統計量である。標本分散からその分布を考えるときのカイ2乗統計量は，

カイ2乗統計量（χ^2）

$$\chi^2 = \frac{ns^2}{\sigma^2} \tag{6.7}$$

である（χ^2 は「カイ2乗」と読む）。

標本分散と母集団分散の比で定義された χ^2 値は，自由度 $n-1$ の**カイ2乗分布**（chi-square distribution）に従う。**自由度**（degrees of freedom）とはまず標本数に関係するものと理解すればよいが，より一般性のある概念である。カイ2乗分布の確率分布を示す確率密度曲線は，その自由度によって異なった形となる（図6.4）。全体としての傾向として，自由度が大きくなるに従って形が左右対称に近づく。自由度を合わせた表記として，$\chi^2(\nu)$ と示す。また，自由度 ν（ニュー）のカイ2乗分布の平均は自由度 ν 自身であること，分散は 2ν であることを知ると，この値の大きさの評価に便利である。

自由度とは統計量の分布を示す一つの母数（パラメータ）である。一般的にいえば，統計量の変動を生み出す独立な確率変数の個数を指している。カイ2乗統計量の場合で $n=1$ という極端な状態を考えてみる。単一の標本ならば，標本平均はそれ自身ということになる。結局，$X - \bar{X} = 0$ であることから標本分散は 0，すなわち $\chi^2 = 0$ と定数をとることになる。標本の如何によらず変動しない統計量となるため，この場合の自由度は 0 ということである。$n-1 = 0$

6.4 標本分布

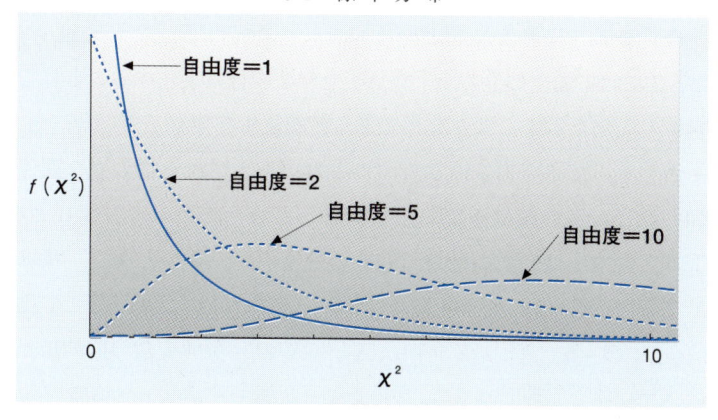

図 6.4　**自由度を変化させたときのカイ 2 乗分布**

というわけである。ここでもし標本分散を母集団平均 μ を使って計算できていたとすれば，

$$\chi^2 = \frac{(X-\mu)^2}{\sigma^2}$$

となる。この場合，当然標本 x は母平均 μ に一致すると限らないので，x の変動によって χ^2 は変化する。よって，標本が $n=1$ でも自由度 1 のカイ 2 乗分布となるわけである。ただし，この場合は μ があらかじめ分かっている，すなわち既知であることが必要となる。

　一般の標本では母集団平均は未知である。そのため標本分散を求める際には母集団平均 μ ではなく，標本平均 $\bar{X}$ を使うことになる。標本平均で各標本値の差をとるため，統計量自体に変動を起こさせる標本の数が 1 個減少するのである。

　自由度に関するもう少し応用のきくとらえ方として，確率変数が自由に動きまわれる（すなわち変動できる）空間の次元数で考える方針もよい。たとえば，変数 X_1, X_2 を考える。とくに条件をつけなければ，それぞれ $-\infty$ から ∞ にかけて変動できる変数である。よって，これら 2 変数の組合せ (X_1, X_2) は，2 次元平面上の座標として示すことができる。一般にこの組合せを表示するには，2 次元平面が必要となる。この場合，この 2 変数の組合せ (X_1, X_2) の自由度を 2 次元ということからもってきて 2 とするわけである。ここで，変数間の関

係を示す条件や式（これを制約という）を一つ指定する。たとえば $X_1 = X_2$ とすると，2次元平面上の直線 $X_1 = X_2$ 上で2変数は変化することになる。これでは変数の変化を示すには1次元である直線上で事足りるということであり，次元数1からもってきて自由度1とするわけである。さらに独立な関係式がもう一つ加われば変数の値は確定し，変動なしということで自由度0となろう。これらより，自由度は変数の数から制約の数を引いたものとなる。標本分散の場合，$X_1, \ldots, X_n$ の n 個の変数で χ^2 値を計算するのだが，そこで標本平均 $\bar{X}$ を与え込んでいる。$X_1 - \bar{X}, \ldots, X_n - \bar{X}$ の n 個の変数の間には，平均の性質から $\sum_{i=1}^{n}(X_i - \bar{X}) = 0$ の関係がある。結果としてこれが制約となり，自由度が変数の数 n から1減少するわけである。

6.4.4　t 分 布

標準正規分布に従う確率変数とカイ2乗分布に従う確率変数で定義される重要な分布として，*t 分布*（t-distribution）がある。標準正規分布 $N(0, 1^2)$ に従う変数 z と自由度 ν のカイ2乗分布に従う変数 χ^2 を使って，次のように変数 t を合成するとする。

> **t 統計量**
>
> $$t = \frac{z}{\sqrt{\chi^2/\nu}} \tag{6.8}$$

このとき，t は自由度 ν の t 分布に従うものと知られている。自由度を併せた表記として，$t_{(\nu)}$ と示す。

ここで，たとえば自由度が1の t 分布を標準正規分布の確率密度関数と比べて t 分布の特徴を知るとよい。まず第1の特徴として，t 分布は標準正規分布同様に0を中心とした左右対称になっている特徴がある。第2として，分布の裾が標準正規分布より厚くなっており，ちらばりが大きいといえる。ただし標本が大きくなるすなわち自由度が大きくなると，ちらばりの形は正規分布に近づいてくる。実際，自由度が大きくなると標準正規分布に近似できると分かって

BOX 6.2　t 分布

t 分布は BOX6.1 の正規分布の場合とほぼ同じようにして確率や t 値を求めることができる。ただし，t 分布のときは自由度の指定も行う必要がある。ここでは推測統計学でよく利用される上側確率のみを扱うこととする。

自由度 df の t 分布に従う確率変数が特定の値 x を超える上側確率は，関数 pt(x,df,lower.tail=FALSE) を利用すればよい。

上側確率 (q) にもとづいて t 値を求めたいときは qt(q,df,lower.tail=FALSE) とすればよい。以下の例では，df に 10 を x に 1.29 を q に 0.025 を代入したときの値を示している。

```
df<- 10
x<- 1.29
pt(x,df,lower.tail=FALSE)
q<- 0.025
qt(q,df,lower.tail=FALSE)
```

出力例
```
> df<- 10
> x<- 1.29
> pt(x,df,lower.tail=FALSE)
[1] 0.1130415
> q<- 0.025
> qt(q,df,lower.tail=FALSE)
[1] 2.228139
```

いる（図 6.5）。

標本平均 $\bar{X}$ について母集団平均 μ と母分散 σ^2 を使って標準化した統計量 $z = (\bar{X} - \mu)/(\sigma/\sqrt{n})$ の分布を前に示した。しかし，実際には母標準偏差 σ

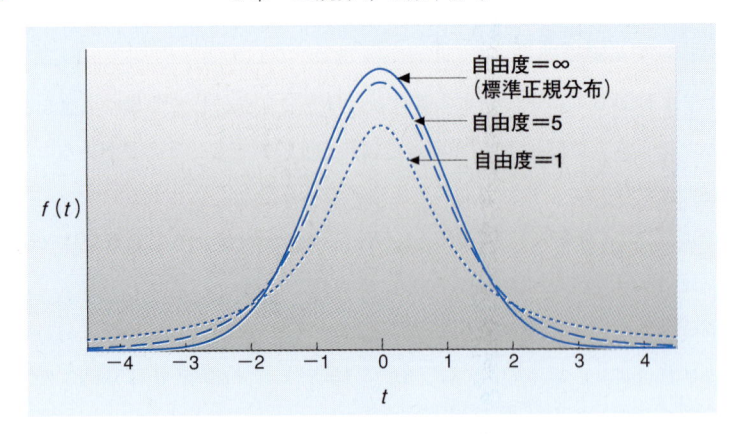

図6.5 自由度を変化させたときの t 分布

は未知なことが多い。その場合，σ の代わりに標本から求めた不偏標準偏差 $\hat{\sigma}$ を使って，

t 統計量：母標準偏差が未知

$$t = \frac{\bar{X} - \mu}{\hat{\sigma}/\sqrt{n}} \tag{6.9}$$

とする。この確率変数 t は自由度 $\nu = n - 1$ の t 分布 $t_{(n-1)}$ となる。これは，この式にカイ2乗統計量の定義の式と $\bar{X}$ の標準化の式を代入すると，先の t 統計量の式に一致することから確かめられる。

t 分布については，実際の推論での利用を考慮して確率変数の値と上側確率との対応を示す**付表B**を利用するか，統計ソフトウェアの関数を利用することになる。

たとえば，先の $N(50, 10^2)$ に従う学力検査の例で大きさ25の標本をとったとき，平均55で標本分散が120であったとする。t 値は，

$$t = \frac{55 - 50}{\sqrt{120}/\sqrt{25}} \approx 2.28$$

となる。**付表B**やソフトウェアの関数を利用して自由度 $\nu = 25 - 1 = 24$ の t 値を求めることになる。表を利用する場合は，この程度の標本の大きさになる

と自由度の変化による分布の形の変化は少ないため，表における自由度の表示幅があらくなっている．近い値で自由度 22 と 24 をみると，$t_{.05\,(22)} = 1.72$，$t_{.05\,(24)} = 1.71$ で，この場合における t 値はいずれより大きい．ここで各 t 値に対する上側確率を t の下付添字で示している．標本統計量として $t = 2.28$ より大きな値をとる確率は 5%より小さい．これは母集団分散が未知の場合において，標本平均が 55 より大きな値をとる確率の評価といえる．

6.4.5 分散の比

標本分散に関係する確率分布として，カイ 2 乗分布を先に述べた．ここで，9 章で説明する分散分析で利用されるものとして，カイ 2 乗分布に従う 2 つの独立な確率変数 χ_1^2, χ_2^2 の比による確率変数 F の分布を示す．これは一般に **F 分布**（F-distribution）に従う統計量である．

F 統計量

$$F = \frac{\chi_1^2/\nu_1}{\chi_2^2/\nu_2} \tag{6.10}$$

上式の ν_1, ν_2 は，それぞれのカイ 2 乗分布の自由度である．自由度とは，統計量の変動を生み出す要素の数であったことを振り返ると，F 統計量の分母分

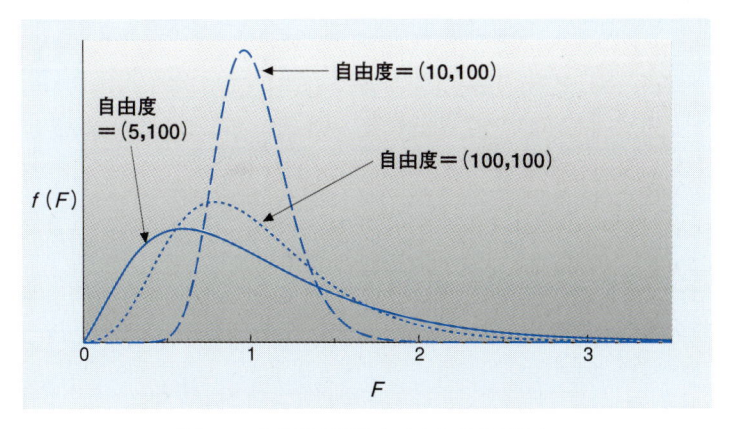

図 6.6　自由度を変化させたときの F 分布

子はそれぞれ変動を生み出す変数1つあたりの χ^2 値ということになり，1変数あたりの変動幅の比較を意味すると大まかに見なせる。また F 分布は2つの自由度の組合せでいろいろ変化するものなので，これに従う確率変数を $F(\nu_1, \nu_2)$ と示す（図6.6）。

正規分布に従う2つの母集団 $N(\mu_1, \sigma_1^2)$, $N(\mu_2, \sigma_2^2)$ から，それぞれ大きさ n_1, n_2 の標本をとるとする。それぞれの標本分散は，

$$s_1^2 = \frac{1}{n_1} \sum_{i=1}^{n_1} (X_{1i} - \bar{X}_1)^2$$

$$s_2^2 = \frac{1}{n_2} \sum_{i=1}^{n_2} (X_{2i} - \bar{X}_2)^2$$

となる。これら標本分散の分布についてカイ2乗分布を考えると，

$$\chi_1^2 = \frac{n_1 s_1^2}{\sigma_1^2}$$

$$\chi_2^2 = \frac{n_2 s_2^2}{\sigma_2^2}$$

のそれぞれが，自由度 $\nu_1 = n_1 - 1$, $\nu_2 = n_2 - 1$ のカイ2乗分布となる。よって，自由度で割って比をとれば F 分布に従う確率変数となる。

$$F_{(n_1-1,\, n_2-1)} = \frac{\frac{n_1 s_1^2}{\sigma_1^2}/(n_1-1)}{\frac{n_2 s_2^2}{\sigma_2^2}/(n_2-1)}$$

ここで，標本分散 $s^2 = \frac{1}{n} \sum_{i=1}^{n} (X_i - \bar{X})^2$ と不偏分散 $\hat{\sigma}^2 = \frac{1}{(n-1)} \sum_{i=1}^{n} (X_i - \bar{X})^2$ との関係を考えると，

$$ns^2 = (n-1)\hat{\sigma}^2 = \sum_{i=1}^{n} (X_i - \bar{X})^2$$

である。2つの母集団分散が等しいと仮定した上でこれを確率変数 F の式に代入すると，以下のように単純な形となる。

F 統計量：分散比

$$F_{(n_1-1,\, n_2-1)} = \frac{\hat{\sigma}_1^2}{\hat{\sigma}_2^2} \tag{6.11}$$

BOX 6.3 カイ2乗分布とF分布

カイ2乗分布とF分布については，推測統計学でよく利用する上側確率に対応したパーセント点を求める方法のみを示しておく。

自由度 df のカイ2乗分布に関して上側確率 (q) のときのパーセント点を求めたい場合は qchisq(q,df,lower.tail=FALSE) とすればよい。以下の例では自由度 df = 10 で上側確率 q = 0.025 のときの値を求めている。

自由度 $df1$, $df2$ の F 分布に関して上側確率 (q) のときのパーセント点を求めたい場合は qf(q,df1,df2,lower.tail= FALSE) とすればよい。以下の例では，自由度 df1 = 10，df2 = 20 で上側確率 q = 0.025 のときの値を求めている。

```
df<- 10
q<- 0.025
qchisq(q,df,lower.tail= FALSE)
df1<- 10
df2<- 20
q<- 0.025
qf(q,df1,df2,lower.tail= FALSE)
```

出力例
```
> df<- 10
> q<- 0.025
> qchisq(q,df,lower.tail= FALSE)
[1] 20.48318
> df1<- 10
> df2<- 20
> q<- 0.025
> qf(q,df1,df2,lower.tail= FALSE)
[1] 2.773671
```

このように 2 つの母集団分散が等しい場合に, 2 つの不偏分散の比が自由度 n_1-1, n_2-1 の F 分布に従う統計量となる。

F 分布は, 先の t 分布の場合などと同様に, 自由度によって分布の形が変わってくる確率分布である。よって, 実際に F 値を求める場合は, あらかじめ .05 もしくは .01 といった上側確率に対応した F 値が整理された**付表 C** を利用する。また, F 値の示し方として, それぞれに対応する上側確率を添字として $F_{.01\,(\nu 1,\,\nu 2)}$ と表記することが多い。

ここで確率変数 F の定義から明らかなように, 自由度 ν_1, ν_2 の F 分布に従う確率変数と自由度 ν_2, ν_1 の F 分布に従う確率変数とは逆数の関係になっている。一般に確率変数がある値 x より小さい値をとる確率は, その逆数をとった変数が $1/x$ より大きな値をとる確率と同じである。これらを利用すれば, 自由度 ν_1, ν_2 の F 分布の下側確率 α に対応する F 値 $F_{\alpha(\nu 1,\,\nu 2)}$ と, 自由度 ν_2, ν_1 の F 分布の上側確率 α に対応する F 値 $F_{1-\alpha(\nu 2,\,\nu 1)}$ とは,

$$F_{\alpha(\nu_1,\,\nu_2)} = 1/F_{1-\alpha(\nu_2,\,\nu_1)}$$

といった関係にある。

F 分布は, 自由度が 2 つあることに示されるように, 2 変数の変動情報を 1 つにまとめあげたものである。この点で, 実際のデータ解析で有用な統計量として重視されている。

もう一つ重要な性質として, 先に示した t 分布に従う確率変数を 2 乗したものをみると,

$$t^2 = \frac{z^2}{\chi^2/\nu}$$

となっている。z は標準正規分布に従う値である。よって, この式の分子は自由度 1 のカイ 2 乗分布に従うことになる。分母は自由度 ν のカイ 2 乗分布に従う。結果として, 確率変数 t^2 は自由度 $(1, \nu)$ の F 分布に従う。これは t を 2 乗した確率変数と F 値の対応を示す重要な式であり, t を 2 乗することで左右対称の確率が加えられることに注意すると,

$$(t_{1-\alpha(\nu)})^2 = F_{1-2\alpha(1,\,\nu)}$$

となっている。テキストによっては，t 分布表もしくは片方の自由度が 1 の F 分布表のいずれか一方を略してある場合もある。その場合は，上式の関係から情報を埋め合わせることとなる。

上式の関係を確かめる例として，たとえば上側確率を $\alpha = .025$ として t 分布の自由度を $\nu = 20$ とすると，$(t_{.025\,(20)})^2 = 2.09^2 = 4.37$ である。一方で，F 分布の上側確率 .05 に対応する表より $F_{.05\,(1,\,20)} = 4.35$ である。まるめ誤差の範囲で，両者がほぼ一致していると分かるだろう。

6.5 中心極限定理

無作為に抽出した標本の数を多くしていくと，標本平均の分布が母集団平均 μ に確率的に一致してくることを，大数の法則として示した [→ p.106]。さらにいって，同様の状況で標本平均の確率分布が正規分布に近づいていくことを示すのが，**中心極限定理**（central limit theorem）である。この「近づいていく」というのも大数の法則同様に確率的なことであって，「漸近する」ともいったりする。数学的な証明はより上級のテキストにゆずるとして，この定理は母集団分布が何であっても十分な標本数から求めた標本平均値の分布が正規分布に近づくといっている点が重要である。本章でも，正規分布から導かれるいくつかの代表的な確率分布を示してきた。この点，これら正規分布を基礎にした確率分布を現実の現象に当てはめる根拠として，この定理が重みをもって活用されているのである。

詳しくいえば，母集団分布が歪んでいようが離散であろうが，標本平均としてしまえば正規分布に漸近するというのである。さらに好都合なことに，あらかじめ母集団についての知識は必要なくとも成立する。現実には母集団分布についてどのようなものなのか分からないことが多い状況を考えると，実データに正規分布およびここから派生する確率分布を当てはめていく重要な論拠となっている。前述の正規分布の 2 つの重要さに加わる第 3 点目を，中心極限定理は語っている。

標本数がどの程度で十分に近似できるのかは，もとの母集団分布と関わって

くる問題である．ただ素朴に考えて，正規分布とずれが大きいほど，一定レベルの近似に達するために必要な標本数は大きくなるという話になろう．

検定と区間推定：1標本

7.1 統計的仮説検定とは

1章の1.2節（2種類の統計学）で述べたように，実際に観測される小規模な集団の情報にもとづいて大規模な集団（研究の全対象）の特徴について推測を行う方法のことを推測統計学あるいは統計的推測と呼ぶ。

この推測統計学（統計的推測）は5章，6章で述べられた確率の考え方を基本に，母集団に関する結論を標本から導き出す方法である。この方法には統計的仮説検定（statistical hypothesis test）（以下，検定とする）と区間推定（interval estimation）と呼ばれるものがある。本章では，まず，推測統計学（統計的推測）において重要な方法である検定について例を取り上げながら，その手続きに従って解説を行う。この検定は母集団の特徴に関してあらかじめ仮説を設定し，実験などから得られた標本から仮説を検証するものである。

心理学関連の学術論文をみると分かるように，心理学理論より導きだされた研究仮説（科学的仮説）を検証するために，その仮説をもとに統計で利用可能な仮説（統計的仮説）を設定し，データにもとづいてその仮説を検証するといういわゆる検定（test）と呼ばれる方法が多く利用されている。このように検定が多く利用されるのは，推測統計学が研究者間理解の共通の枠組みとなり，科学的仮説よりも数式で仮説を具体的に表現する統計的仮説を扱うことで，自らの研究を他の研究者に納得させることが容易となるからである。心理学研究においては，データ解析の方法として基本的なものといえる。

7.2 科学的仮説と統計的仮説

1章でも示したように科学的方法では、観察の中から仮説を見出し、その仮説を実証するために実験を行い、その結果をもとに理論・法則を作り出していく。仮に、ガムを噛むと何となく記憶力が高まるのではないかという現象を数多く観察したとして、「ガムを噛むことが記憶力を高める」という仮説を考えることになる。これがいわゆる科学的仮説（scientific hypothesis）である。科学的仮説は見ると分かるように事実や現象を説明するために用いられる検証可能な仮定であり、言葉によって記述される。

この科学的仮説を検証するための方法の一つとして、世界中すべての人間にガムを噛ませ記憶力が高まるかどうかを確認すればよい。これはいわゆる全数調査（complete survey）と呼ばれるものである。しかしながら、現実問題として全世界の人を対象に調査・実験を行うことなど不可能である。そこで、限られた不完全な情報からガムを噛むことの有効性を判断しなければならない。それが検定と呼ばれる手続きである。

検定を行うためには、まず科学的仮説を検定において利用できる統計的仮説に置き換える必要がある。統計的仮説（statistical hypothesis）は、科学的仮説と違い、母集団分布の特徴を表す母数（平均や分散など）に関する定量的な記述となる。

7.3 帰無仮説と対立仮説

先に述べた統計的仮説であるが、検定では2つの仮説を設定する。一つが帰無仮説（null hypothesis）であり、もう一つが対立仮説（alternative hypothesis）である。通常、帰無仮説は H_0 で示される。それに対照あるいは相反するように立てられるもう一つの仮説が対立仮説である。対立仮説は、H_1 で示される。

たとえば、先ほどのガムと記憶力の研究を考える。記憶力テストの得点を指標とした場合、過去の研究で母平均（母集団分布の平均）が50であると分かっているとする。その場合、帰無仮説は「ガムを噛んで記憶力テストを受けた人

の母平均が50である」となり，対立仮説は「ガムを噛んで記憶力テストを受けた人の母平均が50ではない」と立てることになる。これを数式で表現すると以下のようになる。

帰無仮説と対立仮説

帰無仮説 $H_0 : \mu = 50$

対立仮説 $H_1 : \mu \neq 50$

対立仮説は上記以外に仮説の内容により $\mu < 50$ や $\mu > 50$ といった表現がなされることもある（詳しくは本章の両側検定と片側検定のところで述べる [→ 7.6節]）。

この2つ設定された仮説のうち，実験から得られた小規模な標本の情報からどちらかの仮説を選択する過程を検定という。2つの仮説は相反しているため，検定では帰無仮説を棄てる（**棄却**；rejection）か認める（**採択**；acceptance）かの決定が行われる。帰無仮説が棄却された場合，対立仮説が採択され，他方，帰無仮説が採択されれば対立仮説が棄却される。

検定の難しさは，この2つの仮説の立て方にある。たとえば，ガムを噛むことと記憶力の向上の関連を考えた場合，「ガムを噛むことが記憶力に影響を与える」というのが科学的仮説（本来検証したい仮説）となるわけであるから，検定においても，本来この仮説が検証対象となるべきである。しかしながら，検定では通常主張したい仮説を対立仮説におき，「記憶力テストの平均が変化する（特定の値をとらない）」とする。他方，帰無仮説では対立仮説に相反する仮説を設定し，「記憶力テストの平均は変化しない（特定の値をとる）」とし，それを検証対象とする。帰無仮説は文字どおり，無に帰す，すなわち棄却されることで対立仮説が支持され研究者の意図が達成されることになる。そういう意味では，消極的な手続きであるといえる。

つまり，検定では帰無仮説の下で期待する結果が生じなかったことを根拠に帰無仮説を棄却し，本来支持したい対立仮説を採択するという方法（背理法）をとる。この方法は，一般的に私たちが考える仮説検証の手続きとは異なるため，統計的仮説検定で用いる2つの仮説の意味を取り違えたり，理解を妨げる

原因となっている。研究で検定を利用する際には，帰無仮説に何を設定したかに十分注意を向け，結論を導く必要がある。

7.4 検定統計量

仮説が設定されたなら，どちらの仮説が正しいのかデータにもとづいて判断しなければならない。そのために利用されるのが**検定統計量**（test statistics）である。この検定統計量の分布は，帰無仮説が正しいとき，理論的に求めることができ，6章で述べた標本分布をもとにしている。検定において対立仮説ではなく帰無仮説が中心に議論されるのは，帰無仮説の下での分布が統計的に扱いやすいからである。検定統計量やその分布は設定される仮説や母集団に関する既知情報や仮定によって異なる。通常検定では母集団分布を仮定するが，仮定しない検定も存在する（12章参照）。

ここでは，母分散（σ^2）が既知の場合の母平均に関する検定を考える。この場合，母集団分布を正規分布 $N(\mu, \sigma^2)$ とすると，6章で示されたように母平均に関する情報をもつ**標本平均**（sample mean）$\bar{X}$ は正規分布 $N(\mu, \sigma^2/n)$ に従う。帰無仮説を $H_0: \mu = \mu_0$ とするならば，データ数が n から得られる**標本統計量**（sample statistics）（標本平均 $\bar{X}$）は平均が μ_0，分散が σ^2/n の正規分布に従うことが分かっている。そこで，それを標準化し，データの測定単位に依存しない検定統計量（z）を導入する。

> **母分散既知の母平均に関する検定統計量**
> $$z = \frac{\bar{X} - \mu_0}{\sigma/\sqrt{n}} \tag{7.1}$$

先ほどのガムと記憶力の関係に関して，25名の被験者にガムを噛ませ記憶力テストを行ったところ，その平均（標本平均：$\bar{X}$）が54であったとする。また過去の大規模な研究からガムを噛まない場合の記憶力テストの母分散（σ^2）が 10^2 で平均が50であることが分かっているので，検定統計量は，以下のようになる。

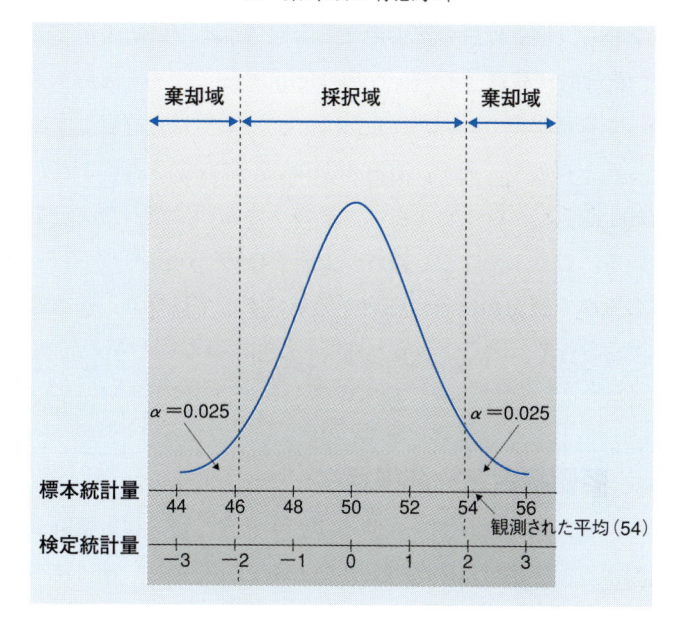

図 7.1　帰無仮説が真の下での $\overline{X}$ の標本分布と棄却域

$$z = \frac{54-50}{10/\sqrt{25}} = 2$$

この例における標本統計量と検定統計量の分布を示したものが図 7.1 である。標本統計量は平均 50, 分散 2^2 の正規分布に従う。横軸の上の段は標本統計量の数値を表し，下の段はそれに対応した検定統計量の数値を表している。

7.5　棄却域と有意水準

次に，この検定統計量とその分布を用いて帰無仮説が正しいのかまたは誤っているのかを判断するために**棄却域**（rejection region）を設ける。つまり検定統計量の値が棄却域に入ったとき，帰無仮説を**棄却**し，そうでないときは**採択**する。また，この棄却と採択の境目の値のことを**限界値**（critical value）と呼ぶ。

領域の大きさは有意水準によって決められる。推測統計学では，データから得られた結果と仮説との間に意味のあるずれのことを「統計的に有意である」

という．すなわち，帰無仮説の下で考えると起こりえない結果がデータより得られた場合，統計的に**有意**（statistically significant）であると考えるわけである．したがって**有意水準**（level of significance）（α）は，有意とするか否かの基準に関する確率を表す．通常，有意水準は 5% に設定されることが多い．この数字は，100 回検定を行ったならば，そのうち 5 回は誤った決定をする可能性を示している．有意水準は 5% 以外に 1% や 0.1% が用いられることがある．ただし，どの水準を選ぶかは研究内容や領域によって異なり，基本的には分析者の判断で決定される．したがって，絶対的な基準はないと考えたほうがよい．

7.6 両側検定と片側検定

上記によって棄却域の大きさを決めることができたが，検定統計量の分布において，確率が 5% を占める領域はいくつもある．しかし，後に述べる検定力を考慮すると設定される領域は分布の裾となる．ただし，通常検定統計量の分布には裾が 2 つ存在することから，棄却域を片方の裾だけに設定するか，または両裾に設定するか，の 2 種類の棄却域を設定する方法が存在する．片方の裾にのみ棄却域を設定して検定する方法を**片側検定**（one-tailed test）と呼び，両方の裾に棄却域を設定する方法を**両側検定**（two-tailed test）と呼ぶ．両側検定の場合は，$\alpha/2$ ずつの棄却域を両裾に設定する．図 7.1 は有意水準 5% の両側検定における棄却域を示したものである．

両側検定の場合，上側確率 2.5% のときの棄却の限界値は標準化された z のスケール上では 1.96 となり，その値以上が帰無仮説を棄却する棄却域であり，同様に下側確率 2.5% の限界値は -1.96 となり，その値以下が棄却域となる．そして，データより計算された検定統計量が棄却域に入ったとき，帰無仮説を棄却し，そうでないときは，帰無仮説を採択する．この限界値は**付表 A** にあるような標準正規分布に関する表を利用することで求めることができる．付表 A の（3）が上側確率を示しており，この数字が 0.025 となる（1）の z を値を読み取ると 1.96 となることが分かる．また，統計ソフトウェアの関数を用いても求めることができる（詳しくは，BOX6.1 を参照のこと [→ p.97]）．

7.7 2種類の誤り　　　127

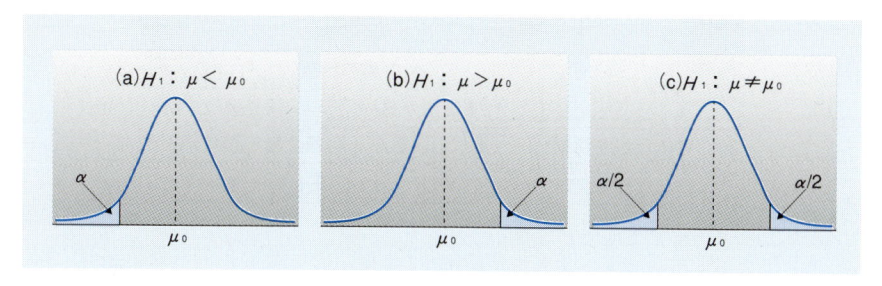

図 7.2　片側検定と両側検定における棄却域

　この片側検定と両側検定の使い分けの決め手は，設定された対立仮説にある。たとえば，先ほど例に出た母平均の検定において，図 7.2 の (a) にあるように対立仮説を $H_1: \mu < \mu_0$ とした場合，明らかに $\mu > \mu_0$ とはならないこととなり，方向性が示されることになる。逆に対立仮説が $H_1: \mu > \mu_0$ の場合が図 7.2 の (b) である。ガムと記憶力の例の場合，平常時よりガムを噛むことで記憶力が高まることはあっても落ちることはないという仮説を設定できる場合は (b) のような対立仮説を設定し片側検定を行うことになる。このように対立仮説がある方向性をもっている場合は片側検定でよい。片側検定の場合，後に述べる検定力 [→ p.129] が高いといわれるが，これは対立仮説の方向性に誤りがないことが前提である。逆に対立仮説の方向性に誤りがあった場合，検定力は極端に小さくなってしまう。したがって，対立仮説の方向性が不明確なときは，以下の両側検定を使うべきである。

　図 7.2 の (c) にあるように対立仮説が $H_1: \mu \neq \mu_0$ の場合，$\mu < \mu_0$ であっても $\mu > \mu_0$ であってもよいため，対立仮説は一定の方向性をもたないので，両側検定を行うことになる。この場合は，片側検定に比べると検定力が小さくなる。

7.7　2種類の誤り

　検定では，上記の2つの仮説を判定する際，いつも正しい決定がなされるわけではない。誤った決定がなされる可能性があり，それは2種類存在する。一つは，帰無仮説が正しいにもかかわらず帰無仮説を棄却してしまう**第1種の誤**

表 7.1　検定における 2 つの誤り

		真の状態	
		帰無仮説が真	帰無仮説が偽
判断	帰無仮説を採択	正しい決定	第 2 種の誤り（β）
判断	帰無仮説を棄却	第 1 種の誤り（α）	正しい決定（$1-\beta$）

り（type I error）であり，もう一つは，帰無仮説が偽であるにもかかわらず帰無仮説を採択してしまう（対立仮説が正しいのにもかかわらず対立仮説を棄却してしまう）**第 2 種の誤り**（type II error）である。この 2 種類の誤りをまとめたものが**表 7.1**である。

　先に述べた有意水準は，この第 1 種の誤りの確率（α）に相当する。また，第 2 種の誤りの確率は β で表される。また，帰無仮説が誤りであるときに帰無仮説を正しく棄却する（対立仮説が正しいときに対立仮説を採択する）確率を**検定力**とよび，$1-\beta$ で表す。

　誤りという以上，犯す確率が小さいほうがよいと考えがちである。そこで第 1 種の誤りを小さくするため，有意水準を極端に小さくすることが考えられる。そうすると，検定統計量の値が棄却域に落ちる確率が小さくなり，帰無仮説が採択されやすくなる。しかし，このやり方は，次節の検定力でも述べるように，逆に帰無仮説が正しくなくとも採択してしまうという第 2 種の誤りを犯す確率が高くなってしまう。また，検定は，帰無仮説を棄却することを前提にしているため，有意水準を 0%（たえず帰無仮説を採択することになる）にすることは，無意味である。

　それでは，2 つの誤りをどのように扱えばよいのだろうか。これは，裁判の例を考えるとよく分かる。検定の第 1 種の誤りは裁判において真実は犯罪を犯していないのにもかかわらず有罪となるケース，つまり冤罪である。それに対して第 2 種の誤りは，真実は犯罪を犯しているのにもかかわらず無罪となるケースである。どちらのケースも発生しないことが望ましいが，強いていえば，やはり後者よりも前者のケース，つまり冤罪ができる限り生じないことが望ましい。これは検定でも同じであり，まず第 1 種の誤りの確率を有意水準で制御し，そ

の後で第 2 種の誤りの確率を小さくするのが望ましいことになる。以上の点から，検定を行う場合は，この 2 種類の誤りを考慮する必要があることが分かる。

7.8 検定力

前節で述べたように，検定 2 種類の誤りを考慮して検定を行う必要がある。そのためには，2 種類の誤りをなるべく小さくする必要がある。通常，第 1 種の誤りの確率である有意水準は固定されているので，その条件の下でできる限り第 2 種の誤りの確率を小さくする必要がある。いいかえると第 2 種の誤りを犯さない確率である**検定力**（power）を大きくするように検定するわけである。このように検定力が高い検定は，望ましい検定であるといえるわけである。検定力は，有意水準（限界値の位置），効果量（帰無仮説の母数と対立仮説の母数の差），母分散，標本の大きさ（データ数），対立仮説の方向性によって変化する。

有意水準の値を小さくすると検定力は小さくなる。この様子を示したものが図 7.3 である。図中の斜線の領域が有意水準（α）を表し，薄い青色の領域が検定力（$1-\beta$）を表す。図の (a) は有意水準が 5% の場合，(b) は 2.5% の場合である。有意水準の値が小さくなるにつれ，帰無仮説棄却の境界である限界点が右に移動するのが分かる。それに伴って，検定力を表す領域が小さくなることが分かる。このことから，検定力を考慮すると必要以上に有意水準を小さくすることが問題であることが分かる。

効果量の大きさによっても検定力の大きさは変わる。効果量については後に述べるとして，ここでは帰無仮説の下での母集団に関する特性値である母平均と対立仮説の下での母平均の差と考えてもらえばよい。図 7.4 の (a) は効果量が大きい場合，(b) は効果量が小さい場合である。効果量が大きいと明らかに検定力を表す領域が大きくなることが分かる。

母分散と**標本の大きさ**は，標本分布の分散に影響を与える点では同じである。母分散が小さいと標本分布の分散も小さくなり検定力が高まる。標本の大きさ，すなわちデータ数が増えると，この場合も標本分布の分散が小さくなり検定力

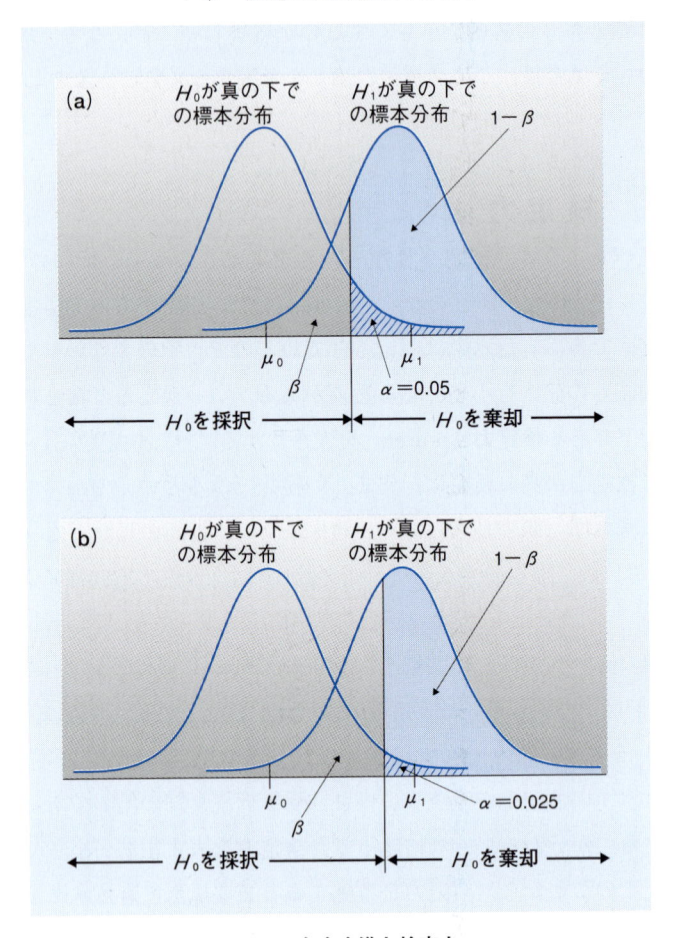

図7.3　有意水準と検定力

　が高まる。この様子を示したものが図 7.5 である。図の（a）は母分散が小さい，あるいは標本の大きさが大きい場合で標本分布の両裾間が狭くなっているのが分かる。このような状況では検定力を表す領域が大きくなる。それに対して図の（b）の場合，母分散が大きい，あるいは標本の大きさが小さいため標本分布の両裾間が広くなり，それに伴って検定力を表す領域が狭くなっているのが分かる。
　例に挙げている母平均の検定の場合，標本分布の分散は $\sigma_{\bar{X}}^2 = \sigma^2/n$ である。

7.8 検定力

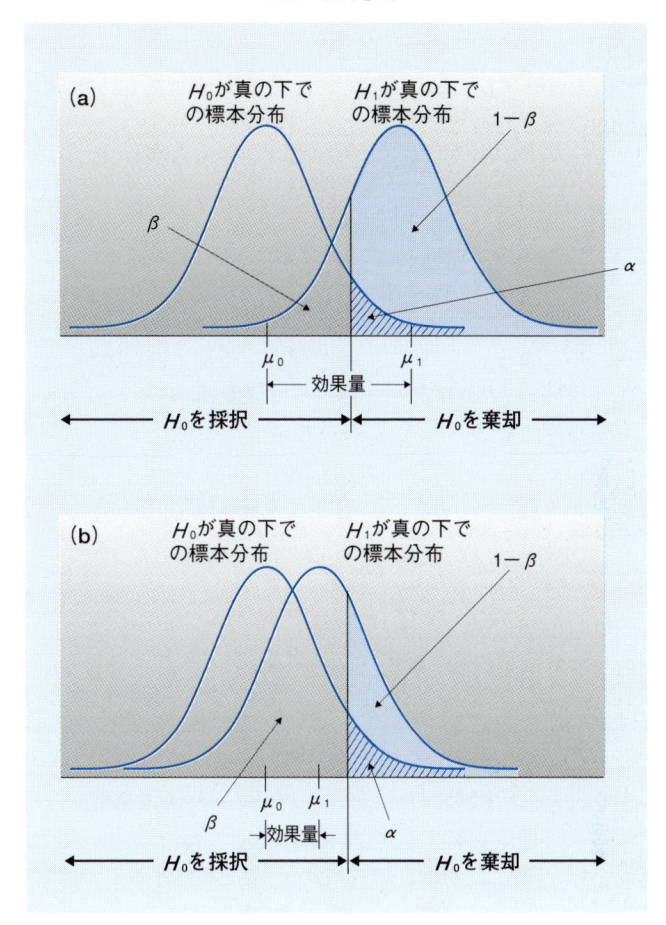

図 7.4 効果量と検定力

この式より，母分散である σ^2 が小さければ標本分布の分散は小さくなり，また右辺の分母にある標本の大きさ (n) が大きくなれば逆に標本分布の分散が小さくなることが分かる．

最後に対立仮説の方向性であるが，これは有意水準が同じであっても片側検定と両側検定で検定力が異なることを意味している．このことについては，すでに述べた有意水準と検定力の関係についての図 7.3 を見ると分かる．今，有意水準を 5% にした場合，図の (a) が片側検定，図の (b) が両側検定に対応

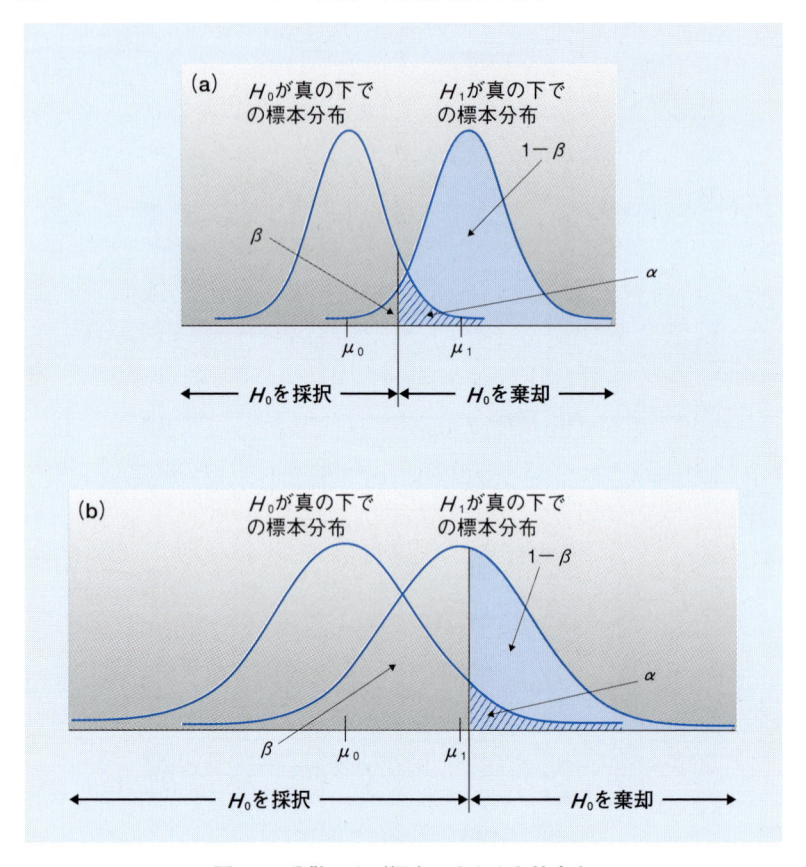

図 7.5 分散および標本の大きさと検定力

する。すなわち (b) の有意水準 2.5% は有意水準 5% の両側検定の状況と同じである。(b) に比べ (a) のほうが検定力を表す領域が大きいことが分かる。

　以上，検定力に影響を与える要因について見てきたが，効果量，母分散，対立仮説の方向性は標本のとり方で操作することはできない。また有意水準は研究内容にもよるが分析者によって通常 5% に固定される。そのため，通常，検定力を上げるため標本の大きさを増やすことがよく行われる。ただ，検定の場合，標本の大きさを増やすと帰無仮説が棄却されやすいという性質をもつ。できれば，研究内容をもとに有意水準と検定力をあらかじめ決め，その条件にあった標本の大きさを決定するのがよいと考える。

7.9 *p*値（有意確率）

有意確率（*p*値；probability value）とは，帰無仮説が真であるとき，検定統計量の当該値を得る上側確率である。いいかえると，検定統計量の分布から当該値以上の値をとりうる確率である。この値はコンピュータの進歩で統計ソフトウェアや表計算ソフトウェアを利用すれば得ることができる。たとえば，母平均の検定の結果 $z = 1.33$，$p = 0.0918$ が得られたとする。先の例では，検定の際，有意水準から得た限界値と検定統計量の値を比較して帰無仮説の棄却・採択を行ったが，*p*値を用いても同様の決定を行うことができる。すなわち，$p \leq \alpha$ のとき帰無仮説を棄却し，$p > \alpha$ のとき帰無仮説を採択する。先ほどの例において有意水準を 5%（0.05）とした場合，*p*値が 5%より大きな値なので帰無仮説を採択することになる。ちなみに，統計ソフトウェアでは通常**両側検定**が行われるので，**片側検定**を行いたい場合は *p* 値を半分にして有意水準と比較すればよい。

***p*値と帰無仮説（H_0）の棄却**

帰無仮説 $p \leq \alpha \rightarrow H_0$ 棄却

対立仮説 $p > \alpha \rightarrow H_0$ 採択

7.10 効 果 量

たとえば，母平均の検定の場合，帰無仮説が棄却されたからといって，標本が帰無仮説の母平均とは異なることが示されただけで，どの程度違いがあるのかは分からない。検定においてよく行われる誤りとして，確率の小さい有意水準，たとえば 0.1%で棄却されればあたかも母平均と大きな違いがあるかのように解釈してしまうことである。すでに述べたように有意水準はあくまで誤った判断を行う確率を示すにすぎない。また，検定の場合標本の大きさを大きくすれば，母平均との違いがわずかでも帰無仮説が棄却されやすくなる。そこで，母平均であれば平均の違いを評価する指標が必要である。それが**効果量**（effect size）である。

効果量は平均の差を散布度で標準化したもので，平均の差（効果）を相対的に評価したものである。したがって，その値の大きさでどの程度の効果があるかを知ることができる。コーエン（1988）によれば，効果量の値が 0.8 ならば大きな効果，0.5 ならば中程度，0.2 ならば小さな効果であるという。

母平均検定の効果量

$$d = \frac{|\mu - \mu_0|}{\sigma} \tag{7.2}$$

ガムと記憶力の例に関して効果量を求めると，μ は対立仮説の平均であり，真の値は分からないので標本から求められた平均 54 を用いる。それ以外は，帰無仮説の下での母平均 50 と母分散 10^2 を用いると，$d = 0.4$ となり中程度の効果があることが分かる。

このように，検定の際には帰無仮説が棄却され有意な結果がもたらされた情報だけでなく，効果量を利用することにより，例えば平均ならばそこにどの程度の違いがあったのかに関する情報を提供することができる。

7.11　母平均 μ の検定

検定の例として用いた母平均の検定を再度整理する。この検定は，得られた標本の平均 $\bar{X}$ が，母平均と等しいかについてのものである。仮定されている母集団分布は正規分布である。たとえば，全国規模の調査で，ある学力テストの得点の平均が 100 点であった。今，25 名の受験生が同一のテストを受けたとして，その結果が表 7.2 である。このデータより得点の平均が 105 点であった。25 名のデータによる平均と全国規模の平均とに違いがあるかどうかを 5% で両側検定することにする。この検定を行うにあたっては母分散が既知か未知かに注意する必要がある。それによって検定統計量の求め方が異なる。

7.11 母平均 μ の検定

表7.2 学力テストの得点

受験番号	得点	受験番号	得点	受験番号	得点
1	105	10	103	19	111
2	110	11	87	20	126
3	111	12	94	21	102
4	106	13	104	22	106
5	124	14	101	23	96
6	97	15	119	24	105
7	111	16	113	25	97
8	99	17	107	平均	105.00
9	97	18	94	不偏分散	87.75

7.11.1 母分散 σ^2 が既知の場合

通常は，母分散の値が分かっていることは少ないが，仮に全国規模の調査の分散が 10^2 であることが分かっているとする．このような場合，この分散を母分散として扱い母分散が既知として検定を行うことになる．検定する内容から仮説を以下のように設定する．

> **帰無仮説と対立仮説**
> 帰無仮説 $H_0 : \mu = 100$
> 対立仮説 $H_1 : \mu \neq 100$

次に有意水準を決めることになるが，ここでは 5% とする．その後，データをもとに検定統計量を計算し，検定統計量が有意水準にしたがって設定された棄却域に落ちるかどうかを検討することになる．

> **母分散が既知の母平均に関する検定統計量**
> $$z = \frac{\bar{X} - \mu_0}{\sigma/\sqrt{n}} = \frac{105 - 100}{10/\sqrt{25}} = 2.5 \tag{7.3}$$

6章の標本分布のところですでに述べたように，検定統計量は標準正規分布に従うことが分かっている．ここでは有意水準 5% の両側検定を行うので限界

値は上側・下側に設定される。上側の限界値は**付表 A** の上側確率を示す (3) 列が .025 となるときの z の値を読み取る。下側の限界値は標準正規分布が対称の分布であるので上側限界値にマイナスをつけたものとなる。したがって，限界値は $z_{.05/2} = \pm 1.96$ となる。また，BOX6.1[→ p.97] を参考にして統計ソフトウェアの関数を利用しても限界値を得ることができる。

上記で計算された検定統計量 z は上側の限界値の値を超えるので帰無仮説は有意となる。統計ソフトウェアを利用した場合，p 値が計算され $z = 2.5$ のときの $p = 0.006$ であり，有意水準 5%(0.05) より小さいことから帰無仮説を棄却する。すなわち，25 名の学力テストの平均は全国規模の学力テストの平均と統計的に有意に異なることが示された ($z = 2.5, p < .05$)。

7.11.2　母分散が未知の場合

上記のように，母分散の値があらかじめ分かっているケースは実際にはほとんどない。その場合はデータから母分散を推定する。母分散の推定量としては**不偏分散** $\hat{\sigma}^2$ を用いる。

不偏分散

$$\hat{\sigma}^2 = \frac{1}{n-1} \sum_{i=1}^{n} (X_i - \bar{X})^2 \tag{7.4}$$

この不偏分散を母分散既知の場合の検定統計量 (7.3) 式の母分散に代入すると，母分散未知の場合の検定統計量は，以下のようになる。この統計量は自由度 ($\nu = n - 1$) の t 分布に従う。

母分散が未知の母平均に関する検定統計量

$$t = \frac{\bar{X} - \mu_0}{\sqrt{\hat{\sigma}^2/n}} \quad [\nu = n-1] \tag{7.5}$$

先の学力テストの例の場合，**表 7.2** より不偏分散は $\hat{\sigma}^2 = 87.75$ であり，上式を利用して検定統計量 (t) を求めると，

BOX 7.1　母分散が未知の母平均に関する検定

　母分散が未知の場合の母平均に関する検定は，関数 `t.test(x, mu=m)` を利用する。引数の中の `x` は 1 標本の観測値を表す変数名であり，`mu=m` で帰無仮説「母平均=m」を指定することになる。デフォルトは両側検定である。母平均が 0 の検定の場合は m を 0 とする。ここでは，あらかじめ表 7.2 の学力テストのデータがファイル pttest.csv として入っているとする。ファイルには学籍番号が ID という変数名で，テスト得点が score という変数名で入っているとする。出力例より `p-value` の値が 0.01343 で，あらかじめ決めた有意水準 0.05 より小さいので帰無仮説は有意だと判断する。またデフォルトで 95% 信頼区間（`95 percent confidence interval`）も出力されている。

```
testdata<-read.csv("pttest.csv")
attach(testdata)
t.test(score,mu=100)
```

出力例

```
> testdata<-read.csv("f:/home/statnew/ttestdata1.csv")
> attach(testdata)
> t.test(score,mu=100)

        One Sample t-test

data:  score
t = 2.6688, df = 24, p-value = 0.01343
alternative hypothesis: true mean is not equal to 100
95 percent confidence interval:
 101.1333 108.8667
sample estimates:
mean of x
      105
```

$$t = \frac{105 - 100}{\sqrt{87.75/25}} = 2.67$$

となる．この検定統計量は自由度 24 の t 分布に従うことから，有意水準 5%両側検定の上側・下側の限界値は $t_{.05/2\,(24)} = \pm 2.06$ である．データから得られた検定統計量 t の値が限界値よりも大きいので帰無仮説は棄却される．すなわち，25 名の学力テストの平均は全国規模の学力テストの平均と統計的に有意に異なることが示された（$t(24) = 2.67, p < .05$）．

上記の限界値は付表 B を利用して求めることができる．両側検定の有意水準 .05 の列と自由度（df）24 の行が交差する値を読み取ればよい．もちろん，BOX6.2[→ p.113] を参考にして統計ソフトウェアの関数を利用しても限界値を得ることができる．

7.12 区間推定

統計的推測で用いられる方法として今まで述べた統計的仮説検定以外に区間推定がある．この方法は母集団に関して知りたい情報である母数（母平均や母分散）に関して確率の考え方を用いて範囲によって推定しようとするものである．ここでは，まず母分散が既知の 1 標本の母平均に関する区間推定を取り上げる．

すでに述べられているように母集団分布を正規分布 $N(\mu, \sigma^2)$ とすると，標本平均 $\bar{X}$ は正規分布 $N(\mu, \sigma^2/n)$ に従うので，標本平均 $\bar{X}$ を標準化した統計量 $z = (\bar{X} - \mu)/(\sigma/\sqrt{n})$ は標準正規分布に従う．このことから以下のような式を導き出すことができる．

$$P(-z_{\alpha/2} < z < z_{\alpha/2}) = 1 - \alpha$$

上式に $z = (\bar{X} - \mu)/(\sigma/\sqrt{n})$ を代入し，母平均 μ について整理すると，

$$P(\bar{X} - z_{\alpha/2}\sigma/\sqrt{n} < \mu < \bar{X} + z_{\alpha/2}\sigma/\sqrt{n}) = 1 - \alpha$$

となる．これは確率変数 $\bar{X} - z_{\alpha/2}\sigma/\sqrt{n}$ と $\bar{X} + z_{\alpha/2}\sigma/\sqrt{n}$ によって表される区間が未知である母平均 μ を含む確率が $1 - \alpha$ であることを意味している．この確

率である $1-\alpha$ のことを**信頼係数**（confidence coefficient）と呼び，区間のことを $100(1-\alpha)\%$ **信頼区間**（confidence interval）と呼ぶ．また，$\bar{X} - z_{\alpha/2}\sigma/\sqrt{n}$ と $\bar{X} + z_{\alpha/2}\sigma/\sqrt{n}$，それぞれは，**下側信頼限界**（lower confidence limit），**上側信頼限界**（upper confidence limit）と呼ばれる．信頼係数は通常 0.95 や 0.99 が多く用いられる．

母分散が既知の母平均に関する $100(1-\alpha)\%$ 信頼区間

$$\bar{X} - z_{\alpha/2}\sigma/\sqrt{n} < \mu < \bar{X} + z_{\alpha/2}\sigma/\sqrt{n} \tag{7.6}$$

母分散が未知の場合は，検定のときと同じように母分散を標本から推定し，その値を利用して信頼区間を求める．母分散を推定しているため信頼区間を求める際，自由度 $\nu = n-1$ の t 分布が利用されている．

母分散が未知の母平均に関する $100(1-\alpha)\%$ 信頼区間

$$\bar{X} - t_{\alpha/2\,(\nu)}\hat{\sigma}/\sqrt{n} < \mu < \bar{X} + t_{\alpha/2\,(\nu)}\hat{\sigma}/\sqrt{n} \tag{7.7}$$

上式を見ると分かるように信頼区間は，① 標本の大きさ（データ数）が大きいほど，② 母分散または標本から得られる不偏分散の値が小さいほど，③ 母分散が未知より既知のほうが，④ 信頼係数が小さいほど，狭くなる．

検定のところでガムと記憶力の関係を見たが，ガムではなく飴をなめながら記憶力テストを受けてもらったデータに関して 95% 信頼区間を求める．25 名の被験者の平均（標本平均：$\bar{X}$）が 51 であったとすると，母分散が（$\sigma^2 = 10^2$）であることが過去の研究から分かっている．上式より 95% 信頼区間は，$z_{\alpha/2} = 1.96$ を利用すれば以下のようになる．

$51 - 1.96\,(10)/5 < \mu < 51 + 1.96\,(10)/5$

$47.08 < \mu < 54.92$

信頼区間の意味について注意しなければならないことがある．上記のように標本から実際に計算された具体的な信頼区間が 95% の確率で母平均 μ を含むという表現は誤りである．あくまでも確率的に議論できるのは確率変数として表現された式 (7.6) や (7.7) の場合である．例のように具体的に計算された

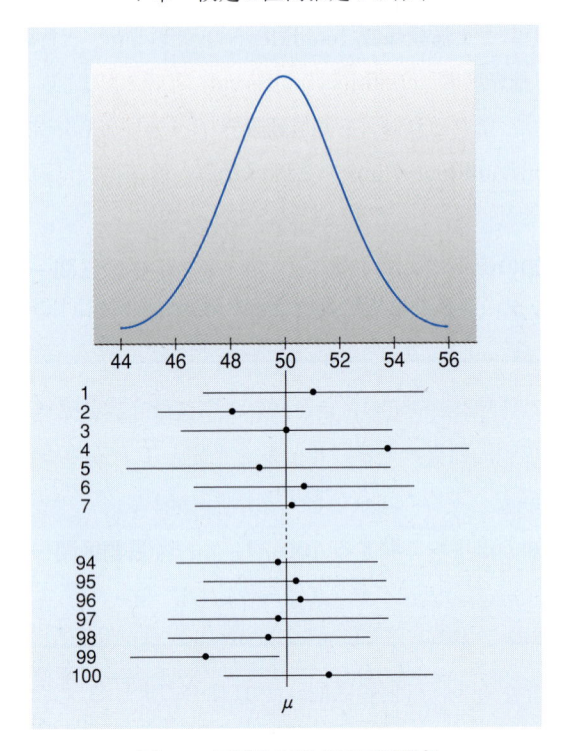

図 7.6 母平均に関する区間推定

信頼区間 ($47.08 < \mu < 54.92$) は確率変数ではないので，母平均が含まれるか否かのどちらかであって，確率的に議論することはできない。

　信頼区間は図 7.6 を見ればその意味を理解しやすい。先ほどの飴と記憶力の例を取り上げる。図中にある複数の信頼区間は，母集団から 25 名を 1 回の標本として取り出して実験をし，その手続きを 100 回繰り返して得られたものである。途中は省略されているが，95% 信頼区間とは，もし 100 回の実験から得られた信頼区間のうちおよそ 95 個は母平均を含むというものである。実際には分からない値であるがここでは説明のため母平均 ($\mu = 50$) が図中に示されている。

　実は，信頼区間は検定とは関連がある。求められた $(1-\alpha)$% 信頼区間に，帰無仮説 (H_0) の値がすべて含まれていたなら，検定において有意水準 α で帰無

仮説が採択されるのと同じことになる。逆にいうと，求められた信頼区間に帰無仮説の値が含まれなければ帰無仮説は棄却される。例として検定で利用したガムと記憶力のデータを取り上げる。95% 信頼区間を求めると $50.08 < \mu < 57.92$ であり，帰無仮説（$H_0 : \mu = 50$）の値を含まないことから帰無仮説は棄却される。

これまでに見てきたように，信頼区間は従来の検定で行われるような帰無仮説が正しいかどうかの 2 値的な判断も行えるとともに，母集団に関する情報（母数）を具体的に区間として数値で示すことができ，値のもつ意味を解釈することが可能である。一般的には仮説検定が主流であるが，信頼区間も統計的推測の方法としては有効な方法である。

7.13 母相関係数に関する検定

4 章で述べた 2 つの変数間の関連性の強さを表した**ピアソンの積率相関係数**（以下，相関係数）に関しても検定や区間推定を行うことができる。ここでは，1 標本の場合，すなわち母集団を 1 つ考え，標本から得られた相関係数が想定されている母集団から得られたものであるかどうかを母相関係数と比較して検討する方法を解説する。

7.13.1 相関係数の標本分布

相関係数に関して検定や区間推定を行うためには，相関係数に関する標本分布が必要となる。この標本分布は母相関係数の値と標本の大きさによって図 7.7 に示すような分布に従うことが分かっている。この標本分布は標本の大きさ，すなわちデータ数が増えると正規分布に近づく。とくに母相関係数が 0 のとき分布が対称となり，もっとも正規分布への近似がよい。しかし相関係数が -1 から $+1$ の範囲しかとれないため，0 からはずれるほど分布が歪んでくる。

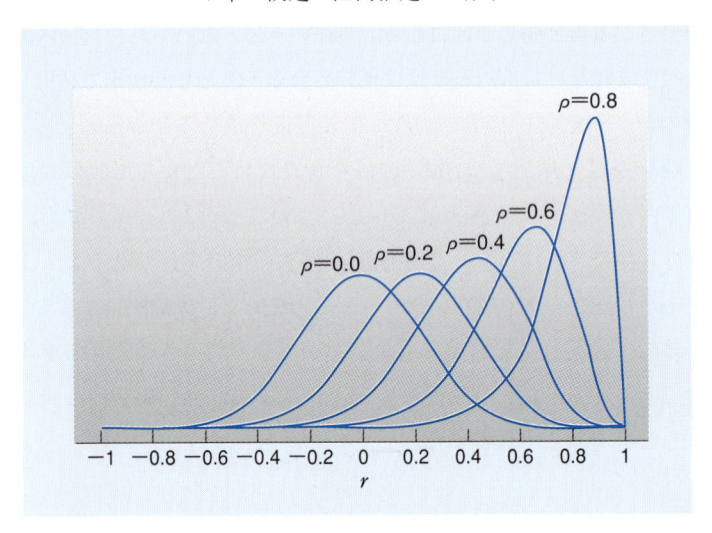

図 7.7　相関係数の標本分布

7.13.2　母相関係数がゼロの検定

心理学の論文などで「有意な相関が見られた」という記述がある。この有意な相関を示すために用いられているのがここで示す母相関係数が 0 であるかどうかの検定である。相関係数の検定といえば，この母相関係数が 0 の検定であるといっても過言ではない。この検定の帰無仮説は以下のようになる。

母相関係数がゼロの検定で用いられる仮説

帰無仮説 $H_0 : \rho = 0$

対立仮説 $H_1 : \rho \neq 0$

先にも述べたように相関係数の標本分布は母相関係数が 0 のとき分布が対称となる。さらに幸いなことに以下に示すような検定統計量が自由度 $\nu = n-2$ の t 分布に従うことが分かっている。

母相関係数がゼロの検定統計量（t 統計量）

$$t = \frac{r}{\sqrt{\frac{1-r^2}{n-2}}} \tag{7.8}$$

7.13 母相関係数に関する検定

上式中の r は標本から計算された相関係数である。式を見ると標本相関係数をその標準誤差で割った形になっており，母平均の t 検定と似たような形になっている。

仮に，青年期における対人不安と自己意識との関連を調べるため，高校生50名に対して対人恐怖症状尺度と自己意識尺度を実施したとする。両尺度の間の相関係数を求めたところ $r = 0.46$ であったとき，この相関係数が0であるかどうかを検定することにする。(7.8) 式より検定統計量 t は以下のようにして求められる。

$$t = \frac{0.46}{\sqrt{\frac{1-0.46^2}{50-2}}} = 3.59$$

この統計量は自由度48の t 分布に従うことから両側検定有意水準5%のときの限界値を求めると，$t_{.05\,(48)} = \pm 2.01$ となる。データから得られた検定統計量 t の値が限界値よりも大きいので帰無仮説は棄却される。したがって，得られた相関係数は少なくともゼロではなく有意であることが示された。すなわち，青年期における対人不安と自己意識との間に有意な相関 ($r(48) = 0.46, p < .05$) が見られた。r の後の括弧の中の数字は検定のときに利用した自由度である。

この母相関に関する検定について注意しなければならない点がある。この検定は帰無仮説を見ると分かるようにあくまでも相関係数が0であるかどうかを検討しているにすぎない。有意であれば相関係数は0でないといえるが，値そのものの評価については2変数の内容を吟味して考える必要がある。相関係数の値が0.2で検定の結果有意であった場合，有意であることが強調され，そこに強い相関があるように解釈されることがある。これは誤りで，値そのものは0.2であることを考慮しなければならない。

7.13.3 母相関係数がゼロでないときの検定

上記の母相関係数に関する検定はゼロの場合しか利用することができない。しかしながら母相関係数が特定の値を示すかどうかの仮説を設け検定したい場面も考えられる。ただ，母相関係数が0以外の標本分布は複雑であるため，そ

のままの形で検定を進めるのは困難である．幸い，**フィッシャーの Z 変換**を用いると変換後の値が近似的に正規分布することが分かっており，それを利用して検定を行うことになる．

フィッシャーの Z 変換

$$Z = \frac{1}{2} \ln \frac{1+r}{1-r}$$

今，標本の大きさが n の下で標本相関係数 r が得られたする．そのとき，帰無仮説 $H_0 : \rho = \rho_0$ に関する検定統計量は，r, ρ_0 それぞれをフィッシャーの Z 変換した Z, Z_0 を用いると以下のようになる．

母相関係数がゼロでないときの検定統計量

$$z = \frac{Z - Z_0}{\sqrt{\frac{1}{n-3}}} \tag{7.9}$$

上記の検定統計量は標準正規分布に従うので，それを利用して検定を行う．例題として先の母相関係数が 0 の検定で取り上げた例を利用する．先行研究における大規模調査で高校生における対人恐怖症状尺度と自己意識尺度の母相関係数が 0.6 であることが分かっていたとする．高校生 50 名に対して対人恐怖症状尺度と自己意識尺度を実施し，尺度の間の標本相関係数を求めたところ 0.46 であった．この標本における母相関係数が大規模調査における母相関係数と異なるかどうかを有意水準 5% の両側検定を用いて検討する．

上記より帰無仮説は $H_0 : \rho = 0.6$ となり，母相関係数，標本相関係数それぞれをフィッシャーの Z 変換すると，0.693, 0.497 となる．

これらをもとに (7.9) 式から検定統計量を求めると，

$$z = \frac{0.497 - 0.693}{\sqrt{\frac{1}{50-3}}} = -1.34$$

となる．有意水準 5% のときの z の限界値は $z_{.05/2} = \pm 1.96$ であり，検定統計量 z は限界値を超えないことから帰無仮説は採択される．したがって，今回用いた標本の母相関係数は 0.6 であるといってよい．

7.13 母相関係数に関する検定

BOX 7.2　母相関係数の検定

母相関係数がゼロの検定は関数 `cor.test(x,y)` を利用する。`x` と `y` にはそれぞれ相関係数を計算する 2 つの変数を指定すればよい。結果は他の検定と同じように `p-value` を見て判断する。出力例では，`p-value` が `1.672e-11`（=0.00000000001672）なので母相関係数は 0 ではないことになる。

```
demodat<-read.csv("dist.csv")
attach(demodat)
cor.test(math,sci)
```

出力例

```
> cor.test(math,sci)

        Pearson's product-moment correlation

data:  math and sci
t = 7.6142, df = 98, p-value = 1.672e-11
alternative hypothesis: true correlation is not equal to 0
95 percent confidence interval:
 0.4694736 0.7198836
sample estimates:
      cor
0.609672
```

検定と区間推定：2標本

8.1　2標本とは

　1章でも述べたように，心理学は科学的な手続きに従って心理的現象に関する一般的な法則を見出そうとする学問である。そこで必要となるのは，ある心理現象が生じる原因は何かという因果関係を特定することである。そのために用いられるのが**実験**（experiment）と呼ばれる方法である。実験では，結果に影響を与える要因，すなわち**独立変数**（independent variable）を操作し，その操作によって結果である**従属変数**（dependent variable）の値がどのように変化するかで**因果関係**（causal relationship）を特定する。

　実験における基本的な計画は**統制群法**（control group design）である。実験において実験処理が加えられる**実験群**（experimental group）と何も処理が加えられない**統制群**（control group）を設ける。統制群法は研究上関心はないが，従属変数（反応；測定変数）に影響を与える**剰余変数**[1]（extraneous variable）の影響を除去あるいは恒常を保つことができない場合にとられる実験計画である。図8.1にあるように各剰余変数は実験群においても統制群においても等しく影響を与えるが，実験群のみさらに実験処理を加える実験変数の効果が加わっている。したがって，実験群と統制群において従属変数の値に違いがあれば，それは実験変数の影響によるものだと考える。

　たとえば，7章のガムを噛むことと記憶力の向上の関係に関する実験を統制群法で行うと，実験群では被験者はガムを噛みながら記憶の実験を受け，統制群ではガムを噛まないでそのまま記憶の実験を受けるという計画になる。実験の結果，記憶テストの成績が統制群に比べ実験群のほうがよければ，ガムを噛

---

[1] 交絡変数（confounding variable）とも呼ばれる。

8.1 2標本とは

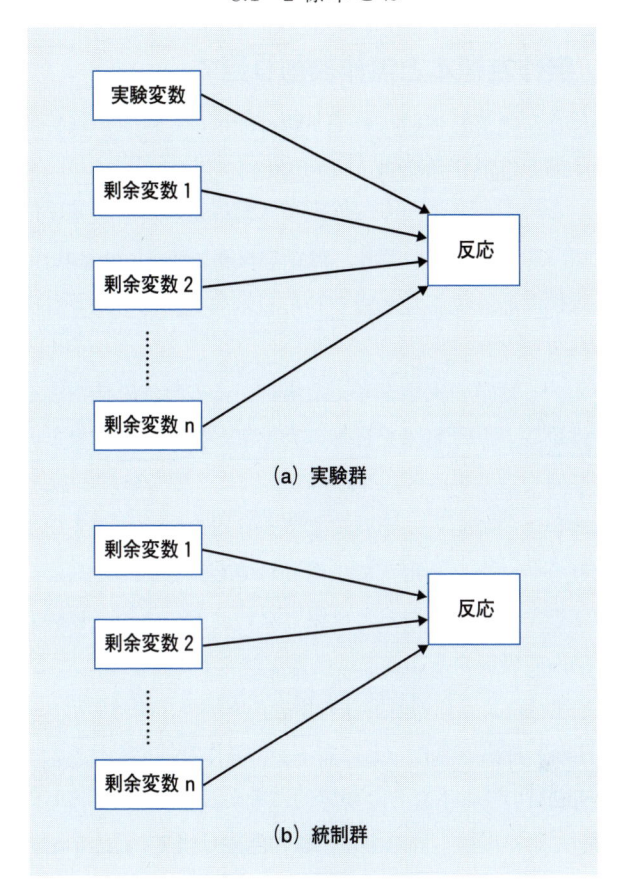

図 8.1 統制群法

むこと（原因）が記憶力（結果）にプラスの影響を与えると考え，この結果をもとに記憶に関する理論を組み立てていくことになる。

このように，実験において2群を設け群間の統計的指標に関する違いをみる場合，推測統計学では2つの母集団を仮定している。すなわち2つの母集団から無作為に標本を抽出し，標本から得られた統計的指標をもとに母集団の違いを論じるのである。したがって，統制群法によって得られたデータは2標本にもとづいた推測統計的な手続きを適用することになる。

8.2 無作為標本と無作為割り当て

　すでに述べてきたように推測統計学（統計的推測）では，具体的に実験や調査の対象となる標本は**無作為抽出**（random sampling）によって選ばれることが原則である。このことによって，検定や区間推定において確率的な考え方を導入することが可能となる。つまり，**無作為標本**（random sample）を用いるからこそ，小規模である標本から得られた結果を一般化することができるのである。

　しかしながら，心理学の実験を考えた場合，この無作為標本を厳密な意味で用意することは難しい。母集団を日本の大学生と仮定した場合でも，日本のすべての大学生に通し番号をつけ，等確率で実験に必要な被験者数，たとえば20名を選ぶのは非現実的である。それにまず，日本のすべての大学生の名簿を用意することが難しい。たとえ用意できたとしても，等確率で選ばれた大学生が必ずしも実験室近くに住んでいるとは限らない。そのため，被験者として選ばれた大学生を集めて実験することには多大なコストがかかることも予想される。

　また，先にも述べたように統制群法の場合，実験群，統制群それぞれの被験者は各群の母集団から抽出されたことになるが，無作為抽出を行うための実験群や統制群の母集団成員のリストなどを現実的に考えることはできない。そこで心理学の実験においてよく用いられるのは，**無作為割り当て**（random assignment）と呼ばれる方法である。これは各被験者を実験群，統制群に無作為に割り当てるというものである。この方法によって，従属変数に影響を与える剰余変数の影響が両群とも確率的に等しくなると考える。たとえば，ガムと記憶力の実験の場合，実験に来た被験者をコイン投げなどをして，表が出ればガムを噛む実験群，裏が出れば何もしない統制群というように配分する。このことにより両被験者群が等質になるのである。

　無作為割り当ては被験者群間を等質にすることができるが，被験者そのものが無作為標本でない限り，統計的方法によって結果を一般化することができない。そこで，実験に参加してもらう被験者を想定している母集団から無作為に抽出し，選ばれた被験者を実験群と統制群に無作為に配分することにより，2つの被

BOX 8.1　等分散性の検定

　独立2標本の平均の差の検定を行うには，あらかじめ母分散が等しいかどうかを検定する必要がある。関数は `var.test(x,y)` を利用する。引数の中の x, y は2標本の各観測値を表す変数名である。ここでは，表8.1の記憶力テストのデータがファイル ttestdata2.csv として入っているとする。ファイルには実験群が exp，統制群が cnt という変数名で観測値が入っている。出力例より，有意水準 0.05 とすると p-value の値が 0.9651 であることから有意ではなく等分散を仮定できる。ちなみに出力例の2つの df は F 分布の2つの自由度を表す。

```
ttestdata2<-read.csv("ttestdata2.csv")
attach(ttestdata2)
var.test(exp,cnt)
```

出力例
```
> var.test(exp,cnt)

        F test to compare two variances

data:  exp and cnt
F = 1.0241, num df = 14, denom df = 14, p-value = 0.9651
alternative hypothesis: true ratio of variances is not
equal to 1
95 percent confidence interval:
 0.3438142 3.0503136
sample estimates:
ratio of variances
          1.024081
```

験者群間を等質にすることができると同時に，統計的方法により結果を一般化することができる。ただ，この場合であっても，やはり無作為抽出そのものを厳密に行うことは難しい。現実的には，母集団をたとえば心理学の授業を受講した学生に限定し，そこからなるべく無作為に被験者を選ぶように心がけることになる。なお，性別など有機体変数を独立変数とする**準実験**（quasi-experiment）の場合は無作為配分を行うことはできないので注意する必要がある。したがって，たとえば性別の場合，女性，男性から無作為に被験者を選ぶ必要がある。

8.3 独立2標本の平均の差の検定

心理学において平均に関する検定でよく用いられるものは，7章の母平均に関する検定ではなく，2標本の平均の差に関する検定である。先にも述べたように心理学研究においては，2標本あるいは2群の平均の違いをもとに実験条件の効果・影響について議論を進めることが多い。これは心理学の分析方法として習得すべきものの一つである。本節では2標本のうち，被験者が2つの標本において重複しない独立2標本の場合を考える。具体的には，実験において1人の被験者が統制群と実験群の両方に属さない場合や男性・女性といった性別などを考えることになる。すなわち，独立な2つの群（グループ）の平均に差があるかを統計的に検定する方法を紹介する。

8.3.1 母分散が既知の場合

今，群1と群2の2群のデータがあり，それぞれが母集団分布 $N(\mu_1, \sigma_1^2)$，$N(\mu_2, \sigma_2^2)$ からの無作為標本であるとする。また標本の大きさ（データ数）は，それぞれ n_1, n_2 とする。母分散については，あらかじめ分かっているものとする。独立2標本の平均の差の検定は，得られたデータから2群の母平均に違いがあるかどうかを調べることにある。したがって，仮説は以下のようになる。ただし，対立仮説については，両側検定を行うことを前提として仮説を設定している。

8.3 独立2標本の平均の差の検定

> **独立2標本の平均の差に関する仮説**
>
> 帰無仮説 $H_0 : \mu_1 = \mu_2$
>
> 対立仮説 $H_1 : \mu_1 \neq \mu_2$

次に上記の仮説をもとに，独立2標本の平均の差の検定統計量を求めることになる。手元にある情報としては，母分散とデータから得られた各群の標本平均である。すでに6章6.4節の標本分布で示されたように，標本平均の差の標本分布については，母集団分布を正規分布と仮定している場合，同様に正規分布に従うことが分かっており，それにもとづいて検定統計量を考えることにする。

2つの母集団分布の仮定にもとづくと標本平均の差の標本分布は，平均 $\mu_1 - \mu_2$，分散 $\sigma_1^2/n_1 + \sigma_2^2/n_2$ の正規分布に従う。統計表の利用や有意確率の計算を考慮すると標準正規分布が扱いやすいので，標準化した形で検定統計量を考えると以下のようになる。

> **母分散が既知の場合の検定統計量（z 統計量）**
>
> $$z = \frac{(\bar{X}_1 - \bar{X}_2) - (\mu_1 - \mu_2)}{\sqrt{\sigma_{\bar{X}_1 - \bar{X}_2}^2}} = \frac{\bar{X}_1 - \bar{X}_2}{\sqrt{\frac{\sigma_1^2}{n_1} + \frac{\sigma_2^2}{n_2}}} \tag{8.1}$$

上記の検定統計量は帰無仮説にもとづいているため，平均 $\mu_1 - \mu_2$ の項が0となり，分子には標本平均の差だけが残ることになる。

検定統計量計算後の手続きは，先の母平均の検定と同じである。ちなみに対立仮説に方向性を仮定できる場合は片側検定となる。この母分散が既知の場合の検定は，平均の差に関する検定の考え方を学ぶには必要であるが，心理学における多くのデータの場合，母分散が既知であることは少ないため，この検定が利用されることは少ない。

8.3.2 母分散が未知で等分散の場合

先にも述べたように，通常，母分散があらかじめ分かっていることは少なく，母平均の検定にもあったように母分散の値をデータから推定し，その値を用い

て検定することになる。また、検定するにあたっては、母分散が等しいと仮定するかどうかで、検定統計量が異なるので注意が必要である。そこで、まず母分散が等しいと仮定する場合の検定について述べる。

まず、母分散は等しいと仮定されるので、母分散の関係は以下のように表される。

$$\sigma_1^2 = \sigma_2^2 = \sigma^2$$

この2群に共通な母分散 σ^2 を利用して、先ほど示された標本平均の差の分散を表すと、

$$\sigma_{\bar{X}_1 - \bar{X}_2}^2 = \sigma^2 (1/n_1 + 1/n_2)$$

となる。ただし、母分散が分からないので、標本から推定された、

$$\hat{\sigma}_{\bar{X}_1 - \bar{X}_2}^2 = \hat{\sigma}_W^2 (1/n_1 + 1/n_2)$$

を利用する。

標本より不偏分散を求め、上記の共通な分散の不偏推定量 ($\hat{\sigma}_W^2$) を求めると

$$\begin{aligned}
\hat{\sigma}_W^2 &= \frac{(n_1 - 1)\hat{\sigma}_1^2 + (n_2 - 1)\hat{\sigma}_2^2}{(n_1 - 1) + (n_2 - 1)} \\
&= \frac{\sum_{i=1}^{n_1}(X_{i1} - \bar{X}_1)^2 + \sum_{i=1}^{n_2}(X_{i2} - \bar{X}_2)^2}{n_1 + n_2 - 2}
\end{aligned}$$

となる。これは、2つの不偏分散をそれぞれの自由度で重みづけた平均である。ちなみに不偏分散は以下の式で求めることができる。

$$\hat{\sigma}_1^2 = \frac{1}{n_1 - 1} \sum_{i=1}^{n_1}(X_{i1} - \bar{X}_1)^2$$

$$\hat{\sigma}_2^2 = \frac{1}{n_2 - 1} \sum_{i=1}^{n_2}(X_{i2} - \bar{X}_2)^2$$

検定統計量は標本平均の差 ($\bar{X}_1 - \bar{X}_2$) を標準化した形となり、以下のようになる。

BOX 8.2　独立 2 標本の平均の差の検定

　独立 2 標本の平均の差の検定（t 検定）は，関数 `t.test(x,y,var.equal=TRUE)` を利用する。引数の中の `x, y` は 2 標本の各観測値を表す変数名であり，`var.equal=` は母分散が等しいかどうかを指定するオプションである。また検定はデフォルトで両側検定となっている。母分散が等しいかどうかはあらかじめ関数 `var.test(x,y)` を利用して検定しておく。その結果をもとに分散が等しければ `var.equal=TRUE`，そうでなければ `var.equal=FALSE` とする。ここでは BOX8.1 で用いた例を再度利用する。引数には，2 つの群のデータが入った変数名 `exp, cnt` を指定し，さらに等分散性を仮定する `var.equal=TRUE` を指定する。出力例より，有意水準 0.05 とすると p-value の値が 0.01174 であることから有意となり，実験群と統制群とでは平均に違いがあるといえる。

```
t.test(exp,cnt,var.equal=TRUE)
```

出力例
```
> t.test(exp,cnt,var.equal=TRUE)

        Two Sample t-test
data:   exp and cnt
t = 2.6959, df = 28, p-value = 0.01174
alternative hypothesis: true difference in means is not
equal to 0 95 percent confidence interval:
  1.92147 14.07853
sample estimates:
mean of x mean of y
     58.4      50.4
```

母分散が未知（等分散）の場合の検定統計量（t 統計量）

$$t = \frac{\bar{X}_1 - \bar{X}_2 - (\mu_1 - \mu_2)}{\sqrt{\hat{\sigma}^2_{\bar{X}_1 - \bar{X}_2}}} = \frac{\bar{X}_1 - \bar{X}_2}{\sqrt{\hat{\sigma}^2_W \left(\frac{1}{n_1} + \frac{1}{n_2}\right)}} \tag{8.2}$$

　この検定統計量は，標本平均の差の分散を求める際，母分散ではなく標本から得られた不偏分散を利用しているため，自由度 $\nu = n_1 + n_2 - 2$ の t 分布に従う。この後の検定の手続きは母分散が既知の場合と同様である。ただし，統計量が t 分布に従うので，統計表を利用する場合，正規分布表とは異なる付表Bにあるような t 分布表を用いる。有意水準 5% の両側検定を行う場合，付表Bの両側検定の有意水準 .05 の列を選び，さらに自由度（df）に対応する行を選び，双方が交差する値が限界値となる。

　なお，心理学においては t 検定という言葉をよく耳にする。これは，t 分布に従う検定統計量を利用することから呼ばれている名称である。通常 t 検定といえばここで示した独立 2 標本の平均の差の検定を示すことが多い。後に示す対応のある標本の平均の差の検定も t 検定と呼ばれるが，独立な場合と区別して対応のある t 検定と呼ばれる。

8.3.3　例：母分散が未知で等分散の場合

　7 章でも用いたガムを噛むことと記憶力の関係に関する研究を例として考えてみる。この研究では，ガムを噛むことが記憶力テストの成績に影響を与えるかどうかを検討することが目的である。そこで，ガムを噛みながら記憶力テストを受けてもらう実験群 15 名，通常通り記憶力テストを受けてもらう統制群 15 名に対して実験を実施した（仮想実験）。この実験の結果が表 8.1 である。この表中の数字は記憶力テストの得点である。この記憶力テストの平均が実験群と統制群で違いがあるかを検定する。

　母分散は分からないが等しいと仮定できるとすると，(8.2) 式より検定統計量は以下のようになる。

8.3 独立2標本の平均の差の検定

表 8.1 記憶力テストの得点

被験者	実験群	統制群	被験者	実験群	統制群	被験者	実験群	統制群
1	62	70	6	61	57	11	72	56
2	51	50	7	57	36	12	55	48
3	68	56	8	57	45	13	52	40
4	54	50	9	60	50	14	68	52
5	39	55	10	64	45	15	56	46
						平均	58.40	50.40
						不偏分散	8.18^2	8.08^2

$$\hat{\sigma}_W^2 = \frac{(n_1-1)\hat{\sigma}_1^2 + (n_2-1)\hat{\sigma}_2^2}{(n_1-1)+(n_2-1)}$$

$$= \frac{(15-1)\,8.18^2 + (15-1)\,8.08^2}{(15-1)+(15-1)} = 8.13^2$$

$$t = \frac{\bar{X}_1 - \bar{X}_2}{\sqrt{\hat{\sigma}_W^2 \left(\frac{1}{n_1} + \frac{1}{n_2}\right)}} = \frac{58.40 - 50.40}{\sqrt{8.13^2\,(1/15 + 1/15)}} = 2.69$$

この検定統計量は自由度 28 の t 分布に従い，また有意水準 5% 両側検定の上側・下側の限界値は付表 B や統計ソフトウェアの関数の結果より $t_{.05/2}(28) = \pm 2.05$ となる。データから得られた検定統計量 t の値が限界値よりも大きいので帰無仮説は棄却される。したがって検定の結果，実験群と統制群との平均に統計的に有意な違いがあり（$t(28) = 2.69, p < .05$），平均の大きさより実験群のほうが記憶の成績がよいことから，ガムを噛むことが記憶力にプラスに影響を与えるという結論を得ることができる。

8.3.4 母分散が未知で等分散でない場合（ウェルチ–サタースウェイト法）

母分散が未知の場合，いつも等分散を仮定できるわけではない。等分散ではない状況も考えられる。そこで，次に等分散でないと仮定できるときの検定方法について述べる。

基本的な手続きは，等分散の場合と同様である。ただし，等分散が仮定できな

いため近似的な検定統計量を用いる。式の形としては，先の母分散が既知の場合の母分散のところを不偏分散で置き換えたものとなり，以下の式で与えられる。

母分散が未知（等分散でない）の場合の検定統計量（t' 統計量）

$$t' = \frac{\bar{X}_1 - \bar{X}_2}{\sqrt{\hat{\sigma}_1^2/n_1 + \hat{\sigma}_2^2/n_2}} \tag{8.3}$$

この統計量は，近似的に自由度 ν' の t 分布に従うが，自由度が複雑なので注意しなければならない。自由度は以下の式で求めることができる。

$$\nu' = \frac{(\hat{\sigma}_1^2/n_1 + \hat{\sigma}_2^2/n_2)^2}{\frac{(\hat{\sigma}_1^2/n_1)^2}{n_1-1} + \frac{(\hat{\sigma}_2^2/n_2)^2}{n_2-1}} \tag{8.4}$$

8.3.5 等分散の検定

先の独立 2 標本の平均の差の検定において母分散が未知の場合，2 つの標本の母分散が等しいかそうでないかを仮定し，その仮定にもとづいて手続きを進めていった。しかしながら，その仮定が妥当であるかどうかという確認は行われなかった。そこで，ここでは母分散が等しいという仮説が妥当であるかを確認するために用いられる等分散の検定について解説する。

まず，先の 2 群の平均の差の検定と同様に得られたデータは，2 つの正規母集団から無作為抽出されて得られたものとする。それぞれ 2 つの母集団分布を $N(\mu_1, \sigma_1^2)$，$N(\mu_2, \sigma_2^2)$ とし，2 つの標本の大きさをそれぞれ n_1，n_2 とすると，等分散の検定における仮説は以下のようになる。

等分散に関する仮説

帰無仮説 $H_0 : \sigma_1^2 = \sigma_2^2$

対立仮説 $H_1 : \sigma_1^2 \neq \sigma_2^2$

一般的に等分散の検定は両側検定が行われるので上記のような対立仮説となる。この仮説をもとに標本分散の情報を利用して検定統計量を考えなければならない。すでに 6 章の分散比 [→ p.115] で示されたように，不偏分散の比をとっ

8.3 独立 2 標本の平均の差の検定

たものが F 分布に従うことが分かっている。すると検定統計量は以下のようになる。

等分散に関する検定統計量（F 統計量）

$$F = \frac{\hat{\sigma}_1^2}{\hat{\sigma}_2^2} \cdot \frac{\sigma_1^2}{\sigma_2^2} = \frac{\hat{\sigma}_1^2}{\hat{\sigma}_2^2} \tag{8.5}$$

ただし，$\hat{\sigma}_1^2 > \hat{\sigma}_2^2$ となるようにする必要がある。帰無仮説が真であるときは $\sigma_1^2/\sigma_2^2 = 1$ となるため検定統計量は最終的に不偏分散の比となり，自由度 $(n_1 - 1, n_2 - 1)$ の F 分布に従う。

付表 C の F 分布の表を利用する場合，有意水準を $\alpha/2$，分子の自由度 $n_1 - 1$，分母の自由度 $n_2 - 1$ から限界値を読み取り，上記の検定統計量と比較すればよい。

8.3.6 効果量

7 章で扱った効果量は 2 標本の平均の差の検定でも求めることができる。ここでは，多くの場合に当てはまるであろう母分散が未知で等分散であると仮定できる場合を示す。先に求めた共通な分散の不偏推定量を用いると効果量 (g) は以下のとおりである。

母分散未知（等分散）の場合の効果量

$$g = \frac{|\bar{X}_1 - \bar{X}_2|}{\hat{\sigma}_W} \tag{8.6}$$

ただし，

$$\hat{\sigma}_W = \sqrt{\frac{(n_1 - 1)\hat{\sigma}_1^2 + (n_2 - 1)\hat{\sigma}_2^2}{(n_1 - 1) + (n_2 - 1)}}$$

である。この効果量 (g) の解釈は通常のコーエン (1988) の d と同じように考えてよく，0.2 ならば小さい効果，0.5 ならば中程度，0.8 ならば大きい効果といえる。先のガムを噛むことと記憶力のデータの場合の効果量は，

$$g = \frac{|58.40 - 50.40|}{8.13} = 0.98$$

となり，大きな効果があったといえる。

8.3.7 信頼区間

1標本で求めたような平均に関する信頼区間を2標本についても求めることができる。ここでは，母分散が未知で等分散であると仮定できる場合を示す。独立2標本における母平均の差 $(\mu_1 - \mu_2)$ についての $100(1-\alpha)\%$ 信頼区間は以下の式で求めることができる。

母分散が未知（等分散）の場合の信頼区間

$$(\bar{X}_1 - \bar{X}_2) - t_{\alpha/2\,(\nu)}\sqrt{\hat{\sigma}_W^2\left(\frac{1}{n_1} + \frac{1}{n_2}\right)} < \mu_1 - \mu_2$$

$$< (\bar{X}_1 - \bar{X}_2) + t_{\alpha/2\,(\nu)}\sqrt{\hat{\sigma}_W^2\left(\frac{1}{n_1} + \frac{1}{n_2}\right)} \tag{8.7}$$

8.3.8 例：等分散の検定と母分散が未知で等分散ではない場合

中学の英語教育に関してコンピュータを利用した新しい学習法が開発された。この学習法が紙と鉛筆を利用した従来の方法と比べて効果的であるかどうかを検討するために，新しい学習法を利用する群と従来の学習法を利用する群を設定し，それぞれ15名ずつ配分した。それぞれの学習法で2週間学んでもらった後，テストを実施した（仮想実験）。その結果が表8.2である。表中の数字は英語のテストの得点である。このテストの平均が2つの学習法間で違いがあるかどうかを検定する。

まず，母分散が未知で等分散であるかどうか仮定することができないので，等分散の検定を行う。(8.5)式より等分散の検定統計量を求めると，

$$F = \frac{\hat{\sigma}_1^2}{\hat{\sigma}_2^2} = 6.33^2/3.22^2 = 3.86$$

となる。ただし上式では群を表す添え字を無視して不偏分散の値が大きいほう

8.3 独立2標本の平均の差の検定

表 8.2 英語のテスト得点

生徒	新	従来	生徒	新	従来	生徒	新	従来
1	31	27	6	35	35	11	31	26
2	28	20	7	33	30	12	31	27
3	29	23	8	35	34	13	33	32
4	30	24	9	34	34	14	26	18
5	27	19	10	26	18	15	35	35
						平均	30.93	26.80
						不偏分散	3.22^2	6.33^2

を分子に代入している。この検定統計量は自由度 $(14, 14)$ の F 分布に従うことから，有意水準5%の限界値は $F_{.05/2\,(14,\,14)} = 2.98$ となる。**付表C** を利用する場合は，分母の自由度が14である行と分子の自由度が14である列が交差する部分で有意水準 α が .025 となっている段から値を読み取る。ただし，今回の場合は分子の自由度14がないので，脚注[2]のような手続きで値を求める。データから得られた検定統計量 F の値が上記で求められた限界値よりも大きいので帰無仮説は棄却される。したがって検定の結果，2群の母分散は等しくないといえる（$F(14, 14) = 3.86,\ p < .05$）。

次に，2群の母平均の差の検定を行うために，母分散が未知で等分散でない場合の方法である**ウェルチ−サタースウェイト**（Welch-Satterthwaite）**法**を利用する。(8.3) 式より検定統計量は，

$$t' = \frac{\bar{X}_1 - \bar{X}_2}{\sqrt{\hat{\sigma}_1^2/n_1 + \hat{\sigma}_2^2/n_2}} = \frac{30.93 - 26.80}{\sqrt{3.22^2/15 + 6.33^2/15}} = 2.25$$

となる。この検定統計量の自由度は (8.4) 式より，

---

[2] 該当する自由度が表にない場合は，次の方法で値を求める。今，求めたい自由度 x_0 を間に挟む2つの自由度を $x_1,\ x_2$ とする。またそれらに対応する限界値を $y_1,\ y_2$ とする。求めたい自由度 x_0 のときの限界値 y_0 は以下のようにして求めることができる。

$$y_0 = \frac{(y_2 - y_1)}{x_2 - x_1} \times (x_0 - x_1) + y_1$$

$$\nu' = \frac{(\hat{\sigma}_1^2/n_1 + \hat{\sigma}_2^2/n_2)^2}{\frac{(\hat{\sigma}_1^2/n_1)^2}{n_1-1} + \frac{(\hat{\sigma}_2^2/n_2)^2}{n_2-1}} = \frac{(3.22^2/15 + 6.33^2/15)^2}{\frac{(3.22^2/15)^2}{15-1} + \frac{(6.33^2/15)^2}{15-1}} = 20.8$$

で求められる．検定統計量は自由度 20.8 の t 分布に近似的に従うので，有意水準5％両側検定の上側・下側の限界値は $t_{.05/2\,(20.8)} = \pm 2.09$ となる．この限界値は自由度に小数点を含むことから統計ソフトウェアの関数を利用するほうが便利である．

データから得られた検定統計量 t' の値が限界値よりも大きいので帰無仮説は棄却される．したがって検定の結果，学習法によりテスト成績の平均について統計的に有意な違いがあり（$t(20.8) = 2.25$, $p < .05$），平均の大きさより新しい学習法のほうが成績がよいことから，コンピュータを利用した学習法は効果があるという結論を得ることができる．

8.4 対応のある2標本の平均の差の検定

これまでは，2つの標本あるいは群が独立である場合を考えてきた．しかし，2つの標本間に相関があり独立でない場合も考えられる．それに該当するものとしては，まず同一被験者が2つの実験条件を受ける場合である．いわゆる反復測定による計画あるいは被験者内要因計画と呼ばれるものである．次に該当するものが対配分法と呼ばれる計画である．あらかじめ実験の剰余変数になると考えられる変数，たとえばIQなどを測定し，同じ値をとる被験者をペアとし，それぞれを各実験条件に配分するものである．最後に該当するものとしては，双子，親子，兄弟など家族を単位としてペアをつくり実験を行った場合である．先のいずれの場合も，2つの群の間には対応がある．対応のあるデータを表に示したものが表 8.3 である．

このように被験者（ペア）ごとに示されている各条件下の観測値には対応関係があり，ひとまとまりであると考える．先の独立2標本の場合は，各群のデータの順番を各群別々に入れ換えても問題は生じないが，対応のあるデータの場合，対応関係が崩れるため，各群別々にデータの順番を入れ換えると問題が生

8.4 対応のある2標本の平均の差の検定

BOX 8.3　対応のある2標本の平均の差の検定

　対応のある2標本の平均の差の検定（t 検定）は，関数 t.test(x,y,pair=TRUE) を利用する。引数の中の x,y は2標本の各観測値を表す変数名であり，pair=TRUE で対応のある検定を行うことを指定する。ここでは，p.166 の抑うつ検査のデータがファイル ttestdata3.csv として入っているとする。ファイルには処理前のデータが pre，処理後のデータが post という変数名で観測値が入っている。出力例より，有意水準 0.05 とすると p-value の値が 0.002540 であることから帰無仮説は有意となり，処理前と処理後で検査得点の平均に違いがあるといえる。

```
ttestdata3<-read.csv("ttestdata3.csv")
attach(ttestdata3)
t.test(pre,post,pair=TRUE)
```

──出力例──
```
> t.test(pre,post,pair=TRUE)

        Paired t-test

data:  pre and post
t = 3.6665, df = 14, p-value = 0.002540
alternative hypothesis: true difference in means is not
equal to 0 95 percent confidence interval:
 0.3596933 1.3736401
sample estimates:
mean of the differences
              0.8666667
```

表8.3 対応のある2標本データの例

対	条件1	条件2	差
1	X_{11}	X_{12}	X_{d1}
2	X_{21}	X_{22}	X_{d2}
⋮	⋮	⋮	⋮
n	X_{n1}	X_{n2}	X_{dn}

じる。データの順番を入れ換える場合，対応関係が崩れないように被験者のもつ2つの条件下の観測値をひとまとまりとして扱う必要がある。

このような対応のあるデータの場合，独立2標本の検定とは別の検定手続きが必要となる。それが，対応のある2標本の平均の差の検定である。この検定には2種類の計算方法がある。一つは，2群間の相関情報を利用したもの（方法1），もう一つが対ごとの2群間の差を利用したもの（方法2）である。いずれの方法を利用してもよいが，一般的には後者の方法が用いられている。

8.4.1 方 法 1

仮説は，2標本の平均に差があるかということを問題にするので，先の独立2標本の場合と同一である。今回も両側検定を行うので，以下のような方向性を示さない対立仮説となっている。

対応のある2標本の平均の差に関する仮説

帰無仮説 $H_0 : \mu_1 = \mu_2$

対立仮説 $H_1 : \mu_1 \neq \mu_2$

方法1の場合，基本的な手続きは，母分散が等しい独立2標本の場合と同じである。対応のあるデータの場合，同一被験者あるいはそれに準ずるものが対となっているので，2標本間の母分散は等しいと仮定している。ただし，独立2標本と異なり，データに対応関係があるため，2標本間に相関関係が存在することになる。そこで，データより2標本間の相関係数を求め，その情報を利用して検定統計量を求めることになる。

1. 母分散や母相関が既知の場合

母分散や母相関が分かっており，標本平均の差の分散が標本間で独立でない場合，

$$\sigma^2_{\bar{X}_1-\bar{X}_2} = \sigma^2_{\bar{X}_1} + \sigma^2_{\bar{X}_2} - 2\rho_{12}\sigma_{\bar{X}_1}\sigma_{\bar{X}_2}$$

となる。したがって検定統計量は標本平均の差を標準化したものになるので以下のようになる。

> **母分散や母相関が既知の場合の検定統計量（z 統計量）**
>
> $$z = \frac{(\bar{X}_1 - \bar{X}_2) - (\mu_1 - \mu_2)}{\sqrt{\sigma^2_{\bar{X}_1} + \sigma^2_{\bar{X}_2} - 2\rho_{12}\sigma_{\bar{X}_1}\sigma_{\bar{X}_2}}} = \frac{\bar{X}_1 - \bar{X}_2}{\sqrt{\sigma^2_{\bar{X}_1} + \sigma^2_{\bar{X}_2} - 2\rho_{12}\sigma_{\bar{X}_1}\sigma_{\bar{X}_2}}} \quad (8.8)$$

ただし，n はペアの数であり，$\sigma^2_{\bar{X}_1} = \sigma^2_1/n$，$\sigma^2_{\bar{X}_2} = \sigma^2_2/n$ である。また，ρ_{12} は 2 標本間の母相関係数である。

この検定統計量は標準正規分布に従い，帰無仮説が真の下で検定を行うので式中の $\mu_1 - \mu_2$ は 0 となる。この母分散や母相関係数があらかじめ分かっている場合はほとんどないので，実際には次の母分散や母相関係数が未知の場合を利用する。

2. 母分散や母相関係数が未知の場合

通常の対応のある検定では，母分散や母相関係数が未知の場合を利用する。まず，母分散や母相関係数を以下の式で推定する。

$$\hat{\sigma}^2_1 = \frac{1}{n-1} \sum_{i=1}^{n} (X_{i1} - \bar{X}_1)^2$$

$$\hat{\sigma}^2_2 = \frac{1}{n-1} \sum_{i=1}^{n} (X_{i2} - \bar{X}_2)^2$$

$$\hat{\sigma}_{12} = \frac{1}{n-1} \sum_{i=1}^{n} (X_{i1} - \bar{X}_1)(X_{i2} - \bar{X}_2)$$

$$\hat{\rho}_{12} = \frac{\hat{\sigma}_{12}}{\hat{\sigma}_1 \hat{\sigma}_2}$$

上記の不偏推定量を利用して検定統計量を求めると以下のようになる。

> **母分散や母相関係数が未知の場合の検定統計量**
>
> $$t = \frac{(\bar{X}_1 - \bar{X}_2) - (\mu_1 - \mu_2)}{\sqrt{\hat{\sigma}^2_{\bar{X}_1 - \bar{X}_2}}} = \frac{\bar{X}_1 - \bar{X}_2}{\sqrt{\hat{\sigma}^2_{\bar{X}_1 - \bar{X}_2}}} \quad (8.9)$$
>
> $$\hat{\sigma}^2_{\bar{X}_1 - \bar{X}_2} = \hat{\sigma}^2_{\bar{X}_1} + \hat{\sigma}^2_{\bar{X}_2} - 2\hat{\rho}_{12}\hat{\sigma}_{\bar{X}_1}\hat{\sigma}_{\bar{X}_2} \quad (8.10)$$

ただし，$\hat{\sigma}^2_{\bar{X}_1} = \hat{\sigma}^2_1/n$，$\hat{\sigma}^2_{\bar{X}_2} = \hat{\sigma}^2_2/n$ である．

この検定統計量は，自由度 $\nu = n - 1$ の t 分布に従うので，それを利用して検定を行う．先ほどと同じように帰無仮説が真の下で検定を行うので式中の $\mu_1 - \mu_2$ は 0 となる．これ以降の手続きは，独立 2 標本の場合と同じである．また，式をみると分かるように方法 1 では，2 標本間の母相関（ρ）が 0 のとき，独立 2 標本の検定統計量と同じになる．

8.4.2　方 法 2

方法 2 は対となっている観測値の差を求め，その値が 0 かどうかを検定することで，2 群間の平均の差を検定しようとするものである．通常，対応のある平均の差の検定では一般的にこの方法 2 が用いられている．

仮説は，方法 1 と同一でもよいが，差が 0 であることを明確にすると以下のようになる．

> **観測値の差にもとづいた仮説**
>
> 帰無仮説 $H_0 : \mu_d = 0$
>
> 対立仮説 $H_1 : \mu_d \neq 0$

表 8.3 に示したように，対ごとに各条件の観測値の差を計算する．そして，

$$X_{di} = X_{1i} - X_{2i}$$
$$\bar{X}_d = \frac{1}{n}\sum_{i=1}^{n} X_{di}$$
$$\hat{\sigma}^2_d = \frac{1}{n-1}\sum_{i=1}^{n}(X_{di} - \bar{X}_d)^2$$

$$\hat{\sigma}_{\bar{X}_d}^2 = \hat{\sigma}_d^2/n$$

観測値の差にもとづいた検定統計量

$$t = \frac{\bar{X}_d - \mu_d}{\sqrt{\hat{\sigma}_{\bar{X}_d}^2}} = \frac{\bar{X}_d}{\sqrt{\hat{\sigma}_{\bar{X}_d}^2}} \tag{8.11}$$

この検定統計量は自由度 $\nu = n - 1$ の t 分布に従うので，それを利用して検定を行う。先ほどと同じように帰無仮説が真の下で検定を行うので式中の μ_d は 0 となる。この後の手続きは他の検定と同じである。

8.4.3　効果量と信頼区間

対応のある 2 標本による平均の差に関して効果量を求めると以下のようになる。

観測値の差にもとづいた効果量

$$g = d = \frac{|\bar{X}_d|}{\hat{\sigma}_W} = \frac{|\bar{X}_d|}{\sqrt{(\hat{\sigma}_1^2 + \hat{\sigma}_2^2)/2}} \tag{8.12}$$

求められた効果量（g）の解釈は，独立 2 標本で示した効果量と同様である。また，対応のある 2 標本における母平均の差（$\mu_1 - \mu_2$）についての $100(1-\alpha)$ % 信頼区間は以下の式で求めることができる。

観測値の差にもとづいた信頼区間

$$\bar{X}_d - t_{\alpha/2\ (\nu)} \sqrt{\hat{\sigma}_{\bar{X}_d}^2} < \mu_1 - \mu_2 < \bar{X}_d + t_{\alpha/2\ (\nu)} \sqrt{\hat{\sigma}_{\bar{X}_d}^2} \tag{8.13}$$

8.4.4　例：対応のある平均の差の検定

今，抑うつ治療のための新しい心理療法が開発された。この方法の有効性を確認するために抑うつ患者 15 名に対して数週間心理療法が実施された。表 8.4 は心理療法実施前と後での抑うつに関する心理テストの得点を表している（仮想実験）。心理療法に効果があったかを検定によって明らかにする。

表 8.4 抑うつ検査の得点

被験者	事前	事後	差	被験者	事前	事後	差
1	8	9	−1	8	6	5	1
2	7	7	0	9	6	5	1
3	8	6	2	10	7	7	0
4	7	6	1	11	8	7	1
5	7	6	1	12	7	7	0
6	5	5	0	13	7	6	1
7	6	4	2	14	7	5	2
				15	7	5	2
				平均			0.867
				不偏分散			0.915^2

表より差の平均 ($\bar{X}_d$) と不偏分散 ($\hat{\sigma}_d^2$) を利用すると，検定統計量は以下のように計算することができる．

$$t = \frac{\bar{X}_d}{\sqrt{\hat{\sigma}_d^2/n}} = \frac{0.867}{\sqrt{0.915^2/15}} = 3.67$$

検定統計量は自由度 $(15-1)$ の t 分布に従うことから，有意水準 5% 両側検定の上側・下側の限界値は $t_{.05/2\,(14)} = \pm 2.15$ となる．上側限界値は付表 B の両側検定の有意水準が .05 の列と自由度 (df) が 14 の行が交差する値から得られる．t 分布は対称であるので下側限界値は上側限界値にマイナスを加えた値となる．BOX6.2[→ p.113] にあるように統計ソフトウェアの関数を利用しても限界値を求めることができる．

計算の結果，データから得られた検定統計量 t の値が限界値よりも大きいので帰無仮説は棄却される．したがって，新しい心理療法の事前と事後で抑うつ得点に有意な差があったといえる（$t(14) = 3.67, p < .05$）．データを見ると事後の抑うつテストの得点が下がっていることから，検定の結果，新しい心理療法は抑うつ病に効果があるといえる．

8.5 独立2標本の母相関係数の差の検定

平均の差の検定と同じように，独立な2標本それぞれで得られた相関係数に違いがあるかどうかを検定することができる。たとえば今，ある模擬試験における数学と物理のテスト得点があったとしよう。男性100名の2つのテストの間の相関係数は0.76，女性110名の2つのテストの間の相関係数は0.60だったとき，この2つの相関係数に違いがあるかを統計的に検定してみるとする。この検定における帰無仮説は以下のようになる。

独立2標本の相関係数の差に関する仮説

帰無仮説 $H_0 : \rho_1 = \rho_2$

対立仮説 $H_1 : \rho_1 \neq \rho_2$

検定を行うための検定統計量を求めるため，7章の母平均ゼロの検定で解説したフィッシャーのZ変換を用いる。すなわち，2つの標本相関係数の変換後の差の値が近似的に正規分布することを利用する。標本相関係数r_1, r_2それぞれのZ変換後の値をZ_1, Z_2とし，またそれぞれの標本の大きさ（データ数）をn_1, n_2とすると，検定統計量は以下のようになる。

独立2標本の母相関係数の差の検定統計量

$$z = \frac{(Z_1 - Z_2) - 0}{\sqrt{\frac{1}{n_1-3} + \frac{1}{n_2-3}}} = \frac{Z_1 - Z_2}{\sqrt{\frac{1}{n_1-3} + \frac{1}{n_2-3}}} \tag{8.14}$$

上式の分母はZ変換後の2つの値の差に関する標準誤差で標準化された形になっており，検定統計量は標準正規分布に従う。

模擬試験の例を有意水準5%で両側検定してみる。まず2つの相関係数をz変換すると，

$$Z_1 = \frac{1}{2} \ln \frac{1 + 0.76}{1 - 0.76} = 0.996$$

$$Z_2 = \frac{1}{2} \ln \frac{1 + 0.60}{1 - 0.60} = 0.693$$

となり，これを利用して検定統計量を求めると以下のようになる．

$$z = \frac{0.996 - 0.693}{\sqrt{\frac{1}{100-3} + \frac{1}{110-3}}} = \frac{0.303}{0.139} = 2.17$$

有意水準 5% の限界値は $z_{05/2} = \pm 1.96$ である．データから得られた検定統計量 z の値が限界値よりも大きいので帰無仮説は棄却される．したがって検定の結果，2 群の母相関係数に差があるといえる（$z = 2.17$, $p < .05$）．

分散分析入門

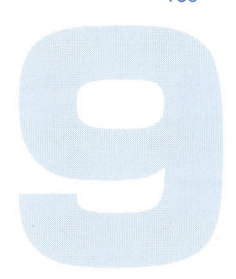

9.1 3標本以上の平均の差の検定

　8章では，実験において統制群と実験群といった2条件に関する平均の差の検定について取り扱った。しかし，実際の実験の場面では実験条件は2つだけとは限らない。

　たとえば，心理学実験の授業でよく取り扱われるミュラー・リヤーの錯視の実験を考えてみる。図 9.1 が実験で用いられる標準刺激である。この実験は矢羽根の角度が錯視量に影響を与えるかどうかを検討するものである。たとえば矢羽根の角度を 60 度，120 度，180 度の 3 つの条件を設定し，それら条件における錯視量の平均に違いがあるかどうかを検討したい場合，3標本の平均の差の検定ということになる。

　3つの条件に関する平均の差の検定を考える場合，まず思いつくのが，3つある条件から2つずつ組み合わせて2標本の平均の差の検定（t 検定）を行う方法で

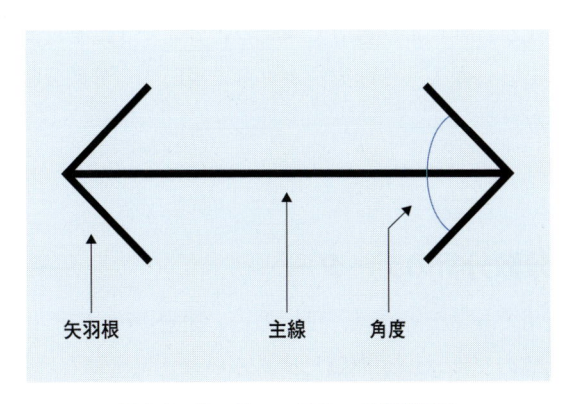

図 9.1　ミュラー・リヤーの錯視図形

ある。つまり，帰無仮説で表すと $H_0: \mu_1 = \mu_2$, $H_0: \mu_1 = \mu_3$, $H_0: \mu_2 = \mu_3$ であり，それぞれについて検定を3回繰り返すものである。この方法ならば，すでに学んだ t 検定を利用すればよいので簡単にできそうである。

しかしながら，この方法には大きな落とし穴がある。実は，ある1つの実験で得られたデータに対して複数回の検定を行うと有意水準を意図した基準で保つことができないのである。今，1回の検定における有意水準（第1種の誤り）を 5% とする。3つの条件間の平均の比較を行う場合，上記で示したように3回検定を繰り返せばよい。すると，それぞれの検定が独立であったとし，3回検定を行ったうち少なくとも1回帰無仮説が正しいのにもかかわらず誤ってしまう確率（第1種の誤り）を求めると以下の式のようになる。

$$\alpha = 1 - (1 - 0.05)^3 = 0.14$$

上式の $(1 - 0.05)$ は，1から有意水準（第1種の誤り）を引いているので正しい判断をする確率になる。そしてそれを3乗すると，検定を行った3回とも正しい判断をする確率となる。1からその確率を引くとそれは3回検定を行ったうち少なくとも1回は誤った判断をする確率，すなわち3回検定を行ったときの有意水準となり，その値は 14% となる。それぞれの検定では有意水準を 5% に設定しているのにもかかわらず，全体では 14% にも上昇してしまうわけである。

この有意水準の問題もあり，2標本の平均の差の検定を利用して3標本以上の平均の差の検定を行うことは適切ではない。そこで3標本以上の場合は他の方法を利用することになる。その方法が本章で説明する**分散分析**（analysis of variance）である。

9.2 分散分析のデータ

分散分析を適用できるデータは，平均の差の検定（t 検定）と同様に観測変数あるいは観測値の尺度水準が間隔尺度あるいは比尺度でなければならない。データがいわゆる質的データである名義尺度や順序尺度の場合は分散分析を利

BOX 9.1　分散分析のデータ

R で分散分析を行う場合，データは 1 要因の場合，どの水準のデータかを表す分類変数（グループ変数）と観測値からなる。表 9.1 の香りと計算課題遂行得点のデータの場合は以下の図 9.2 のように入力する。分類変数は 1 要因の場合は 1 つ，2 要因の場合は 2 つとなる。この例では group が水準を分類する変数である。score は分散分析に利用する観測値である。

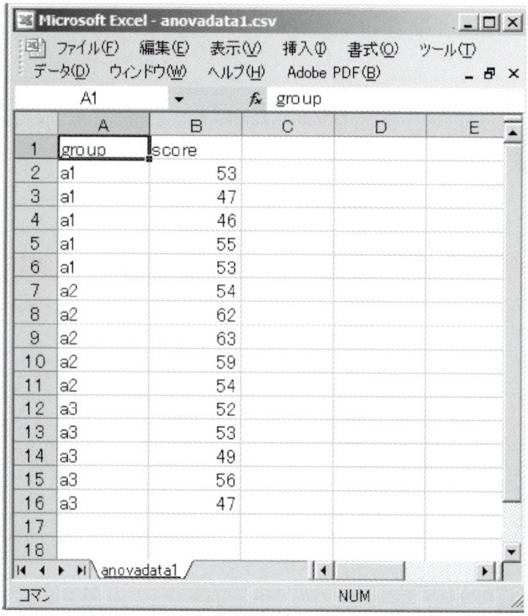

	A	B	C	D	E
1	group	score			
2	a1	53			
3	a1	47			
4	a1	46			
5	a1	55			
6	a1	53			
7	a2	54			
8	a2	62			
9	a2	63			
10	a2	59			
11	a2	54			
12	a3	52			
13	a3	53			
14	a3	49			
15	a3	56			
16	a3	47			
17					
18					

図 9.2　Excel での分散分析データ入力例

用することはできない。

ここでは分散分析の例題として，香りが計算課題遂行に及ぼす影響を調べる実験を取り上げる。実験条件として，無臭，ミントの香り，ローズの香りの 3 条件を設定し，大学生 15 名を各条件に 5 人ずつ無作為に配分する。このような計画は**完全無作為化計画**（complete randomized design）と呼ばれる。被験

者[1]はそれぞれの条件の下で3桁のかけ算の計算問題を解いた。表9.1 はそれぞれの実験条件における各被験者の計算課題遂行得点を整理したものである（仮想実験データ）。分散分析では，この3条件の計算課題遂行得点の平均に違いがあるかどうかを検討する。

分散分析では，実験における独立変数のことを要因（factor）と呼ぶ。この例では香りがそれに相当する。また実験条件それぞれを水準（level）と呼ぶ。この例では，香りという独立変数が1つで，実験条件が3つなので，1要因3水準の分散分析を適用することになる。

表9.1 香りと計算課題遂行得点

	無臭	ミント	ローズ	全体
	53	54	52	
	47	62	53	
	46	63	49	
	55	59	56	
	53	54	47	
平均	50.80	58.40	51.40	53.53
不偏分散	16.20	18.30	12.30	26.12

表9.2 要因分散分析のデータ

水準（グループ）

	a_1	......	a_j	......	a_p
1	X_{11}		X_{1j}		X_{1p}
⋮	⋮		⋮		⋮
i	X_{i1}	......	X_{ij}	......	X_{ip}
⋮	⋮		⋮		⋮
n	X_{n1}	......	X_{nj}	......	X_{np}
平均	$\bar{X}_{\cdot 1}$		$\bar{X}_{\cdot j}$	......	$\bar{X}_{\cdot p}$

---

[1] 本書では被験者という言葉を利用するが，近年は実験参加者（実験協力者）という言葉を利用するほうがよいとされている。

表9.1を一般化して、水準の数がp個、各水準に対して無作為に割り当てる被験者の数をnとすると、表9.2のようになる。水準のことをグループあるいは群と呼ぶこともある。ちなみに各水準に割り当てられた被験者は分散分析では「繰返し」という。また、表9.2のX_{ij}は第j番目の水準の第i番目の繰返しにおける観測値を表している。さらに$\bar{X}_{\cdot j}$は第j番目の水準の平均を表している。この平均のことを水準平均、グループ(群)平均、処理平均と呼ぶ。添字の・は、その要素を通して平均したことを表している。全体平均は$\bar{X}_{\cdot\cdot}$となる。

9.3 分散分析の基本的な考え方

9.3.1 帰無仮説

分散分析で疑問となる点は、平均の差の検定を行うのになぜ分散という言葉が使われているのか、そしてどのようにして3つ以上の条件の平均を比較することができるのかということである。本節ではこの疑問に答えるため分散分析の基本的な考え方について紹介する。

分散分析における**帰無仮説**(H_0)と**対立仮説**(H_1)は、各水準における母平均を$\mu_1, \mu_2, \ldots\ldots, \mu_p$とすると以下のようになる。

1要因分散分析の仮説

帰無仮説 $H_0 : \mu_1 = \mu_2 = \ldots\ldots = \mu_p$

対立仮説 $H_1 :$ すべてのμ_jが等しいとはいえない。

分散分析の仮説において注意すべき点は、対立仮説の意味である。帰無仮説は「すべての水準の母平均が等しい」であるので、その否定は、「すべての水準の母平均が等しいとはいえない」ということになる。よくこの解釈を間違えてしまうことがあるが、これは、すべての水準の母平均が必ずしも異なることを意味しているのではない。たとえば、さきほどの香りと計算課題遂行の実験の場合、無臭とローズの母平均は等しくて、無臭とミント、ローズとミント間では母平均が異なる場合も対立仮説に含まれることになる。つまり、少なくともある1つ以上の水準間の組合せにおいて母平均が異なれば、たとえそれ以外の

水準間の母平均が等しくてもよいのである。

また，仮説をみると分かるように，2標本の平均の差の検定と同様に，分散分析の最終的な関心は母集団の平均であって標本の平均ではないことに注意する必要がある。

9.3.2 平方和分解

上記の帰無仮説を検定するために検定統計量を導き出す必要がある。そのための準備として，まず観測値 (X_{ij}) を (9.1) 式のようにいくつかの成分に分解することを考える。

観測値の分解

$$X_{ij} = \bar{X}_{..} + (\bar{X}_{.j} - \bar{X}_{..}) + (X_{ij} - \bar{X}_{.j}) \tag{9.1}$$

観測値 = 全体平均 + (処理効果) + (誤差)

(9.1) 式では，処理効果や誤差を偏差として表現しているが，観測値からその平均を引くような形式なので，観測値全体の和をとった場合，値が0となり偏差そのものの大きさを評価することができない。そこで，分散ですでに学んだように，**平方和**と呼ばれる偏差を2乗しその和をとる指標を利用することで効果の大きさを表現する。(9.1) 式の右辺の最初の項である $\bar{X}_{..}$ を左辺に移動し，両辺を2乗し，添字に関して和をとり整理すると (9.2) 式のようになる。

平方和分解

$$\sum_{j=1}^{p}\sum_{i=1}^{n}(X_{ij} - \bar{X}_{..})^2 = \sum_{j=1}^{p}\sum_{i=1}^{n}\left[(\bar{X}_{.j} - \bar{X}_{..}) + (X_{ij} - \bar{X}_{.j})\right]^2$$
$$= n\sum_{j=1}^{p}(\bar{X}_{.j} - \bar{X}_{..})^2 + \sum_{j=1}^{p}\sum_{i=1}^{n}(X_{ij} - \bar{X}_{.j})^2 \tag{9.2}$$

(9.2) 式の左辺は個々の観測値 X_{ij} が，全体平均 $\bar{X}_{..}$ の周りでどの程度ばらついているかを示す量で，**全体平方和** (total sum of squares) と呼ばれる。ここでは SS_T と表記する。

9.3 分散分析の基本的な考え方

上式右辺第 1 項は，グループ平均 $\bar{X}_{\cdot j}$ 自体が全体平均 $\bar{X}_{\cdot\cdot}$ の周りでどの程度ばらついているかを表す量であるので，**グループ間平方和**（級間平方和：between-groups sum of squares）と呼ばれる。つまり水準の違いにもとづくばらつきを表す。ここでは SS_A と表記する。

右辺第 2 項は，個々の観測値 X_{ij} が，グループ平均（水準平均）$\bar{X}_{\cdot j}$ の周りでどの程度ばらついているかを表す量であることから，**グループ内平方和**（級内平方和：within-groups sum of squares）とか処理内平方和などと呼ばれる。これは各グループ内で被験者がどの程度ばらついているかといいかえてもよい。このグループ内平方和は誤差変動を表すことから SS_e と表記する。

以上をまとめて全体平方和の分解公式を示すと (9.3) 式となる。

平方和分解まとめ

$$SS_T = SS_A + SS_e$$

全体平方和 ＝ グループ間平方和 ＋ グループ内平方和 \hspace{1em} (9.3)

全体変動 ＝ 処理変動 ＋ 誤差変動

上式のグループ間平方和は，グループ間，すなわち水準間の平均に違いがあれば大きな値をとり，水準間の平均がすべて等しければ 0 になる。したがって，水準間の平均に違いがあるかどうかを評価するには，このグループ間平方和を見ればよいことが分かる。

9.3.3　平均平方と F 統計量

確かにグループ間平方和の大きさから水準の平均に違いがあるかどうかを判断することができるが，平方和は水準の数や繰返しの数に依存している。そのため，たとえばグループ間平方和は水準の数が増えると，その値も大きくなる可能性がある。そこで各平方和を対応する自由度で割った**平均平方**（mean square）を利用して水準間の平均の違い（処理効果）を評価する。この平均平方は分散の推定値という意味をもち，分散分析の言葉の由来でもある。各平方和の平均平方は (9.4) (9.5) 式のようになる。

平均平方

$$MS_A = \frac{SS_A}{df_A} = \frac{SS_A}{p-1} \tag{9.4}$$

$$MS_e = \frac{SS_e}{df_e} = \frac{SS_e}{p(n-1)} \tag{9.5}$$

　この分散の推定値である平均平方を利用すれば，分散を用いるのにもかかわらず水準間の平均に違いがあるかどうかを見極めることができる．しかし問題は，グループ間平均平方和の大きさがどの程度であれば水準間の平均に違いがあると判断できるかである．つまり，グループ間の平均に違いがあるかないかをグループ間平均平方の大きさを利用して判断するための基準が必要なのである．

　この基準で利用されるのが，グループ内平均平方，つまり誤差分散に関する情報である．これはグループ内の繰返しの中でのばらつきで，いわゆる偶然にもとづく誤差のばらつきである．このグループ内平均平方とグループ間平均平方の大きさを比較して，グループ間平均平方が大きければグループ間の平均に違いがあるとする．

　平均平方の大きさの比較のために両者の比をとることにする．これが分散分析における **F 統計量** である．

分散分析の F 統計量

$$F = \frac{MS_A}{MS_e} \tag{9.6}$$

　上式の F 統計量は，帰無仮説が真の場合，分子の自由度が $\nu_1 = df_A$，分母の自由度が $\nu_2 = df_e$ の F 分布 $F(\nu_1, \nu_2)$ に従う．

　分散分析の結果は表として整理することができる．**表 9.3** は 1 要因の分散分析表を一般化して示したものである．実際の検定は，**表 9.3** で求められた F とあらかじめ決められた有意水準 α における限界値 $F_{\alpha(\nu_1,\,\nu_2)}$ とを比較することで行われる．すなわち，$F \geq F_{\alpha(\nu_1,\,\nu_2)}$ ならば帰無仮説 H_0 を棄却し，もし $F < F_{\alpha(\nu_1,\,\nu_2)}$ ならば帰無仮説を採択する．

　ここで $F_{\alpha(\nu_1,\,\nu_2)}$ は（分子，分母）の自由度が (ν_1, ν_2) の F 分布の上側確

9.3 分散分析の基本的な考え方

表 9.3　要因の分散分析表

変動要因	SS（平方和）	df（自由度）	MS（平均平方）	F値
グループ間変動（処理）	SS_A	$v_1 = p-1$	MS_A	$F = \dfrac{MS_A}{MS_e}$
グループ内変動（誤差）	SS_e	$v_2 = p(n-1)$	MS_e	
全体	SS_T	$pn-1$		

率 α を与える点で，有意水準 α（たとえば5％とか1％）の限界値とか**臨界値**（critical value）と呼ばれる（$F_{0.05\,(2,\,36)}$ などと書く）。また，この臨界値以上の領域は（帰無仮説の）「棄却域」と呼ばれる。F分布の限界値は**付表 C** の F 分布の表か **BOX6.3**[→ p.117] に示した方法を利用して求める。

9.3.4 効果の大きさ

2標本の検定で示したような効果量に相当する指標が分散分析にも存在する。検定によって処理効果が有意だとしても，その処理効果の大きさそのものを評価することはできない。そこで，効果の大きさを示す指標としてよく利用されるのが ω^2 である。この指標は以下の式で推定することができる。

> **1要因分散分析の効果の大きさの指標**
>
> $$\hat{\omega}^2 = \frac{SS_A - (p-1)\, MS_e}{SS_T + MS_e} \tag{9.7}$$
>
> $$= \frac{(p-1)\,(F-1)}{(p-1)\,(F-1) + np} \tag{9.8}$$

これは相関比と似たもので，独立変数である各水準と従属変数である観測値との間の関連性の度合いを表したものである。コーエン（1988）によれば ω^2 が .010 であれば小さな関連，.059 であれば中程度の関連，.138 であれば大きな関連となる。

9.4 1要因分散分析の例

それでは，表 9.1 で示された香りが計算課題遂行に及ぼす影響を調べる実験のデータを分析してみる．まず，平方和を計算する必要がある．各平方和は以下のようにして求めることができる．

$$SS_T = \sum_{j=1}^{p}\sum_{i=1}^{n}(X_{ij}-\bar{X}_{..})^2 = (53-53.53)^2 + (47-53.53)^2 + \cdots\cdots$$
$$+ (47-53.53)^2 = 365.73$$

$$SS_A = \sum_{j=1}^{p}\sum_{i=1}^{n}(\bar{X}_{.j}-\bar{X}_{..})^2 = 5\times(50.80-53.53)^2 + 5\times(58.40-53.53)^2$$
$$+ 5\times(51.40-53.53)^2 = 178.53$$

$$SS_e = SS_T - SS_A = 187.20$$

上記の結果を分散分析表として整理すると表 9.4 のようになる．自由度が 2 と 12 のときの上側 5% の F 分布の値は，付表 C の分子の自由度が 2 の列で，分母の自由度が 12 となる行の有意水準（α）が .05 となる段の値を読み取ればよい．すると限界値は $F_{.05(2,12)} = 3.89$ となる．したがって $F > F_{.05(2,12)}$ でグループ間変動は有意となり帰無仮説が棄却される．つまり各水準の平均はすべて同じではないことになる．ちなみに，統計ソフトウェアを利用して分散分析を行った場合，F 値に加え，その F 値がとるときの有意確率 p 値も計算してくれる．この例題の場合は，$p = 0.018$ である．この値は有意水準 5% である 0.05 よりも小さいので有意であると結論づけることができる．

したがって，上記の結果から，香りが計算課題遂行に影響を与えるといえる（$F(2,12) = 5.72, p < .05$）．また (9.7) 式を利用して効果の大きさを計算する

表 9.4　例題 1 の要因分散分析表

Source（変動要因）	SS（平方和）	df（自由度）	MS（平均平方）	F 値
グループ間変動（処理）	178.53	2	89.27	5.72
グループ内変動（誤差）	187.20	12	15.60	
全体	365.73	14		

BOX 9.2　1要因の分散分析

　1要因の分散分析は関数 anova( ) を利用すると簡便な分散分析表を得ることができる。関数の引数部分には，~ の左辺に観測値の変数を右辺に要因の中の水準を分類する変数を指定する。香りと計算課題遂行のデータ (anovadata1.csv) の場合は，観測値が score, 分類変数が group である。出力された分散分析表は本文とほぼ同じものが出力されている。

```
anova1dat<-read.csv("anovadata1.csv")
attach(anova1dat)
anova(lm(score ~ group))
```

――出力例――
```
Analysis of Variance Table

Response: score
           Df  Sum Sq Mean Sq F value  Pr(>F)
group       2 178.533  89.267  5.7222 0.01798 *
Residuals  12 187.200  15.600
---
Signif. codes:  0 '***' 0.001 '**' 0.01 '*' 0.05 '.' 0.1 ' ' 1
```

と $\omega^2 = 0.386$ となり，十分に大きな効果があることが分かる。

9.5　多重比較

9.5.1　オムニバス F 検定と多重比較

　分散分析の結果，帰無仮説が棄却された場合に，具体的には水準間の平均についてどのようなことがいえるのだろうか。帰無仮説が棄却されたときいえることは「各水準の（母）平均がすべて同じ値であるとはいえない」ということ

である．しかしどの水準の平均とどの水準の平均に差があるのかということについてはとくに何も決められない．

このように，1 要因の分散分析における検定の帰結は，全平均の同一性が否定されるか，（証拠不足で）否定されない，のどちらかである．分散分析でのすべての水準にわたる平均の同一性を帰無仮説とした検定を**オムニバス**（omnibus）**F 検定**という．

すでに述べたようにオムニバス F 検定は（仮に帰無仮説が棄却され，要因 A は確かに水準平均を異ならせるような効果をもったということが認定されたとしても）水準平均間の具体的な差については何も情報をもたらしてくれない．このような事情から，グループ間要因（要因 A）の効果の検定の後，効果が有意であると判定された場合には，水準間の平均の差についてより詳しく比較検討する必要がある．つまり具体的にどの水準とどの水準の間の平均の差が統計的に意味のある差であるのかを，多くの組合せについて繰返し検定していかなければならない．

ただ，そのような形で検定を多く行うと，第 1 種の誤り（有意水準）を犯す確率も累積する，という新たな問題が生じる．この問題に対処し，第 1 種の誤りの累積をうまく調整しながら，平均の比較を繰返し行う手続きが**多重比較**（multiple comparison）である．

9.5.2 テューキー法

オムニバス F 検定後の多重比較としてよく利用される方法が**テューキー法**（Tukey's HSD test）である．厳密にいうとテューキーの HSD 法である．多重比較では**スチューデント化された範囲統計量**（Studentized range statistic）（q）がよく利用される．

---
q 統計量

$$q = \frac{\bar{X}_{.j} - \bar{X}_{.j'}}{\sqrt{\frac{MS_e}{n}}} \tag{9.9}$$

9.5 多重比較

> **BOX 9.3　多重比較**
>
> 本文で紹介したテューキーの HSD を利用するには関数 TukeyHSD( ) 関数を利用する。引数には 1 要因の分散分析のモデルをそのまま入力すればよい。
>
>   TukeyHSD(aov(score ~ group))
>
> ─ 出力例 ─
> ```
> Fit: aov(formula = score ~ group)
>
> $group
>        diff         lwr        upr      p adj
> a2-a1   7.6   0.9356787  14.2643213 0.0256938
> a3-a1   0.6  -6.0643213   7.2643213 0.9687788
> a3-a2  -7.0 -13.6643213  -0.3356787 0.0394358
> ```

この q 統計量を対比較する水準間の平均を用いて計算し，あらかじめ自由度 (df) と水準数 (k) によって用意された q 統計量に関する統計表（付表 D）または統計ソフトウェアの関数を用いて $q_{.05\,(k,\,df)}$ を求めて検定を行う。つまり $|q|$ が $q_{.05\,(k,\,df)}$ 以上であれば帰無仮説を棄却する。

先の香りと計算課題遂行のデータを分析してみる。それぞれの水準の組合せにおける q 統計量は以下のようになる。

無臭対ミント　　$q = \dfrac{50.80 - 58.40}{\sqrt{\dfrac{15.67}{5}}} = -4.29$

無臭対ローズ　　$q = \dfrac{50.80 - 51.40}{\sqrt{\dfrac{15.67}{5}}} = -0.34$

ミント対ローズ　$q = \dfrac{58.40 - 51.40}{\sqrt{\dfrac{15.67}{5}}} = 3.95$

q 統計量に関する統計表や統計ソフトウェアの関数より有意水準 5% で水準数 3，自由度 12 のとき $q_{.05\,(3,\,12)} = 3.77$ であるから，無臭対ミント，ミント対ローズにおいて有意となり，それらの平均に違いがあるという結論となる．付表 D を利用するときは，水準数 k が 3 の列と自由度 df が 12 で有意水準 .05 の行が交差する値から限界値を求める．上記のように q 統計量で検定せずに，

$$W = q_{.05\,(k,\,df)} \sqrt{\frac{MS_e}{n}}$$

で計算される平均の最小有意差を求めて，各水準間の平均の差をこの最小有意差と比較して検定することもある．上記の例だと，この最小有意差は 6.66 となる．

9.5.3 ライアン法

テューキー法よりもさらに検定力の面ですぐれた方法がある．それがライアン法（Ryan procedure）である．ライアン法はライアン（1959, 1960）によって提案されたものであるが，その後エイノットとガブリエル（1975）やウェルチ（1977）らによって，改良を加えられたので，彼らの名前の頭文字をつなげて REGW 法とも呼ばれる．統計ソフトウェアによっては q 統計量を用いたものを REGWQ 法，F 統計量を用いたものを REGWF 法としているものもある．

ライアン法は，後ほど説明するステップ数という概念を用い，そのステップ数に応じて有意水準 α を調整するものである．この方法には q 統計量を用いたものと F 統計量を用いたものがあるが，ここではテューキー法でも利用した q 統計量による方法を紹介する．

今，水準の数が 5 つの 1 要因分散分析のデータがあったとする．各水準の平均を大きさの順に並び替え，さらに 2 つの水準間の平均の差を整理したものが表 9.5 である．

表の右端にある r がステップ数である．たとえば $\bar{X}_1$ と $\bar{X}_5$ の比較の場合，これら 2 つの平均の間には，それ自身を含めて 5 つの平均が存在することになる．この数をステップ数と呼んでいる．表では同一のステップ数となる箇所を点線で結んでいる．

9.5 多重比較

表 9.5 ライアン法：平均の差

		$\bar{X}_1$ 50.80	$\bar{X}_2$ 51.40	$\bar{X}_3$ 55.40	$\bar{X}_4$ 58.40	$\bar{X}_5$ 62.40	r
$\bar{X}_1$	50.80	—	0.60	4.60	7.60	11.60	5
$\bar{X}_2$	51.40		—	4.00	7.00	11.00	4
$\bar{X}_3$	55.40			—	3.00	7.00	3
$\bar{X}_4$	58.40				—	4.00	2

表 9.6 ライアン法の数値例

水準の組合せ	r	$|q|$	α_r	限界値	有意
$\bar{X}_5$ 対 $\bar{X}_1$	5	6.59	.0500	4.23	○
$\bar{X}_5$ 対 $\bar{X}_2$	4	6.25	.0500	3.96	○
$\bar{X}_4$ 対 $\bar{X}_1$	4	4.32	.0500	3.96	○
$\bar{X}_5$ 対 $\bar{X}_3$	3	3.98	.0303	3.92	○
$\bar{X}_4$ 対 $\bar{X}_2$	3	3.98	.0303	3.92	○
$\bar{X}_3$ 対 $\bar{X}_1$	3	2.61	.0303	3.92	—
$\bar{X}_5$ 対 $\bar{X}_4$	2	2.27	.0203	3.57	—
$\bar{X}_5$ 対 $\bar{X}_3$	2	1.70	.0203	3.57	—
$\bar{X}_3$ 対 $\bar{X}_2$	2	2.27	.0203	3.57	—
$\bar{X}_2$ 対 $\bar{X}_1$	2	0.34	.0203	3.57	—

ライアン法で用いる q 統計量，はテューキー法で用いた (9.9) 式を利用する。有意水準 α の調整はウェルチ (1977) の方法を利用する。p を水準数とすれば，$r = p, p-1$ のときは最初に設定する有意水準 α，すなわち $\alpha_r = \alpha$ とし，$2 \leq r \leq p-2$ のとき $\alpha_r = 1 - (1-\alpha)^{r/p}$ とする。

表 9.5 で示したデータに対してライアン法を適用した結果が表 9.6 である。ちなみに，各水準の繰返し数は $n = 5$ であり，分散分析の結果 $df = 20$，$MS_e = 15.48$ であることが分かっている。また有意水準は $\alpha = .05$ とする。ちなみに限界値 $q_{\alpha_r, (r, df)}$ は統計ソフトウェア R の場合，qtukey (α_r, r, df) で求めることができる。各水準の組合せの $|q|$ 値が限界値より大きな値であれば有意となる。

9.6 分散分析の仮定

本章で紹介した分散分析は以下の3つの仮定を前提として作られている。1つめは等分散性（homogeneity of variance）である。これは各水準の母分散がすべて等しいという仮定である。分散分析はこの等分散性に関して頑健性があるといわれており，通常は各水準の繰返し数を等しくしていれば問題はない。もし，標本分散が異なっていても，もっとも大きな標本分散ともっとも小さい標本分散の比が3倍を超えていなければ，そのまま分散分析を行ってもよい（ボックス，1954）。

2つめは正規性（normality）で，各水準の母集団分布が正規分布しているという仮定である。これは t 検定のときと同じ仮定である。この仮定を満たすには各水準の繰返しの数は12以上であることが望ましい（タン，1982）。

3つめは独立性（independence of observations）（無作為化）である。すなわち水準内の繰返し間，つまり観測値間の独立性を意味している。この仮定は，被験者を無作為抽出したり，各条件に無作為に割り当てることで満たされるものである。

実際に分散分析を利用する際は，データが上記の仮定を満たすように収集されているかどうかをチェックする必要がある。

少し複雑な分散分析

10.1 要因計画の導入

　9章では主に要因の数が1つの場合の分散分析の説明を行った．つまり実験計画における<u>独立変数</u>が1つの場合である．ミュラー・リヤーの錯視の実験ならば，矢羽根の角度だけを変化させる場合である．しかしながら，実際の実験では独立変数が1つだけではなく2つ以上を扱う場面も考えられる．たとえば，ミュラー・リヤーの錯視実験で，矢羽根の角度だけでなく長さも取り上げるなどといった場合である．

　このように，従属変数に影響を与える要因が2つ以上考えられるとき，その2つの要因を同時に取り上げ，各要因の水準を総当たり式に組み合わせた条件すべてを用いて実験を行うことになる．このような計画は<u>要因計画</u>（factorial design）と呼ばれ，1要因の実験では得られないような，新たな情報が得られることになる．ここではまず，2つ以上の要因を同時に扱うという考え方がなぜ必要になるのかを仮想実験をもとに説明する．

10.2 2つの要因を検討する実験

10.2.1 ご飯に合うおかずと漬け物

　炊きたての白いご飯．あなたは何と一緒に食べるのが好きだろう？　おかずは何が好き？　漬け物は何が好き？　もちろん給食の献立を考える栄養士であれば，どのようなおかずのときにもっともご飯が美味しく食べられるかを調べることは，立派な研究課題である．

　食べ盛りの中学生を対象に実験してみることにしよう．まず，おかずとして

はグラタン，ハンバーグ，カレーを考える。おかずが3つの水準をもつ要因 A ということになる。ここで「ご飯のおいしさ」という従属変数は，ご飯がおいしかったかどうかの主観的判定や，実際にご飯を食べた量などが考えられる[1]。1要因の実験で，生徒を，ハンバーグ，カレー，グラタンのいずれかのメニューに無作為に割り当てる。これが9章で学んだ無作為化の考え方である。仮に分散分析の結果カレーが一番人気があったとする。

次に漬け物は何がよいかを考える。これは食欲に影響を与える第2の独立変数であり，要因 B とする。漬け物としては，福神漬け，キムチという2水準を用意し，対照のために，何も添えない条件も用意する。同じく1要因の実験で生徒を各条件に無作為に割り当てる。分散分析の結果，キムチが一番評判がよかったとする。

それでは，おかずと漬け物の組合せは何がよいだろう？ おかずで人気のカレーと，漬け物で人気のキムチを一緒に出したら，さぞかし生徒たちの食が進むに違いない。しかしあなたはこの給食を食べたいと思うだろうか[2]？

10.2.2 ある教訓

ある現象（ある結果または従属変数）に寄与している要因を調べるための基本は，寄与していそうな要因をただ1つ取り上げ，それを系統的に変化させる（他の要因は恒常化する，あるいは無作為化の手続きによって確率誤差に転化するという条件下で）ことである。

現象についての理論を精緻化するためには，取り上げる要因を1つに限らず，複数を取り上げて検討しなければならない。しかしこのとき，1要因ずつ個別

---

[1] とくに人間行動を扱う分野では，従属変数自体が構成概念である場合も多く，その構成概念を精度良く測定するために適切な従属変数の測度が何であるかは，研究領域固有の技術的・理論的な見地から決まるものである。

[2] この例題は，「こんな給食食べたくない」と感じる方が大半であることを想定して作ったものである。もちろん中には辛いモノが大好きで，カレーにキムチが一番という人がいても不思議はない。人の好みはさまざまで，これが心理学者の扱っているいわゆる個人差である。しかし完全無作為計画の実験では，この個人差は誤差項に含めて考えられてしまう。その扱いは実は必ずしも効率のよい方法ではない。個人差をより積極的に実験デザインに取り込み，精度の高い実験を行う方法は，本章の後半で紹介する。

に取り上げた検討では，見落としが生じてしまう可能性がある。先の例のように「おかず」と「漬け物」の特定の水準どうしに特定の「組合せ効果」が生じる可能性があるからである。では，どのようにするのがよいのだろうか。

そこで問題を定式化しておく。「おいしさ（＝中学生が感じる食欲）」を従属変数とする実験で，従属変数に影響を与える要因として，先の1要因実験から，
- 要因 A：おかずの種類（グラタン，ハンバーグ，カレーの3水準）
- 要因 B：漬け物の種類（なし，福神漬け，キムチの3水準）

が考えられる。それぞれの要因が実際に中学生が感じる食欲にどのような影響を与えるか調べたい[3]。どのような実験を行うのがよいのだろうか？

10.2.3 実験計画の改善

2つの要因の各水準を以下のようにすべて組み合わせた実験を考えてみる[4]。
- $a_1 - b_1$（グラタン ― なし），$a_1 - b_2$（グラタン ― 福神漬け），
- $a_1 - b_3$（グラタン ― キムチ）
- $a_2 - b_1$（ハンバーグ ― なし），$a_2 - b_2$（ハンバーグ ― 福神漬け），
- $a_2 - b_3$（ハンバーグ ― キムチ）
- $a_3 - b_1$（カレー ― なし），$a_3 - b_2$（カレー ― 福神漬け），
- $a_3 - b_3$（カレー ― キムチ）

つまりこの計（$3 \times 3 =$）9条件での実験を行うことになる。各条件に1要因の場合と同様の要領で計 $9 \times n$ 人の生徒を n 人ずつ無作為に割り当てて実験を行う。そして上記の9条件のうち，どの組合せでもっとも「ご飯が美味しい」と判定されるかを検討するわけである。

10.3 要因計画とは

このように考慮した複数の要因の水準を総当たり式に組み合わせた実験計画

---
[3] 教育心理学の実験で，要因 A が教材の難易度，要因 B が教授法のようなものになり，従属変数が学習効率であるような設定を考えることと同じである。
[4] 2つの要因を「かけ算的」に組み合わせると考えてもよいかもしれない。

を，要因計画（factorial design）という．取り上げた要因が2個で，生徒を各条件に無作為に配分していることから，この場合は「2要因完全無作為化計画」の実験である．

　このような要因計画の実験を考えることによって改善されるもっとも大きな点は，要因 A の効果と要因 B の効果の他に，2つの要因の交互作用（interaction）の効果について検討できることである．交互作用とは，複数の要因の特定水準間の特殊な組合せ効果のことであると理解しておけばよい．

　もし，従属変数に影響を与える要因が複数想定され，さらに取り上げた要因の間に交互作用がある場合，完全無作為化法（1要因）の実験では，十分な情報を得ることができないことがあるので注意しなければならない．

> **交互作用**
>
> 　ある要因の水準効果が，他の要因の水準がどうであるかによって異なることがある．このことは，いくつかの要因の水準の組合せに対し，特別に生じる「組合せ」効果があるということを意味する．このときこれらの要因の間には交互作用が存在するといい，その効果を要因の間の**交互作用効果**（interaction effect）という．

　仮に「おかずの種類」と「漬け物」の間に特別な組合せ効果があっても，この2要因の水準を総当たり式に組み合わせて実験すれば，見落としは生じない．ただし，この見落としが生じないという利点のために，必要とされる被験者の数は増えてしまう．

10.4　1要因計画（完全無作為化法）と2要因以上の計画（要因計画）の違い

　9章で扱った方法は**完全無作為化法**（1要因計画）と呼ばれ，従属変数に影響を与える要因をただ1つだけ独立変数として取り上げて，その要因の水準のみを操作する計画である．

　それに対して要因計画とは，従属変数に影響を与える要因を2つ（以上）独立変数として取り上げ，それらの独立変数を同時に操作し，すべての水準の組

合せにわたって処理条件とした測定を行う計画である。

この計画では，要因 A に関する p 個の水準と要因 B に関する q 個の水準を総当り式に組み合わせた要因計画の実験のことを，取り上げる要因の水準数 p, q を前に付して，$p \times q$ 要因計画とか $p \times q$ 要因配置の実験（計画），$p \times q$ の 2 要因配置計画の実験，などと呼ぶ。また，上記の実験計画を分析するための分散分析を **2 要因分散分析** という。

10.5 要因計画から得られる基本的な情報

10.5.1 （独立変数の）単純主効果（simple main effect）

要因計画から得られる情報は，1 要因に比べて豊かである。ここでは 2 要因計画の実験から得られる情報をまとめるてみる。

2 要因の実験を，以下のように個々の水準ごとに見た 1 要因の実験（一方の要因の水準をどこかに固定した 1 要因の実験）に分解して考える。たとえば要因 B の水準をどれかに固定した要因 A に関する 1 要因の実験を考える。1 要因の実験が，要因 B の各水準 b_1, b_2, b_3 について 1 個ずつ得られる。

上記のように分解された 3 つの実験それぞれの中で，要因 A の（水準の）効果のことを要因 A の **単純主効果**（simple main effect）という。したがって，要因 B の各水準を固定したときの単純主効果は，b_1 における要因 A の単純主効果，b_2 における要因 A の単純主効果，b_3 における要因 A の単純主効果の 3 つが考えられる。同様に要因 A の水準を固定した要因 B に関する単純主効果も考えられる。

10.5.2 交互作用効果（interaction effect）

個々に見た 1 要因の実験での要因 A（や要因 B）の単純主効果を，分割に用いた他方の要因の水準間で相互に比較することにも関心があるとする。この問に答えるのが交互作用の分析である。

交互作用がない場合とは，個々に見た 1 要因の実験での当該要因の単純主効果が，（分解に用いた他方の要因の）各水準間で等しい状態である。他方，交互

作用がある場合とは，個々に見た 1 要因の実験での当該要因の単純主効果が，(分解に用いた他方の要因の) 各水準間で異なる状態のことを示す．

10.5.3 主効果（main effect）

要因 A の主効果とは，個々に見た 1 要因の実験における要因 A の効果を平均したもののことである（要因 B を分割した場合）[5]．

つまり，要因 A の主効果は，要因 B の水準の違いを無視した場合の要因 A の（総合的）効果のことである．基本的には 1 要因計画のときの要因の効果と同じ意味になる．

---
2 要因分散分析の効果のまとめ
- 要因 B の各水準における要因 A の単純主効果，要因 A の各水準における要因 B の単純主効果．
- 要因 A と要因 B の交互作用効果：これを $A \times B$ 交互作用効果と書く．
- 要因 A の主効果，要因 B の主効果．

10.6 交互作用の概念と定義

10.6.1 交互作用の有無に関するグラフによる判定

2 要因間の交互作用の有無については，理想的な実験データの結果（実験誤差がなくセル平均をその処理条件での母集団平均と見なしたもの）を以下の手順で各処理条件（各セル）の（母）平均の値をグラフに表現してみると，概念的に分かりやすい．
- X 軸には一方の要因（要因 1）の水準をとり，Y 軸に従属変数をとる．
- 他方の要因（要因 2）の各水準毎に，セルの母平均をプロットし，要因 2 の水準内でプロットした点を直線で結ぶ[6]．

---
[5] なお，主効果と交互作用を総称して**要因効果**（factorial effect）と呼ぶことがある．
[6] 通常，分散分析の水準は名義尺度や順序尺度であるため，グラフは棒グラフを利用するのが正しい．ここでは，交互作用の概念を分かりやすくするために，折れ線グラフを用いている．

● プロットしたグラフの複数の直線が平行になっているか否かを判定する。平行ならば交互作用なし，平行でなければ交互作用あり。

10.6.2　交互作用がない場合の例

表 10.1 とそのプロットである図 10.1 は，交互作用がない実験の理想化された例である。

交互作用がない場合は，要因 B の各水準での要因 A の単純主効果が等しい。また，要因 A のすべての単純主効果が主効果と同じとなる。このような場合は，主効果の意味を考察可能であり，解釈も主効果のみで議論することになる。要

表 10.1　交互作用がない事例

漬け物（要因 B）	おかず（要因 A）			
	グラタン (a_1)	ハンバーグ (a_2)	カレー (a_3)	平均
なし (b_1)	.89	2.22	2.89	2.00
福神漬け (b_2)	3.89	5.22	5.89	5.00
キムチ (b_3)	4.22	5.55	6.22	5.33
平均	3.00	4.33	5.00	4.11

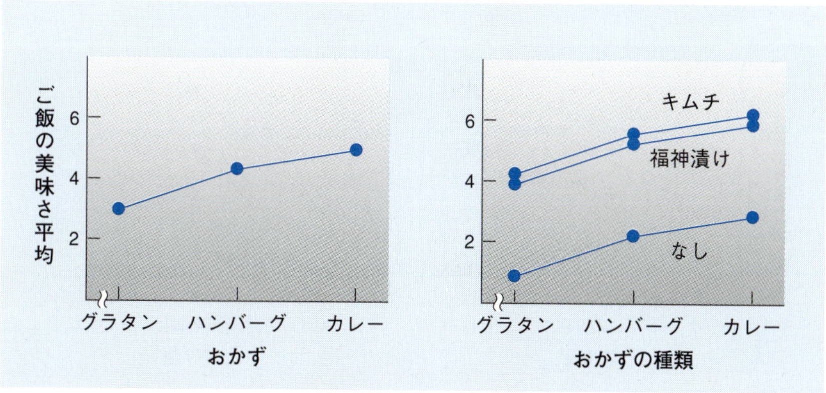

図 10.1　交互作用がない事例（表 10.1 のプロット）

因 B の単純主効果，主効果についても同様である。

10.6.3　交互作用がある場合の例

表 10.2 とそのプロットである図 10.2 は，交互作用がある実験の例である。表 10.2 の周辺平均は，行，列ともに表 10.1 と同一であることに注意する必要がある（要因 A，要因 B の主効果は両方の例で共通）。

交互作用がある場合には，2 つの要因の組合せ効果があるため，主効果の意味がはっきりしなくなる。したがってそのような場合は，単純主効果を考察する必要がある。

表 10.2　交互作用がある事例

漬け物（要因B）	おかず（要因A）			
	グラタン (a_1)	ハンバーグ (a_2)	カレー (a_3)	平均
なし (b_1)	1.00	2.00	3.00	2.00
福神漬け (b_2)	3.00	5.00	7.00	5.00
キムチ (b_3)	5.00	6.00	5.00	5.33
平均	3.00	4.33	5.00	4.11

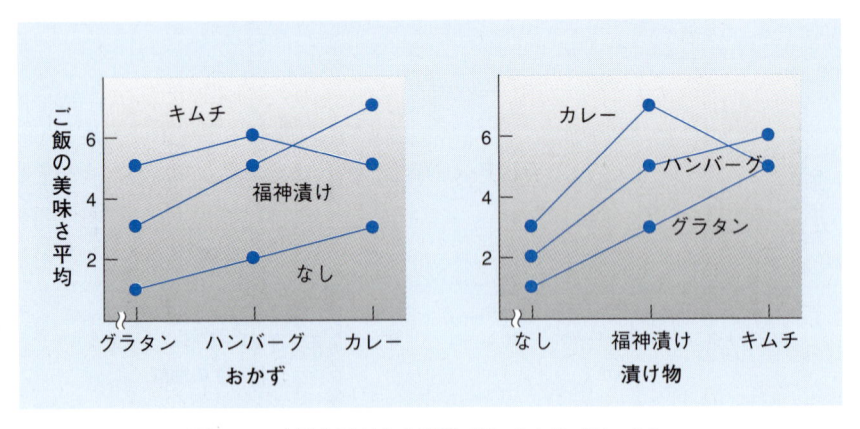

図 10.2　交互作用がある事例（表 10.2 のプロット）

10.6.4 交互作用の定義

交互作用とは，2つ（以上）の要因の組合せの特別な効果のことであるが，要因計画の実験の交互作用についてはいくつかの定義（表現）の仕方が考えられる。以下の交互作用の概念に関する文には，直観的な説明とやや形式的な定義とが混在するが，意味するところはいずれも同じである。

- 1つの独立変数の従属変数に対する効果が，もう一つの独立変数の少なくとも2つ以上の水準間で異なる場合には，交互作用が存在する。
- 1つの独立変数の水準間の平均の差のパターンが，他の独立変数の2つ以上の水準間で異なる場合には，交互作用が存在する。
- 1つの独立変数の単純効果が，もう一つの独立変数のすべての水準にわたって等しくはない場合に，交互作用が存在する。

10.6.5 交互作用は理論に何をもたらすか

交互作用はしばしば研究テーマに関する理論的側面からも興味深い。現象の成立メカニズムについて，交互作用がない場合よりも詳細な理論的説明が必要になる。また，交互作用の有無の検証自体が研究の目的になることもある。たとえば，発達心理学の研究で発達段階と課題との間の交互作用がある場合などがそれに相当する。通常，2要因計画を組むことには前提として交互作用を期待している面もある。この交互作用の性質を理解することで，関心を寄せる現象に対する理解が深まることが多い。

10.7 2要因分散分析のデータ

2要因の分散分析について例題をもとに説明することにする。取り上げる例題は，薬物と心理療法が抑うつにどのような効果があるのかを調べた仮想実験である。

まず薬物療法（要因 A）に関しては，抑うつに有効とされる薬を投与する条件と偽薬を投与する条件を設定する。心理療法（要因 B）に関しては，なし，精神分析，行動療法の3つの条件を設定する。この2つの要因を組み合わせる

表10.3 各療法における抑うつ尺度得点（2要因分散分析）

薬物療法	心理療法	なし	精神分析	行動療法
なし		57	55	51
		55	52	55
		56	50	54
		60	54	53
		59	51	54
あり		51	44	38
		49	42	39
		47	48	41
		52	45	42
		51	46	40

と，計6条件を設定することが可能となり，抑うつで初めて病院を受診した被験者30名をそれぞれの条件に5名ずつ無作為に割り当てる。したがって，1人の被験者は6つの条件のうち1つの条件しか受けないことになる。

表10.3は，各被験者が薬物療法と心理療法の組合せ条件を受けた後，抑うつ状態を示すテスト（たとえばSDS）を実施し，その得点を条件ごとに整理したものである。このデータをもとに，薬物療法の主効果，心理療法の主効果，薬物療法と心理療法の組合せによる交互作用などについて検討していくことにする。

表10.3を一般化して，要因Aの水準の数をp個，要因Bの水準の数をq個，2つの要因の水準の組合せによって生じる条件に割り当てる被験者の数をn人とすると，表10.4のようになる。2つの要因の水準の組合せによって生じる条件の部分，たとえば，要因Aの1番目の水準と要因Bの1番目の水準が交差し囲まれた部分（欄）はセル (cell) と呼ばれる。X_{ijk}は要因Aが第j番目の水準でかつ要因Bが第k番目の水準のセルにおける第i番目の繰返し（被験者）における観測値を表している。さらに各セルの平均や各要因の水準ごとの平均をまとめると表10.5のようになる。$\bar{X}_{.jk}$は要因Aの第j番目の水準で，かつ要因Bの第k番目の水準にあるセル平均を表す。$\bar{X}_{.j.}$は要因Aの第j番目の

10.7 2要因分散分析のデータ

表10.4 2要因分散分析のデータ

		要因 B			
		1	…… k ……	q	
要因 A	1	X_{111} $\vdots$ X_{i11} $\vdots$ X_{n11}	X_{11k} …… $\vdots$ X_{i1k} …… $\vdots$ X_{n1k} ……	X_{11q} $\vdots$ X_{i1q} $\vdots$ X_{n1q}	
	$\vdots$				
	j	X_{1j1} $\vdots$ X_{ij1} $\vdots$ X_{nj1}	X_{1jk} …… $\vdots$ X_{ijk} …… $\vdots$ X_{njk} ……	X_{1jq} $\vdots$ X_{ijq} $\vdots$ X_{njq}	
	$\vdots$				
	p	X_{1p1} $\vdots$ X_{ip1} $\vdots$ X_{np1}	X_{1pk} …… $\vdots$ X_{ipk} …… $\vdots$ X_{npk} ……	X_{1pq} $\vdots$ X_{ipq} $\vdots$ X_{npq}	

表10.5 2要因分散分析のデータの各平均

		要因 B			平均
		1	…… k ……	q	
要因 A	1	$\bar{X}_{\cdot 11}$	…… $\bar{X}_{\cdot 1k}$ ……	$\bar{X}_{\cdot 1q}$	$\bar{X}_{\cdot 1\cdot}$
	$\vdots$	$\vdots$	$\vdots$	$\vdots$	
	j	$\bar{X}_{\cdot j1}$	…… $\bar{X}_{\cdot jk}$ ……	$\bar{X}_{\cdot jq}$	$\bar{X}_{\cdot j\cdot}$
	$\vdots$	$\vdots$	$\vdots$	$\vdots$	
	p	$\bar{X}_{\cdot p1}$	…… $\bar{X}_{\cdot pk}$ ……	$\bar{X}_{\cdot pq}$	$\bar{X}_{\cdot p\cdot}$
	平均	$\bar{X}_{\cdot\cdot 1}$	…… $\bar{X}_{\cdot\cdot k}$ ……	$\bar{X}_{\cdot\cdot q}$	$\bar{X}_{\cdots}$

BOX 10.1　2 要因分散分析のデータ

R で 2 要因分散分析を行う場合，データは 1 要因と同様に，どの水準のデータかを表す分類変数と観測値からなる。ただし，要因の数が 2 つなので分類変数の数も 2 つになる。抑うつのデータの場合は以下の図 10.3 のように入力する。この例では a と b が水準を分類する変数である。score は分散分析に利用する観測値である。図は紙面の都合上画面の一部のみを示している。

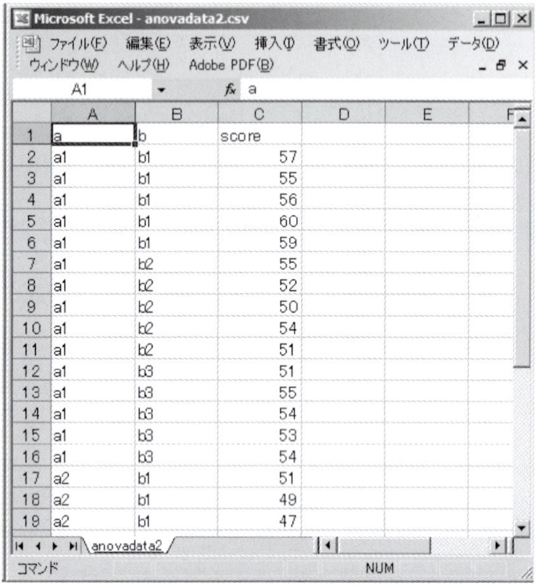

	A	B	C
1	a	b	score
2	a1	b1	57
3	a1	b1	55
4	a1	b1	56
5	a1	b1	60
6	a1	b1	59
7	a1	b2	55
8	a1	b2	52
9	a1	b2	50
10	a1	b2	54
11	a1	b2	51
12	a1	b3	51
13	a1	b3	55
14	a1	b3	54
15	a1	b3	53
16	a1	b3	54
17	a2	b1	51
18	a2	b1	49
19	a2	b1	47

図 10.3　2 要因分散分析の Excel データ

水準に関する平均を表し，同様に $\bar{X}_{\cdot\cdot k}$ は要因 B の第 k 番目の水準に関する平均を表す。$\bar{X}_{\cdots}$ は全体平均を表す。数式で表すと以下のとおりになる。

$$\bar{X}_{\cdot jk} = \frac{1}{n}\sum_{i=1}^{n} X_{ijk} \qquad \bar{X}_{\cdot j \cdot} = \frac{1}{q}\sum_{k=1}^{q} \bar{X}_{\cdot jk}$$

$$\bar{X}_{\cdot\cdot k} = \frac{1}{p}\sum_{j=1}^{p} \bar{X}_{\cdot jk} \qquad \bar{X}_{\cdots} = \frac{1}{q}\sum_{k=1}^{q} \bar{X}_{\cdot\cdot k}$$

10.8 2要因分散分析の考え方

10.8.1 帰無仮説

要因 A の第 j 番目の水準でかつ要因 B の第 k 番目の水準の母平均を μ_{jk}，要因 B の各水準を考慮せず要因 A の第 j 番目の水準のみに注目した母平均を $\mu_{j.}$，要因 A の各水準を考慮せず要因 B の第 k 番目の水準のみに注目した母平均を $\mu_{.k}$ と表すと，2要因分散分析の帰無仮説は以下のとおりとなる。

---
2 要因分散分析の仮説

- 要因 A の主効果

    $H_0 : \mu_{1.} = \mu_{2.} = \cdots\cdots = \mu_{p.}$

    $H_1 :$ すべての $\mu_{j.}$ が等しいとはいえない。

- 要因 B の主効果

    $H_0 : \mu_{.1} = \mu_{.2} = \cdots\cdots = \mu_{.q}$

    $H_1 :$ すべての $\mu_{.k}$ が等しいとはいえない。

- 交互作用効果

    $H_0 :$ すべての j, j', k, k' で $(\mu_{jk} - \mu_{j'k}) - (\mu_{jk'} - \mu_{j'k'}) = 0$。

    $H_1 :$ ある j, j', k, k' で $(\mu_{jk} - \mu_{j'k}) - (\mu_{jk'} - \mu_{j'k'}) \neq 0$。

2つの要因の主効果に関しては1要因分散分析の仮説の考え方と基本的に同じである。主効果における対立仮説は，ある水準の組合せにおいて母平均に違いがあることを示している。たとえば水準 j と j' との組合せにおいて $\mu_j \neq \mu_{j'}$ ということである。

交互作用の帰無仮説については，単純主効果をもとに考えると理解しやすい。交互作用の帰無仮説における $(\mu_{jk} - \mu_{j'k})$ は要因 B の水準 k における単純主効果を，$(\mu_{jk'} - \mu_{j'k'})$ は要因 B の水準 k' における単純主効果を表す。交互作用がないということは，一方の要因における水準を固定したときの他方の要因の効果が固定した水準にかかわらず一定であることになり，帰無仮説にあるよ

うにすべての単純主効果間の差をとったとき，0 となる。

10.8.2 平方和分解

1 要因分散分析と同様に検定統計量を導き出すために平方和分解を考える。2 要因分散分析では，観測値が以下のように分解されるものとする。

> **2 要因分散分析の観測値の分解**
>
> $$X_{ijk} = \bar{X}_{...} + (\bar{X}_{.j.} - \bar{X}_{...}) + (\bar{X}_{..k} - \bar{X}_{...})$$
> $$+ (\bar{X}_{.jk} - \bar{X}_{.j.} - \bar{X}_{..k} + \bar{X}_{...}) + (X_{ijk} - \bar{X}_{.jk}) \tag{10.1}$$
>
> 観測値 = 全体平均 + （要因 A の主効果）+ （要因 B の主効果）
> $\quad$ + （交互作用効果）+ （誤差）

さらに 1 要因のときと同様に，全体平均を左辺に移動し，両辺を 2 乗して平方和を求めると以下のようになる。

> **2 要因分散分析の平方和分解**
>
> $$\sum_{k=1}^{q}\sum_{j=1}^{p}\sum_{i=1}^{n}(X_{ijk}-\bar{X}_{...})^2 = qn\sum_{j=1}^{p}(\bar{X}_{.j.}-\bar{X}_{...})^2 +$$
> $$pn\sum_{k=1}^{q}(\bar{X}_{..k}-\bar{X}_{...})^2 + n\sum_{k=1}^{q}\sum_{j=1}^{p}(\bar{X}_{.jk}-\bar{X}_{.j.}-\bar{X}_{..k}+\bar{X}_{...})^2$$
> $$+ \sum_{k=1}^{q}\sum_{j=1}^{p}\sum_{i=1}^{n}(X_{ijk}-\bar{X}_{.jk})^2 \tag{10.2}$$

すなわち，用語で数式を表現し直すと以下のようになる。

> **2 要因分散分析の平方和分解まとめ**
>
> 全体平方和 = 要因 A の平方和 + 要因 B の平方和 + 交互作用の平方和
> $\quad$ + 誤差の平方和
>
> $$SS_T = SS_A + SS_B + SS_{A \times B} + SS_e$$

要因 A の平方和は，要因 A における各水準の平均に違いがあれば大きな値をとり，要因 B の平方和も要因 A の平方和と同じことになる。また交互作用の平方和は，交互作用効果があれば大きな値をとることから，この平方和を利用して検定を行うことになる。

10.8.3　平均平方と F 統計量

平方和は確かに主効果や交互作用効果があるかどうかを表すが，1 要因と同様に平方和は水準数や繰返しの数に依存する。そこで，水準数や繰返し数に依存しない平均平方を考える。平均平方は平方和を自由度で割ったものである。

1 要因分散分析と同様に，誤差の平均平方を基準（分母）として比をとり，各効果を表す平均平方（分子）がどの程度大きいかを評価する。その際，統計量となる平均平方の比が F 分布することを利用して検定を行うことになる。詳しくは 9 章の 1 要因分散分析を参照すること。上記の点を整理したものが，表 10.6 である。実際の検定は，1 要因分散分析と同様に表 10.6 で求められた各効果に関する F とあらかじめ決められた有意水準 α における限界値 $F_{\alpha(\nu_1, \nu_2)}$ とを比較することで行われる。すなわち，$F \geq F_{\alpha(\nu_1, \nu_2)}$ ならば帰無仮説 H_0 を棄却し，もし $F < F_{\alpha(\nu_1, \nu_2)}$ ならば帰無仮説を採択する。

ここで $F_{\alpha(\nu_1, \nu_2)}$ は（分子，分母）の自由度が (ν_1, ν_2) の F 分布の上側確率 α を与える点で，有意水準 α（たとえば 5% とか 1%）の限界値とか臨界値（critical value）を表す（$F_{0.05\,(2,\,36)}$ などと書く）。この限界値以上の領域を（帰無仮説の）「棄却域」という。

表 10.6　2 要因分散分析表

変動要因	SS（平方和）	df（自由度）	MS（平均平方）	F 値
A	SS_A	$\nu_1 = p-1$	MS_A	$F_A = \dfrac{MS_A}{MS_e}$
B	SS_B	$\nu_1 = q-1$	MS_B	$F_B = \dfrac{MS_B}{MS_e}$
$A \times B$	$SS_{A \times B}$	$\nu_1 = (p-1)(q-1)$	$MS_{A \times B}$	$F_{A \times B} = \dfrac{MS_{A \times B}}{MS_e}$
誤差	SS_e	$\nu_2 = pq(n-1)$	MS_e	
全体	SS_T	$pqn-1$		

10.9 2要因分散分析の例

表 10.3 で示された薬物療法と心理療法の組合せによる抑うつ改善の効果に関するデータを例として数値例を示すことにする。まず，表 10.5 にあるような各セルの平均をまとめたものが表 10.7 である。これをもとに (10.2) 式より各平方和を求めると以下のようになる。

$$SS_T = \sum_{k=1}^{q}\sum_{j=1}^{p}\sum_{i=1}^{n}(X_{ijk} - \bar{X}_{...})^2$$
$$= (57 - 49.7)^2 + (55 - 49.7)^2 + \cdots\cdots + (42 - 49.7)^2$$
$$\quad + (40 - 49.7)^2$$
$$= 1072.3$$

$$SS_A = qn\sum_{j=1}^{p}(\bar{X}_{.j.} - \bar{X}_{...})^2$$
$$= 3 \cdot 5\{(54.4 - 49.7)^2 + (45.0 - 49.7)^2\}$$
$$= 662.7$$

$$SS_B = pn\sum_{k=1}^{q}(\bar{X}_{..k} - \bar{X}_{...})^2$$
$$= 2 \cdot 5\{(53.7 - 49.7)^2 + (48.7 - 49.7)^2 + (46.7 - 49.7)^2\}$$
$$= 260.0$$

$$SS_e = \sum_{k=1}^{q}\sum_{j=1}^{p}\sum_{i=1}^{n}(X_{ijk} - \bar{X}_{.jk})^2$$
$$= (57 - 57.4)^2 + (55 - 57.4)^2 + \cdots\cdots + (42 - 40.0)^2$$
$$\quad + (40 - 40.0)^2$$
$$= 89.6$$

$$SS_{A\times B} = SS_T - SS_A - SS_B - SS_e = 1072.3 - 662.7 - 260.0 - 89.6$$
$$= 60.0$$

10.9 2要因分散分析の例

表 10.7　2要因例題の各平均

		心理療法 なし	精神分析	行動療法	平均
薬物	なし	57.40	52.40	53.40	54.40
	あり	50.00	45.00	40.00	45.00
	平均	53.70	48.70	46.70	49.70

BOX 10.2　2要因分散分析

2要因分散分析は1要因のときと同様に関数 anova( ) を利用するとよい。関数の引数部分には，~ の左辺に観測値の変数を右辺に要因を指定する。扱うつのデータ（anovadata2.csv）の場合は，観測値が score，要因を表す変数が a, b である。lm 関数の ~ の右辺で a*b と指定すると交互作用効果も含めてモデルを指定することになる。出力された分散分析表は本文とほぼ同じものが出力されている。

```
anova2dat<-read.csv("anovadata2.csv")
attach(anova2dat)
anova(lm(score ~ a*b))
```

出力例

```
Analysis of Variance Table
Response: score
          Df Sum Sq Mean Sq  F value    Pr(>F)
a          1 662.70  662.70 177.5089 1.392e-12 ***
b          2 260.00  130.00  34.8214 8.032e-08 ***
a:b        2  60.00   30.00   8.0357  0.002131 **
Residuals 24  89.60    3.73
---
Signif. codes:  0 '***' 0.001 '**' 0.01 '*' 0.05 '.' 0.1 ' ' 1
```

表 10.8　2 要因例題の分散分析表

変動要因	SS（平方和）	df（自由度）	MS（平均平方）	F 値
A	662.70	1	662.70	177.51
B	260.00	2	130.00	34.82
A×B	60.00	2	30.00	8.04
誤差	89.60	24	3.73	
全体	1072.30	29		

　上記の結果を分散分析表として整理すると表 10.8 のようになる。まず，要因 A の主効果については，自由度が 1 と 24 のときの上側 5% の限界値は付表 C や統計ソフトウェアの関数を利用して求めると，$F_{.05\,(1,\,24)} = 4.26$ となる。したがって $F > F_{.05\,(1,\,24)}$ で有意となり帰無仮説が棄却される。つまり要因 A の主効果があり，薬物のあり・なしによる効果に違いがあることが分かる（$F(1, 24) = 177.51, p < .05$）。

　要因 B の主効果についても限界値を求めると，$F_{.05\,(2,\,24)} = 3.40$ で $F > F_{.05\,(2,\,24)}$ となり帰無仮説は棄却される。したがって，要因 B の主効果は有意であり心理療法によって効果が異なることが分かる（$F(2, 24) = 34.82, p < .05$）。

　交互作用効果については，$F_{.05\,(2,\,24)} = 3.40$ で $F > F_{.05\,(2,\,24)}$ となり帰無仮説は棄却される。したがって，薬物療法と心理療法の組合せによる交互作用効果があることが分かる（$F(2, 24) = 8.04, p < .05$）。

　ちなみに，例題の結果をグラフで表現すると図 10.4 のようになる。図 10.4 の (a) は交互作用など分散分析の説明のためには分かりやすい図となるが，グラフとしては不適切である。本来折れ線グラフの X 軸は量的変数でなければならない。論文などに記載する場合は，図 10.4 の (b) ように棒グラフを用いる。

10.10　事後検定

10.10.1　主効果の事後検定

　1 要因の分散分析のときと同様に，主効果が有意であったとしても，要因に含まれる水準の数が 3 つ以上の場合，どの組合せにおいて平均に違いがあるのか

10.10 事後検定

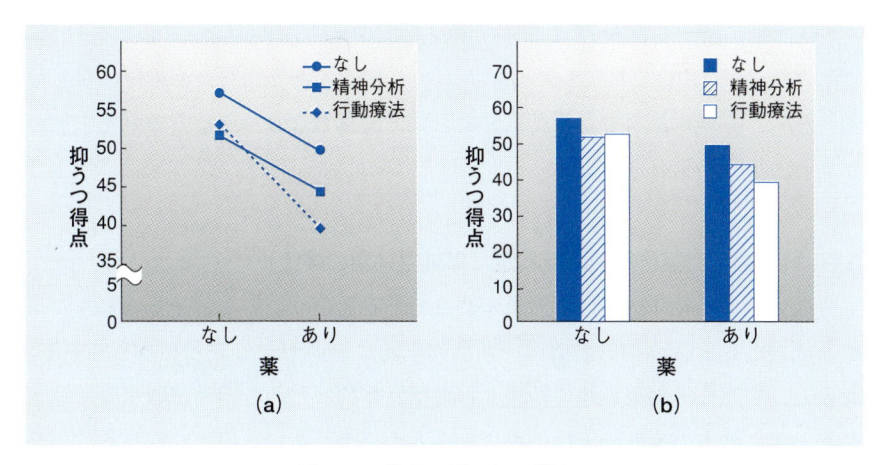

図10.4 抑うつデータのグラフ

分からない。そこで，主効果が有意であった場合，事後検定として**多重比較**が行われる（9章参照）。

多重比較の方法は，1要因分散分析のときと同じである。たとえば，テューキー法を利用すると，(9.9) 式の MS_e は**表 10.6** の値を用い，n の代わりに要因 A ならば nq を要因 B ならば np を用いればよい。また自由度は $pq(n-1)$ となる。

先の抑うつに関するデータを分析してみる。要因 A については主効果が有意であり，水準の数が2であるため多重比較を行わなくても平均の大きさから薬物あり > 薬物なしであることが分かる。要因 B については主効果が有意であり，水準の数が3つなので多重比較を行うことになる。要因 B の各水準の組合せにおける q 統計量は**表 10.7** の情報を利用すると以下のようになる。

なし　対　精神分析　$q = \dfrac{53.70 - 48.70}{\sqrt{\frac{3.73}{5 \times 2}}} = 8.19$

なし　対　行動療法　$q = \dfrac{53.70 - 46.70}{\sqrt{\frac{3.73}{5 \times 2}}} = 11.46$

精神分析　対　行動療法　$q = \dfrac{48.70 - 46.70}{\sqrt{\frac{3.73}{5 \times 2}}} = 3.27$

q 統計量に関する付表 D または統計ソフトウェアの関数より，有意水準 5% で水準数 3，自由度 24 のとき $q_{.05\,(3,\,24)} = 3.53$ であるから，心理療法なし対精神分析，心理療法なし対行動療法において有意となり，それらの平均に違いがあるという結論となる。

10.10.2　交互作用の事後検定（単純主効果の検定）

分散分析の結果，交互作用効果が有意であるということは，一方の要因の水準を固定したときの他方の要因の水準の平均に違いがあることを示している。しかし，交互作用効果の検定結果からでは具体的にどの要因のどの水準を固定したときに他方の水準の平均に違いがあるか分からない。そこで行われるのが単純主効果の検定である。

まず，要因 A の水準を $a_1, a_2, \ldots, a_p$，要因 B の水準を $b_1, b_2, \ldots, b_q$ と表す。2 つ要因における各水準を固定したときの単純主効果に関する平方和は以下のようになる。

単純主効果の平方和

$$SS_{A\,(b_k)} = n \sum_{j=1}^{p} (\bar{X}_{\cdot jk} - \bar{X}_{\cdot\cdot k})^2 \tag{10.3}$$

$$SS_{B\,(a_j)} = n \sum_{k=1}^{q} (\bar{X}_{\cdot jk} - \bar{X}_{\cdot j\cdot})^2 \tag{10.4}$$

これをもとに単純主効果に関する情報をまとめると表 10.9 のようになる。誤差は 2 要因分散分析表の誤差をそのまま利用する。したがって，単純主効果の検定は，ある水準を固定したデータだけを取り出して 1 要因分散分析を行う場合と誤差の平方和の部分で異なることが分かる。

それでは，抑うつに関するデータに対して単純主効果の検定を行ってみる。表 10.7 をもとに各平方和を計算すると以下のようになる。

$$SS_{A\,(b_1)} = 5\left[(57.40 - 53.70)^2 + (50.00 - 53.70)^2\right] = 136.90$$

$$SS_{A\,(b_2)} = 5\left[(52.40 - 48.70)^2 + (45.00 - 48.70)^2\right] = 136.90$$

表 10.9 単純主効果の検定

変動要因	SS（平方和）	df（自由度）	MS（平均平方）	F 値
A	$SS_{A\,(b_k)}$	$v_1=p-1$	$MS_{A\,(b_k)}$	$F_A=\dfrac{MS_{A(b_k)}}{MS_e}$
B	$SS_{B\,(a_j)}$	$v_1=q-1$	$MS_{B\,(a_j)}$	$F_B=\dfrac{MS_{B(a_j)}}{MS_e}$
誤差	SS_e	$v_2=pq(n-1)$	MS_e	

$$SS_{A\ (b_3)} = 5\left[(53.40-46.70)^2+(40.00-46.70)^2\right] = 120.24$$

$$SS_{B\ (a_1)} = 5\left[(57.40-54.40)^2+(52.40-54.40)^2+(53.40-54.40)^2\right] = 70.00$$

$$SS_{B\ (a_2)} = 5\left[(50.00-45.00)^2+(45.00-45.00)^2+(40.00-45.00)^2\right] = 250.00$$

これらをもとに表 10.9 のように整理すると表 10.10 のようになる。薬物療法の単純主効果は自由度が (1, 24) の上側 5% の F 分布の値（限界値）は $F_{.05\ (1,\ 24)} = 4.26$ であることから，心理療法のいずれの水準を固定したときでも単純主効果は有意となる。したがって，どの心理療法においても薬のあり・なしによる効果があることになる。

心理療法の単純主効果は自由度が (2, 24) の上側 5% の F 分布の値（限界値）は $F_{.05\ (1,\ 24)} = 3.40$ であることから，薬物療法のあり・なしのいずれを固定したときでも単純主効果は有意となる。したがって，どの薬物療法においても

表 10.10 単純主効果の検定結果

変動要因	SS（平方和）	df（自由度）	MS（平均平方）	F 値
薬物療法				
薬（心理なし）$A\ (b_1)$	136.90	1	136.90	36.67
薬（精神分析）$A\ (b_2)$	136.90	1	136.90	36.67
薬（行動療法）$A\ (b_3)$	448.90	1	448.90	120.24
心理療法				
心理（薬なし）$B\ (a_1)$	70.00	2	35.00	9.38
心理（薬あり）$B\ (a_2)$	250.00	2	125.00	33.48
誤差	89.60	24	3.73	

心理療法による効果に違いがあることになる。

10.10.3 単純主効果検定後の多重比較

上記の例の場合，心理療法の単純主効果では，たとえば薬物療法をありに固定したときに心理療法によって抑うつに対する治療効果に違いがあることを示している。しかしながら，主効果と同じように，水準数が3つ以上の場合，どの組合せにおいて効果の違い，すなわち平均に違いがあるのかが分からない。そこで，主効果における多重比較と同じ考え方で単純主効果検定後の多重比較を考えることができる。主効果の多重比較と異なるのは n がセル内での繰返し数となる点である。

実際に薬物療法をありの場合に固定したときの多重比較を行うと，q 統計量は以下のようになる。

$$\text{なし}\quad\text{対}\quad\text{精神分析}\quad q = \frac{50.00 - 45.00}{\sqrt{\frac{3.73}{5}}} = 5.79$$

$$\text{なし}\quad\text{対}\quad\text{行動療法}\quad q = \frac{50.00 - 40.00}{\sqrt{\frac{3.73}{5}}} = 11.58$$

$$\text{精神分析}\quad\text{対}\quad\text{行動療法}\quad q = \frac{45.00 - 40.00}{\sqrt{\frac{3.73}{5}}} = 5.79$$

q 統計量に関する付表 D より有意水準 5% で水準数 3，自由度 24 のとき限界値は $q_{.05\,(3,\,24)} = 3.53$ である。したがって，水準間すべての組合せで有意であり，心理療法間すべての組合せにおいて平均が異なることになる。

10.10.4 効果の大きさ

1要因分散分析で示したような効果の大きさを2要因においても考えることができる。ここでも指標として ω^2 についてのみ紹介する。この指標は表 10.6 の F の値を利用すれば以下の式で推定することができる。ちなみに，要因 A の水準数を p，要因 B の水準数を q，繰返しの数を n とする。

2要因分散分析における効果の大きさの指標

$$\hat{\omega}_A^2 = \frac{(p-1)(F_A - 1)}{(p-1)(F_A - 1) + npq} \tag{10.5}$$

$$\hat{\omega}_B^2 = \frac{(p-1)(F_B - 1)}{(p-1)(F_B - 1) + npq} \tag{10.6}$$

$$\hat{\omega}_{A\times B}^2 = \frac{(p-1)(q-1)(F_{A\times B} - 1)}{(p-1)(q-1)(F_{A\times B} - 1) + npq} \tag{10.7}$$

抑うつに関するデータで ω^2 を求めると，$\hat{\omega}_A^2 = 0.89$，$\hat{\omega}_B^2 = 0.69$，$\hat{\omega}_{A\times B}^2 = 0.31$ であり，いずれも十分な効果の大きさがあることが分かる．

10.11 被験者内1要因

10.11.1 被験者内要因とは

これまで紹介してきた方法は，被験者を無作為に各実験条件にただ一度だけ割り当てる実験である．この方法は分散分析において基本的な考え方にもとづいたものであるが，検定力（差の検出されやすさ）という点では必ずしも高いとはいえない．検定力を高める方法としては，セル内の繰返しの数，すなわち被験者の数を増やすことが考えられるが，実験コストがかかってしまう．

そこで検定力を高めるために心理学実験で用いられる方法として，**被験者内要因計画**（within-subjects design）というのがある．これは1人の被験者に対して複数の実験条件を受けさせるものであり，このようなデータを分析する方法が被験者内要因の分散分析である．**被験者内要因**という用語は心理学でよく用いられるもので，他の領域では，複数の実験条件の下で繰返し測定が行われることから**反復測定**（repeated-measures）という用語が用いられる．また，これまで述べてきた実験条件に異なる被験者を割り当てる方法は**被験者間要因計画**（between-subjects design）と呼ばれることがある．

被験者間要因は被験者を各実験条件に無作為に割り当てることで剰余変数の統制を行った．この剰余変数の統制では個人差も統制されていることになるが，方法としては消極的である．この個人差を積極的に統制するために導入された

のが被験者内要因計画である。つまり，1人の被験者にすべての実験条件を受けさせることで，実験条件間での個人差という剰余変数の影響を等質にするのである。被験者内要因の分散分析はすでに紹介した対応のある t 検定の分散分析版だと理解してもよい。

被験者内要因計画の長所は被験者の数が少なくてすむことにある。つまり実験のコストが低い。しかしながら，1人の被験者が複数の実験条件を受けることによる影響もある。まず，複数の実験条件を受けるため被験者の負担は大き

BOX 10.3　被験者内1要因分散分析のデータ

Rで被験者内1要因の分散分析を行う場合，実験要因を表す分類変数と被験者を識別する分類変数が必要となる。錯視実験の場合，a が実験条件を表す分類変数で s が被験者を識別する分類変数である。図 10.5 は紙面の都合上画面の一部のみを示している。

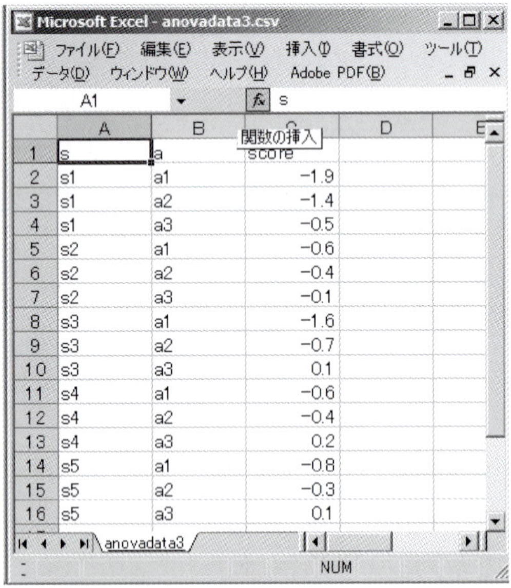

	A	B	C	D	E
1	s	a	score		
2	s1	a1	−1.9		
3	s1	a2	−1.4		
4	s1	a3	−0.5		
5	s2	a1	−0.6		
6	s2	a2	−0.4		
7	s2	a3	−0.1		
8	s3	a1	−1.6		
9	s3	a2	−0.7		
10	s3	a3	0.1		
11	s4	a1	−0.6		
12	s4	a2	−0.4		
13	s4	a3	0.2		
14	s5	a1	−0.8		
15	s5	a2	−0.3		
16	s5	a3	0.1		

図 10.5　被験者内1要因分散分析の Excel データ

くなり疲労効果が生じたり，慣れや飽きによる効果，練習効果，キャリーオーバー効果も懸念される。また実験条件を受ける順序効果も考えられるため，通常実施順序に関してカウンターバランスがとられる。

10.11.2　被験者内1要因のデータ

形の上では被験者内1要因のデータは9章で述べた被験者間1要因の分散分析のデータ（表9.2参照 [→ p.172]）と同じである。ただし，X_{ij} の i の意味が異なり，被験者内1要因では，被験者を表す。したがって i が同じ値のものは同一の被験者のデータであることになる。

ここでは，具体的なデータを表として示しておく。表10.11はミュラー・リヤーの錯視の実験データで，矢羽根の角度が異なる3つの条件を各被験者がすべて受けるものである。表の数字は錯視量を表す。

10.11.3　平方和分解と分散分析表

被験者内1要因でも帰無仮説自体は被験者間要因と同じである。しかしながら，平方和分解は個人差要因を新たに取り上げるので被験者間要因とは異なってくる。また新たな指標として被験者個人ごとの平均（$\bar{X}_{i\cdot}$）も利用する。表10.11の一番右端の列の数字がそれである。まず，観測値が以下のように分解されるものとする。

表10.11　ミュラー・リヤーの錯視実験データ

被験者	60°	120°	180°	平均
P_1	−1.90	−1.40	−0.50	−1.27
P_2	−0.60	−0.40	−0.10	−0.37
P_3	−1.60	−0.70	0.10	−0.73
P_4	−0.60	−0.40	0.20	−0.27
P_5	−0.80	−0.30	0.10	−0.33
平均	−1.10	−0.64	−0.04	−0.59

被験者内 1 要因分散分析の観測値の分解

$$X_{ij} = \bar{X}_{..} + (\bar{X}_{.j} - \bar{X}_{..}) + (\bar{X}_{i.} - \bar{X}_{..})$$
$$+ (X_{ij} - \bar{X}_{.j} - \bar{X}_{i.} + \bar{X}_{..}) \tag{10.8}$$

観測値 = 全体平均 + 処理効果 + 個人差 + 誤差

上式をもとに平方和を求めると以下のようになる。

被験者内 1 要因分散分析の平方和分解

$$\sum_{j=1}^{p}\sum_{i=1}^{n}(X_{ij}-\bar{X}_{..})^2 = n\sum_{j=1}^{p}(\bar{X}_{.j}-\bar{X}_{..})^2 + p\sum_{i=1}^{n}(\bar{X}_{i.}-\bar{X}_{..})^2$$
$$+ \sum_{j=1}^{p}\sum_{i=1}^{n}(\bar{X}_{ij}-\bar{X}_{.j}-\bar{X}_{i.}+\bar{X}_{..})^2 \tag{10.9}$$

全体平方和 = 処理効果の平方和 + 個人差の平方和 + 誤差の平方和

$$SS_T = SS_A + SS_S + SS_e$$

被験者間 1 要因との違いは被験者間 1 要因において誤差としていた部分から個人差を平方和として取り出している点である。上記の平方和をもとに平均平方，自由度，F 値を整理すると表 10.12 のようになる。

分散分析表をもとにした検定の手続きはこれまで説明した方法と同じである。被験者内 1 要因の場合，実験の上でもっとも興味のあるのは処理効果の検定であるが，個人差があるのかどうかも検定によって議論することができる。

表 10.12 被験者内 1 要因の分散分析表

変動要因	SS（平方和）	df（自由度）	MS（平均平方）	F 値
処理効果	SS_A	$v_1 = p-1$	MS_A	$F = \dfrac{MS_A}{MS_e}$
個人差	SS_S	$v_1 = n-1$	MS_S	$F = \dfrac{MS_S}{MS_e}$
誤差	SS_e	$v_2 = (p-1)(n-1)$	MS_e	
全体	SS_T	$pn-1$		

10.11.4 被験者内1要因分散分析の例

表 10.11 で示された錯視の実験データを分析してみる。まず平方和を計算すると以下のようになる。

$$SS_T = \sum_{j=1}^{p} \sum_{i=1}^{n} (X_{ij} - \bar{X}_{..})^2$$

$$= \{(-1.90) - (-0.59)\}^2 + \{(-0.60) - (-0.59)\}^2$$

$$+ \cdots + \{(0.10) - (-0.59)\}^2 = 5.43$$

$$SS_A = n \sum_{j=1}^{p} (\bar{X}_{\cdot j} - \bar{X}_{..})^2$$

$$= \{(-1.10) - (-0.59)\}^2 + \{(-0.64) - (-0.59)\}^2$$

$$+ \{(-0.04) - (-0.59)\}^2 = 2.83$$

$$SS_S = p \sum_{i=1}^{n} (\bar{X}_{i\cdot} - \bar{X}_{..})^2$$

$$= \{(-1.27) - (-0.59)\}^2 + \{(-0.37) - (-0.59)\}^2$$

$$+ \{(-0.73) - (-0.59)\}^2 + \{(-0.27) - (-0.59)\}^2$$

$$+ \{(-0.33) - (-0.59)\}^2 = 2.10$$

$$SS_e = SS_T - SS_A - SS_S = 5.43 - 2.82 - 2.10 = 0.51$$

上記の結果を分散分析表として整理すると表 10.13 のようになる。まず，処理効果については，自由度が2と8のときの上側5%のF分布の値（限界値）は統計ソフトウェアの関数を利用して求めると，$F_{.05\,(2,\,8)} = 4.46$ となる。したがって $F > F_{.05\,(2,\,8)}$ で有意となり帰無仮説が棄却される。つまり矢羽根の

表 10.13　被験者内1要因例題の分散分析表

変動要因	SS（平方和）	df（自由度）	MS（平均平方）	F値
処理効果	2.83	2	1.41	22.25
個人差	2.10	4	0.52	8.25
誤差	0.51	8	0.06	
全体	5.43	14		

角度によって錯視量に違いがあることが分かる（$F(2, 8) = 22.25, p < .05$）。

個人差の効果についても限界値を求めると，$F_{.05\,(4,\,8)} = 3.84$ で $F > F_{.05\,(4,\,8)}$ となり帰無仮説は棄却される。したがって今回の実験データに有意な個人差があることが分かる（$F(4, 8) = 8.25, p < .05$）。

10.11.5　被験者内要因での注意点

被験者内要因あるいは反復測定では，同一の被験者が全ての条件を受けるため，各条件で得られた観測値間に相関が生じ，F 統計量が正確な F 分布に従わず，歪んでしまうことがある。ただし，いつも歪むわけではなく，球面性の仮定が成り立っている場合，検定量は歪まないことが分かっている（千野，1993）。

球面性の仮定とは，多次元データが各次元に球状に散らばっている仮定のことで，被験者内要因を用いる場合は，球面性の仮定が成り立っているかどうかを確認することが必要である（千野，1999）。この仮定が成り立っているかどうかを調べる方法として球面性の検定（sphericity test）がある。もし，この検定が有意であれば仮定を満たしていないため，検定の際，自由度の調整が必要となる。よく利用される調整としてはグリーンハウス–ガイザー（Greenhouse-Geisser）法（1959）やフィン–フェルト（Huynh-Feldt）法（1976）がある。一般的にはグリーンハウス–ガイザー法のほうが保守的であるといわれている。

10.12　より複雑な分散分析

本章で紹介した分散分析以外にもより複雑な状況に対応した分散分析が存在する。本章では 2 要因までしか扱わなかったが，モデルとしては 3 要因や 4 要因も可能である。ただし，要因の数が増えるとそれに従って交互作用が複雑となり，解釈の面で実用的でなくなる場合がある。

また，本章では被験者内要因については 1 要因の場合のみを取り上げたが，被験者内 2 要因や被験者間 1 要因・被験者間 1 要因の分散分析もある。さらに傾向検定や共分散分析など分散分析に関係した多くの方法が存在する。その意味で本章では分散分析の基本的な方法を紹介したにすぎない。

10.12 より複雑な分散分析

より複雑な分散分析について知りたい場合は，カーク (1995)，ケッペル (1991) や森・吉田 (1990) を参照するとよい。これらの本にはより複雑な分散分析について丁寧な解説が行われている。

BOX 10.4　被験者内 1 要因分散分析

被験者内 1 要因分散分析も関数 anova( ) を利用することができる。関数の引数部分には，~の左辺に観測値の変数を右辺に要因を指定する。錯視実験のデータ (anovadata3.csv) の場合は，観測値が score，要因を表す変数が a，被験者を表す変数が s である。lm 関数の ~ の右辺で a+s と指定すればよい。出力された分散分析表は本文とほぼ同じものが出力されている。

```
anova2dat<-read.csv("anovadata3.csv")
attach(anova2dat)
anova(lm(score ~ a+s))
```

出力例

```
Analysis of Variance Table

Response: score
          Df Sum Sq Mean Sq F value   Pr(>F)
a          2 2.8253  1.4127  22.247 0.0005394 ***
s          4 2.0960  0.5240   8.252 0.0061118 **
Residuals  8 0.5080  0.0635
---
Signif. codes:  0 '***' 0.001 '**' 0.01 '*' 0.05 '.' 0.1 ' ' 1
```

度数データの検定 11

11.1 度数データとは

　心理学では，実験，調査，観察，面接などの研究法（データ収集法）によらず，互いに排反するカテゴリーを設け，各カテゴリーに分類される度数（人数，件数，回数など）によってデータを整理することがある。このようなデータのことを**度数データ**（frequency data）あるいは，数を数え上げることによって得られるデータということから**計数データ**と呼ぶ。1章の質的なデータによって整理された度数分布表を思い出してもらえればよい。

　度数データの分析でよく利用される方法は，**ピアソンのカイ2乗統計量**（Pearson's chi-square statistic）（χ^2）を利用した検定である。本章では，この統計量を利用した検定のうち，適合度の検定，独立性の検定，比率の等質性の検定を取り上げる。

11.2 適合度の検定

　適合度の検定（goodness of fit test）は，理論や仮説によって母集団上における全データに対する各カテゴリーの出現比率が分かっており，その理論的な分布と標本にもとづいた実際の分布との違いをみるものである。たとえば，小学校高学年の女の子100名（$N=100$）に，白，赤，黄，青のドレスを見せ，どのドレスが着たいかを4色から1色だけ選んでもらったとする。その結果が表11.1に示されている（仮想実験データ）。

　表にある期待度数とは帰無仮説が真の下で予測される各カテゴリーに入るデータの数（度数）である。今回の例では，帰無仮説として女の子の色の選び方に

11.2 適合度の検定

表 11.1 ドレスの色に対する好みの観測度数ならびに期待度数

	白 (1)	赤 (2)	黄 (3)	青 (4)	計
観測度数 (O_j)	41	21	24	14	100
期待度数 (E_j)	25	25	25	25	100
差 ($O_j - E_j$)	16	−4	−1	−11	

偏りはなく，選ぶ確率は等しいと考える．したがって，女の子は全員で 100 名なので期待度数は 4 色とも $100 \times \frac{1}{4} = 25$ となる．

適合度の検定に関する仮説

帰無仮説 H_0：すべてのカテゴリーにおいて観測度数は理論分布にもとづく期待度数と同じ値である（理論分布に適合している）．

対立仮説 H_1：少なくとも 1 つ以上のカテゴリーにおいて観測度数と期待度数は異なる（理論分布に適合していない）．

検定のために利用される**カイ 2 乗統計量**（χ^2）は，カテゴリーの数を k 個，j 番目のカテゴリーにおける**観測度数**（observed frequency）を O_j，**期待度数**（expected frequency）を E_j とすると，以下の式で求められる．

適合度の検定におけるカイ 2 乗統計量（χ^2）

$$\chi^2 = \sum_{j=1}^{k} \frac{(O_j - E_j)^2}{E_j} \tag{11.1}$$

(11.1) 式を見ると分かるように，この統計量はデータである観測度数と理論から得られる期待度数とのずれを指標の基本とし，それを期待度数で割ることで統計量そのものが度数の絶対的な大きさに依存しないように工夫されている．

この統計量は，各カテゴリーにおいて観測度数が期待度数からずれている，すなわち適合していない状態になるほど，このカイ 2 乗統計量の値は大きくなる．逆に各カテゴリーにおける観測度数と期待度数が等しければ，この統計量は 0 なる．

このカイ 2 乗統計量は，各カテゴリーにおける期待度数が大きければ，自由

BOX 11.1 適合度の検定

本文の表 11.1 にあるような表がある場合には，まずベクトルを作成する関数 c( ) を利用してデータを作成する。次に関数 chisq.test(x) を用いて検定を行う。x には関数 c( ) で作成したベクトル名を指定する。出力例にはカイ 2 乗値が X-squared，自由度が df，有意確率が p-value で示されている。その結果 p-value が 0.00127 と有意水準 5％より小さいため帰無仮説は有意となる。

```
chisqdata1<-c(41,21,24,14)
chisq.test(chisqdata1)
```

出力例

```
        Chi-squared test for given probabilities

data:  chisqdata1
X-squared = 15.76, df = 3, p-value = 0.00127
```

度 $\nu = k-1$ のカイ 2 乗分布に近似的に従う。一般的に期待度数は少なくとも 5 は必要である。そうでない場合はカテゴリーを併合するなどの措置をとる必要がある。

先の例について適合度の検定を行うと，表 11.1 よりカイ 2 乗統計量 χ^2 は，

$$\chi^2 = \frac{(41-25)^2}{25} + \frac{(21-25)^2}{25} + \frac{(24-25)^2}{25} + \frac{(14-25)^2}{25}$$

$$= 10.24 + 0.64 + 0.04 + 4.84 = 15.76$$

となる。自由度 $\nu = 4-1 = 3$ で，有意水準 5％のときの限界値は付表 E のカイ 2 乗の上側パーセント点や統計ソフトウェアの関数によって求めることができる。付表 E を利用する場合は，有意水準が 5％の列と自由度 (df) が 3 の行が交差する値を読み取ればよい。限界値は $\chi^2_{.05\,(3)} = 7.82$ であり，統計量は限界値を超えていることから帰無仮説は棄却される。したがって，女の子たちの

ドレスの色の選び方はすべて等しいとはいえないことになる（$\chi^2(3, N = 100) = 15.76)$，$p < .05$）。

11.3 独立性の検定

適合度の検定は，得られたデータの分布が理論分布に従っているかを検定するものであった。これから述べる**独立性の検定**（test of independence）は，2つのカテゴリー変数があり，その間に関連性かあるかどうかを調べる検定である。いわゆる**分割表**（contingency table）あるいは**クロス集計表**（cross-tabulation）に対してよく行われる検定である。

今，小学6年生100名に悩みごとや困ったことがあったとき，父親，母親，兄弟，友達，先生のうち誰にもっともよく相談するかを尋ねた（仮想データ）。その結果を性別に集計したものが表11.2である。

表11.2　小学6年生の悩みの相談相手の集計表

		父親	母親	兄弟	友達	先生	計
男児	観測度数	12	13	24	34	15	98
	期待度数	(9.7)	(19.8)	(20.3)	(29.4)	(18.8)	
女児	観測度数	8	28	18	27	24	105
	期待度数	(10.3)	(21.2)	(21.7)	(31.6)	(20.2)	
	計	20	41	42	61	39	203
	比率	0.099	0.202	0.207	0.300	0.192	1.000

ここでの分析は，小学6年生において性別と相談相手に関連があるかどうかを見ることである。したがって帰無仮説は以下のとおりとなる。

独立性の検定に関する仮説

帰無仮説 H_0：性別と相談相手に関連性はない（独立である）。

対立仮説 H_1：性別と相談相手に関連性がある。

独立であるということはどういうことだろうか。この例の場合だと男児・女

児によらず相談相手を選ぶ比率が変わらないということである。表11.2の最後の行にある比率は，相談相手ごとにまとめて集計した人数を全体の人数である200人で割った数字である。もし独立ならば，男児・女児それぞれの相談相手の比率はここで示された比率と同じだということになる。したがって，性別の期待される各相談相手の度数（期待度数）は，ここで算出された比率に各性別の人数をかければ求めることができる。たとえば，男児の父親を選ぶ期待度数は全体が父親を選んだ比率0.099に男児全体の人数98をかけた値（$0.099 \times 98 = 9.7$）である。表において括弧内の数字はこの期待度数を表している。

独立性の検定に利用する統計量も先の適合度の検定と基本的に同じである。表11.2を一般化し，行の変数Aのカテゴリー数をk個，列の変数Bのカテゴリー数をl個とし各観測度数と期待度数を表現したのが表11.3である。行の変数Aのi番目のカテゴリーでかつ列の変数Bのj番目のカテゴリーにおける観測度数はO_{ij}で，期待度数はE_{ij}で表されている。また期待度数は$E_{ij} = \dfrac{O_{i.} O_{.j}}{O_{..}}$で求めることができる。$i$行目の一番右の計の列にある$O_{i.}$は変数$A$の$i$番目のカテゴリーの合計度数であり，$j$列目の一番最後の計の行にある$O_{.j}$は変数$B$の$j$番目のカテゴリーの合計度数である。$O_{..}$は全体の総度数である。表11.3の

表11.3 $k \times l$の分割表（クロス集計表）

			B			
			1	…… j ……	l	計
A	1	観測度数	O_{11}	O_{1j}	O_{1l}	$O_{1.}$
		期待度数	E_{11}	E_{1j}	E_{1l}	
	⋮		⋮	⋮	⋮	⋮
	i	観測度数	O_{i1}	O_{ij}	O_{il}	$O_{i.}$
		期待度数	E_{i1}	E_{ij}	E_{il}	
	⋮		⋮	⋮	⋮	⋮
	k	観測度数	O_{k1}	O_{kj}	O_{kl}	$O_{k.}$
		期待度数	E_{k1}	E_{kj}	E_{kl}	
		計	$O_{.1}$	$O_{.j}$	$O_{.l}$	$O_{..}$

11.3 独立性の検定

BOX 11.2　独立性の検定

本文の表 11.2 にあるような表がある場合には，関数 rbind( ) と c( ) を組み合わせてデータを作成する．次に関数 chisq.test(x) を用いて検定を行う．x には関数 c( ) で作成した行列名を指定する．出力例にはカイ2乗値が X-squared，自由度が df，有意確率が p-value で示されている．その結果 p-value が 0.04402 と有意水準 5% より小さいため帰無仮説は有意となる．

```
chisqdata2<-rbind(c(12,13,24,34,15),c(8,28,18,27,24))
chisq.test(chisqdata2)
```

出力例
```
        Pearson's Chi-squared test
data:  chisqdata2
X-squared = 9.7954, df = 4, p-value = 0.04402
```

表記に従って独立性の検定におけるカイ2乗統計量を示すと以下のようになる．

独立性の検定における検定統計量（χ^2）

$$\chi^2 = \sum_{j=1}^{l}\sum_{i=1}^{k} \frac{(O_{ij}-E_{ij})^2}{E_{ij}} \tag{11.2}$$

$$= O_{..} \cdot \left(\sum_{j=1}^{l}\sum_{i=1}^{k} \frac{O_{ij}^2}{O_{i.}O_{.j}} - 1 \right) \tag{11.3}$$

この統計量は各カテゴリーにおける期待度数が大きければ，自由度 $\nu = (k-1)(l-1)$ のカイ2乗分布に近似的に従う．

表 11.2 について (11.3) 式をもとに統計量を計算し検定を行ってみる．まず，検定統計量は，

$$\chi^2 = 203 \cdot \left(\frac{12^2}{98 \cdot 20} + \frac{13^2}{98 \cdot 41} + \frac{24^2}{98 \cdot 42} + \frac{34^2}{98 \cdot 61} + \frac{15^2}{98 \cdot 39} \right.$$

$$+\frac{8^2}{105\cdot 20}+\frac{28^2}{105\cdot 41}+\frac{18^2}{105\cdot 42}+\frac{27^2}{105\cdot 61}+\frac{24^2}{105\cdot 39}-1\Bigg)$$

$$=9.80$$

となり，有意水準5%における自由度 $\nu=(2-1)(5-1)=4$ のカイ2乗の限界値は $\chi^2_{.05\,(4)}=9.48$ であることから，検定統計量が限界値の値を超えているので帰無仮説は棄却される．したがって，教育段階と相談相手との間には関連性があるといえる（$\chi^2(4, N=203)=9.80, p<.05$）．

11.4 比率の差の検定

先の独立性の検定の考え方をそのまま利用して2標本以上の**比率の差の検定**（test for equality of proportions）を行うことができる．たとえば，うつ病患者120名に対して認知行動療法，来談者中心療法，薬物療法の3つの療法をそれぞれ40名ずつ無作為に割り当て，6カ月後うつ病症状が改善されたかどうかを診断した．**表 11.4** は各療法ごとに症状が改善された人数と改善されなかった人数を整理したものである．療法によって改善率に違いがあるといえるだろうか．

比率の検定の場合，各実験条件などにおける比率そのものに注意が向けられがちであるが，表 11.4 のように実験条件の結果を表す変数に「あり・なし」といった2つのカテゴリーを設定し分割表を作成することができる．そうすると

表 11.4 各療法におけるうつ症状の改善率集計表

		改善あり	改善なし	計	比率
認知行動療法	観測度数	31	9	40	0.775
	期待度数	(29.7)	(10.3)		
来談者中心療法	観測度数	24	16	40	0.600
	期待度数	(29.7)	(10.3)		
薬物療法	観測度数	34	6	40	0.850
	期待度数	(29.7)	(10.3)		
	計	89	31	120	

11.4 比率の差の検定

先ほどの独立性の検定を利用することができる．すなわち，例のように 3 つの療法間で改善率に差がないとすると療法に関する変数と結果を表す改善に関する変数との間は独立となり，逆に改善率に差があるとすると 2 つの変数間に関連があるということになる．表中の期待度数は 3 つの療法間で改善率に差がないとしたときの度数を表しており，この値と観測度数が近ければ改善率に差がなく，遠ければ改善率に差があることになる．このことを先ほどのカイ 2 乗統計量を利用して検討するわけである．

先ほどの独立性の検定と今回の比率の検定におけるデータ構造の違いは，周辺度数（表の計で示された値）にある．独立性の検定では母集団を 1 つ考えてそこから無作為に抽出された標本をもとに表が整理されている．したがって，先の例では小学校高学年を母集団とし，そこから無作為に抽出された標本を性別と相談相手という 2 つの変数の組合せで表を整理した．そのため，周辺度数である男児と女児の数をあらかじめ固定してはいない．それに対して比率の差の検定では，複数の母集団を仮定し，そこから得られた標本間に比率に違いがあるかどうかを検討している．例では，3 つの療法に割り当てられた人数は各 30 名と固定されている．

それでは，カイ 2 乗統計量を利用して**表 11.4** のデータを分析してみる．まず，3 つの療法間の母集団における改善率をそれぞれ p_1, p_2, p_3 とすると，帰無仮説は以下のように療法間で改善率に差がないとする．

比率の差の検定に関する仮説

帰無仮説 $H_0 : p_1 = p_2 = p_3$　3 つの療法間で改善率が同じである．

対立仮説 $H_1 :$ 療法間において少なくとも 1 つ以上の組合せにおいて改善率が異なる．

検定統計量は先ほどの独立性の検定で利用したものと同一である．すなわち，**表 11.4** と (11.3) 式より，

$$\chi^2 = 120 \cdot \left(\frac{31^2}{40 \cdot 89} + \frac{9^2}{40 \cdot 31} + \frac{24^2}{40 \cdot 89} + \frac{16^2}{40 \cdot 31} + \frac{34^2}{40 \cdot 89} \right.$$
$$\left. + \frac{6^2}{40 \cdot 31} - 1 \right)$$

$= 6.87$

となる。有意水準 5% における自由度 $\nu = (2-1)(3-1) = 2$ のカイ 2 乗の限界値は $\chi^2_{.05\ (2)} = 5.99$ であることから検定統計量が限界値の値を超えているので帰無仮説は棄却される。すなわち 3 つの療法間の改善率に違いがあるといえる ($\chi^2(2, N = 120) = 6.87, p < .05$)。

順位データの検定

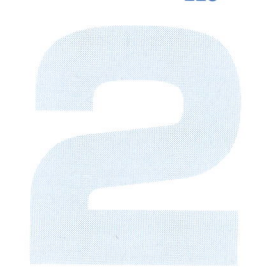

12.1 分布に依存しない検定

　10章までに述べられてきた検定（パラメトリック検定；parametric test）は，母集団について正規分布などの特定の分布を仮定し，母集団分布を規定するパラメータである平均や分散などについてデータをもとにして仮説を検証してきた．本章では母集団に特定の分布を仮定しないで行うことのできる検定（分布に依存しない検定；distribution-free test）を紹介する．

　この検定は，これまでのパラメトリック検定と比べ仮定がゆるいので，適用できるデータの範囲は広い．つまり，特定の母集団分布を仮定する必要がないので，データが少なく，正規分布を仮定することが難しい場合でもこの検定を適用することができる．また，データの尺度水準が低い順序尺度でも検定を適用することができる．本章では，分布に依存しない検定のうち，独立2標本の分布の差をみるマン–ホイットニーのU検定，対応のある2標本の分布の差をみるウィルコクソンの符号検定，独立3標本以上の分布の差をみるクラスカル–ワリスの検定，そして順位相関係数の無相関をみるスピアマンの順位相関係数の検定を取り上げる．

　これらの検定は，順位に関する情報を利用して検定を行うため，データの尺度水準が比尺度でも間隔尺度でも適用することは可能であるが，もしパラメトリック検定における母集団分布に関する仮定が満たされるならば，わざわざ分布によらない検定を行う必要はない．

　分布に依存しない検定以外にノンパラメトリック検定という用語がよく用いられる．この検定は今までのような平均といったパラメータについて仮説を設けて検定するのではなく，単に分布が等しいかどうかといった仮説を検定する

ことから**ノンパラメトリック検定**（nonparametric test）と呼ばれる。分布に依存しない検定とノンパラメトリック検定は厳密にいえば異なるが、一般的には同じ検定として扱われている。

12.2 マン−ホイットニーの U 検定

独立 2 標本の平均の差の検定に対応する分布によらない検定が**マン−ホイットニーの U 検定**（Mann-Whitney U test）である。すなわち、独立な 2 つの標本の母集団における分布の形が違うかどうかを検定するものである。ここでは例として、独立 2 標本における平均の差の検定で用いたガムを噛む実験群と何もしない統制群との間で記憶テストの得点分布に違いがあるかどうかをマン−ホイットニーの U 検定によって検討する。

表 12.1 は、各群の記憶力テストの得点と群を分けずにすべてのデータを順番に並べ替えたときの順位を示している。もっとも低い値（36）である統制群の 7 番目のデータの順位が 1 位となり、もっとも高い値（72）である実験群の 11 番目のデータの順位が 30 位となっている。順位は 1 つのデータにつき 1 つの順位が割り当てられるが、同じ値をとるデータが複数ある場合はそれぞれの当初の順位を平均した順位が割り当てられる。たとえば、統制群の 8 番目と 10 番目の 45 は、当初の 4 位と 5 位の順位の平均をとって 4.5 位をそれぞれに割り当てる。

先にも述べたようにこの検定では 2 群の母集団における分布に違いがあるかどうかを検定するので仮説は以下のとおりになる。

マン−ホイットニーの U 検定の仮説（両側検定）

帰無仮説 H_0：2 つの母集団の分布は等しい。

対立仮説 H_1：2 つの母集団の分布は等しくない。

この検定では、表 12.1 にある各群の順位から得られた順位の和を利用した U 統計量が利用される。

12.2 マン–ホイットニーの U 検定

表 12.1 記憶力テストの得点と順位

実験群	順位R_1	統制群	順位R_2
62	25	70	29
51	11	50	9
68	27.5	56	18
54	14	50	9
39	2	55	15.5
61	24	57	21
57	21	36	1
57	21	45	4.5
60	23	50	9
64	26	45	4.5
72	30	56	18
55	15.5	48	7
52	12.5	40	3
68	27.5	52	12.5
56	18	46	6
計	298		167

マン–ホイットニーの U 統計量

$$U_1 = n_1 n_2 + \frac{n_1(n_1+1)}{2} - \sum R_1$$

$$U_2 = n_1 n_2 + \frac{n_2(n_2+1)}{2} - \sum R_2 \tag{12.1}$$

上式の n_1, n_2 は各群の標本の大きさ（データ数）を表し，$\sum R_1, \sum R_2$ は各群の順位和を表す．それぞれの群ごとで求められた2つの統計量 U_1, U_2 のうち，検定では数値の小さいほうを利用し，ここではそれを U_0 と表す．

各群の標本の大きさ（データ数）が20以下の場合は，有意水準 α をもとに付表 F から限界値 $U_{.05}(n_1, n_2)$ を得る．そして検定統計量 U_0 が限界値 $U_{.05}(n_1, n_2)$ 以下であれば帰無仮説を棄却する．

例をもとにマン–ホイットニーの U 検定を行ってみると,

$$U_1 = (15)(15) + \frac{15(15+1)}{2} - 298 = 47$$

$$U_2 = (15)(15) + \frac{15(15+1)}{2} - 167 = 178$$

となり,$U_1 < U_2$ であることから,$U_0 = 47$ となる.

この例では有意水準 5% の両側検定を行うため,付表 F[1] より n_1 に対応する m が 15,n_2 に対応する n が 15 で交差する値を読むと限界値 $U_{.05/2}(15, 15) = 64$ であることが分かる.検定統計量 $U_0 = 47$ は限界値 $U_{.05/2}(15, 15) = 64$ 以下であるので帰無仮説は棄却される.したがって,マン–ホイットニーの U 検定の結果,統制群と実験群の母集団分布は有意に等しくないことが示された($U(15, 15) = 47, p < 0.05$).

--- データ数 20 を超える場合の検定統計量 ---

$$z = \frac{U_0 - \frac{n_1 n_2}{2}}{\sqrt{\frac{n_1 n_2 (n_1 + n_2 + 1)}{12}}} \tag{12.2}$$

2 つの群の一方あるいは両方のデータ数が 20 を超える場合は,U 統計量が近似的に正規分布に従うことを利用して検定を行う.

上記の例はデータ数が 20 以下であるが,この統計量を利用して検定を行うと,検定統計量 z は,

$$z = \frac{47 - \frac{(15)(15)}{2}}{\sqrt{\frac{(15)(15)(15+15+1)}{12}}} = -2.72$$

となる.この統計量は標準正規分布に従うので,有意水準 5% の両側検定のときの限界値は $z_{.05/2} = \pm 1.96$ であり,検定統計量は下側限界値よりも小さいので帰無仮説は棄却される.

---

[1] 2 群の標本の大きさが異なる場合は,$m < n$ として値を読み取る.

BOX 12.1　マン–ホイットニーの U 検定

マン–ホイットニーの U 検定を行うには関数 `wilcox.test(x,y)` を利用する。引数の中の `x`, `y` は 2 標本の各観測値を表す変数名を指定する。ここでは例として表 12.1 のデータを利用する。ただし，順位情報は必要ないので，実際のデータファイルは BOX8.1 [→ p.161] と同じものを利用する。

```
ttestdata2<-read.csv("ttestdata2.csv")
attach(ttestdata2)
wilcox.test(exp,cnt)
```

出力例
```
Wilcoxon rank sum test with continuity correction
data:  exp and cnt
W = 178, p-value = 0.006916
alternative hypothesis: true mu is not equal to 0
```

12.3　ウィルコクソンの符号検定

マン–ホイットニーの U 検定は独立 2 標本の場合であったが，対応のある 2 つの標本の分布によらない検定が**ウィルコクソンの符号検定**（Wilcoxon matched-pairs signed-rank test）である。ここでも，先の対応のある 2 標本の平均の差の検定で用いた抑うつ治療における心理療法の効果データを例にしてウィルコクソンの符号検定を紹介する。

まず表 12.2 のように各被験者の治療前後の抑うつ検査得点の差に関して符号を無視した順位をつける。この例の場合，差得点 0 点が 4 人，1 点が 7 人，2 点が 4 人いるので，0 点に関しては 1 位から 4 位までの平均をとり順位は 2.5 位となる。同様にして 1 点については 8 位，2 点については 13.5 位となる。

次に，差の符号が正の場合と負の場合とに分けて順位を整理する。1 番目の被験者は差得点が負なので負の列に順位 8 が記入される。2 番目の被験者は差

12章　順位データの検定

表12.2　抑うつ検査の得点

被験者	事前	事後	差	順位（符号無視）	差が正の順位	差が負の順位
1	8	9	−1	8		8
2	7	7	0	2.5	2.5	
3	8	6	2	13.5	13.5	
4	7	6	1	8	8	
5	7	6	1	8	8	
6	5	5	0	2.5		2.5
7	6	4	2	13.5	13.5	
8	6	5	1	8	8	
9	6	5	1	8	8	
10	7	7	0	2.5	2.5	
11	8	7	1	8	8	
12	7	7	0	2.5		2.5
13	7	6	1	8	8	
14	7	5	2	13.5	13.5	
15	7	5	3	13.5	13.5	
計					107	13

得点が正なので正の列に順位 2.5 が記入される。差得点が 0 の場合，その数が偶数ならば正負同じ数だけ任意に振り分ける。この例の場合，0 が 4 つあるので正に 2 つ負に 2 つを振り分けている。奇数の場合はランダムに 1 つのデータを捨て，後は偶数の場合と同じ手続きを行う。そして，正負それぞれの順位和 $\sum R_+, \sum R_-$ を計算しておく。

この検定の仮説は先のマン–ホイットニーの U 検定とほぼ同じである。

ウィルコクソンの符号検定の仮説（両側検定）

帰無仮説 H_0：治療前の検査得点に関する母集団分布と検査後の母集団分布は等しい。

対立仮説 H_1：治療前の検査得点に関する母集団分布と検査後の母集団分布は等しくない。

この検定では先ほど求めた正負それぞれの順位和を用いて検定統計量（T）を求める。

ウィルコクソンの符号検定

$T = \sum R_+$ と $\sum R_-$ のうち値の小さいほう。

対の数が 25 までであれば**付表 G** を利用して検定のための限界値 $T_{\alpha(n)}$ を得ることができる。マン–ホイットニーの U 検定と同じように検定統計量（T）が限界値 $T_{\alpha(n)}$ 以下であれば帰無仮説を棄却する。

例に関して有意水準 5% の両側検定を行ってみると，符号が正の順位和は $\sum R_+ = 107$ であり，符号が負の順位和は $\sum R_- = 13$ であることから値の小さい負の順位和を用いて検定統計量は $T = 13$ となる。

付表 G より対の数が 15 のときの有意水準 5% の両側検定の限界値は 25 である。検定統計量 $T = 13$ は限界値 $T_{.05/2\,(15)} = 25$ 以下であるので，帰無仮説は棄却される。したがって，事前・事後の得点の母集団分布に有意に違いがあるといえる（$T(15) = 13, p < .05$）。

対の数が 25 を超えるときは，マン–ホイットニーの U 検定と同じように T 統計量が近似的に正規分布に従うことを利用して検定を行うことができる。

データ数が 25 を超える場合の検定統計量

$$z = \frac{T - \frac{n\,(n+1)}{4}}{\sqrt{\frac{n\,(n+1)\,(2n+1)}{24}}} \tag{12.3}$$

上記の例はデータ数が 25 以下であるが，この統計量を利用して検定を行うと，検定統計量 z は，

$$z = \frac{13 - \frac{(15)(16)}{4}}{\sqrt{\frac{(15)(16)(30+1)}{24}}} = -3.22$$

となる。この統計量は標準正規分布に従うので，有意水準 5% の両側検定のときの限界値は $z_{.05/2} = \pm 1.96$ であり，検定統計量は下側限界値よりも小さいので帰無仮説は棄却される。

BOX 12.2　ウィルコクソンの符号検定

　ウィルコクソンの符号検定を行うには関数 `wilcox.test(x,y,paired=TRUE)` を利用する。引数の中の `x`, `y` は2標本の各観測値を表す変数名を指定する。また `paired=TRUE` を指定することで引数の2標本は対応ある2標本であることを示す。ここでは例として表12.2のデータを利用する。ただし，順位情報は必要ないので，実際のデータファイルは BOX8.3 [→ p.161] と同じものを利用する。

```
ttestdata3<-read.csv("ttestdata3.csv")
attach(ttestdata3)
wilcox.test(pre,post,pair=TRUE)
```

出力例
```
Wilcoxon signed rank test with continuity correction
data:  pre and post
V = 62, p-value = 0.00877
alternative hypothesis: true mu is not equal to 0
```

12.4　クラスカル–ワリスの H 検定

　マン–ホイットニーの U 検定は，独立な2つの標本の場合であったが，クラスカル–ワリスの H 検定（Kruskal-Wallis H test）は独立な3標本以上の母集団における分布の形の違いを検定する方法である。ここでは1要因分散分析で用いた香りが計算課題遂行に及ぼす影響のデータを例としてクラスカル–ワリスの H 検定を紹介する。

　マン–ホイットニーの U 検定と同じように，群によらずすべてのデータを順番に並べ替えたときの順位をデータとして加える。この順位を加えたデータを示したものが表12.3である。

12.4 クラスカル–ワリスの H 検定

表 12.3 計算課題遂行得点と順位

無臭	順位R_1	ミント	順位R_2	ローズ	順位R_3
53	7	54	9.5	52	5
47	2.5	62	14	53	7
46	1	63	15	49	4
55	11	59	13	56	12
53	7	54	9.5	47	2.5
計	28.5		61		30.5

クラスカル–ワリスの H 検定の仮説は，以下に示すようにマン–ホイットニーの U 検定を 3 標本以上に拡張したものとなる。

クラスカル–ワリスの H 検定の仮説（両側検定）

帰無仮説 H_0：各群の母集団の分布は等しい。

対立仮説 H_1：各群の母集団の分布は等しくない。

クラスカル–ワリスの H 検定では統計量として**表 12.3** で求められた順位和を利用した H 統計量が利用される。

クラスカル–ワリスの H 統計量

$$H = \frac{12}{N(N+1)} \sum_{j=1}^{p} \frac{R_j^2}{n_j} - 3(N+1) \tag{12.4}$$

ここで，n_j は j 群におけるデータ数を表し，N は全体のデータ数を表す。すなわち $N = \sum_{j=1}^{p} n_j$ である。また p は群の数を表す。この統計量は近似的に自由度 $p-1$ のカイ 2 乗分布に従う。

今回の例について，H 統計量を計算してみると，以下のようになる。

$$H = \frac{12}{15(15+1)} \left(\frac{28.5^2}{5} + \frac{61^2}{5} + \frac{30.5^2}{5} \right) - 3(15+1)$$

$$= 6.635$$

限界値が $\chi^2_{.05\,(2)} = 5.991$ であることから $H \geq \chi^2_{.05\,(2)}$ となり，帰無仮説は

棄却される。したがって，3群，つまり3つの条件の母集団の分布は等しくないことになる（$H(2) = 6.635, p < .05$）。

12.5 スピアマンの順位相関係数の検定

スピアマンの順位相関係数の検定は帰無仮説 $H_0 : \rho_s = 0$ を検証するものである。スピアマンの順位相関係数はそれ自身を検定統計量として利用することができる。限界値はあらかじめ用意された付表 H を利用する。ここでは 4 章の表 4.3 [→ p.61] にあるデータを利用する。10 人から求められたスピアマンの相関係数は $r_s = 0.939$ であり，この値について有意水準 5% で両側検定を行うことにする。このときの限界値は付表 H より $r_{s\,(10)} = 0.649$ となり，$r_s \geq r_{s\,(10)}$ であることから有意となり，r_s は 0 ではないことになる。

BOX 12.3 クラスカル–ワリスの H 検定

データは，BOX9.1 [→ p.171] にあるような分散分析で利用する形式で入力しておく。クラスカル–ワリスの検定を行うには関数 `kruskal.test(x,groups)` を利用する。引数の中の x には観測値の変数名，groups には群を表す分類変数名を指定する。ここでは例として BOX9.1 と同じものを利用する。このデータでは観測値の変数名が score，群を表す分類変数名が group となっている。

```
anova1dat<-read.csv("anovadata1.csv")
attach(anova1dat)
kruskal.test(score,group)
```

出力例
```
        Kruskal-Wallis rank sum test
data:  score and group
Kruskal-Wallis chi-squared = 6.7069, df = 2,
 p-value = 0.03496
```

付表目次

A. 標準正規分布の面積の表 …………………………………………235
B. t 分布のパーセント点（限界値）……………………………236
C. F 分布のパーセント点（限界値）……………………………238
D. スチューデント化された範囲（q）のパーセント点 …………244
E. カイ2乗分布のパーセント点（限界値）………………………245
F. マン–ホイットニーの U 検定の限界値 ………………………246
G. ウィルコクソンの符号検定の限界値 …………………………248
H. スピアマン順位相関係数の検定の限界値 ……………………249

付表A 標準正規分布の面積の表

z (1)	(2) 0〜z	(3) z〜∞	z (1)	(2) 0〜z	(3) z〜∞	z (1)	(2) 0〜z	(3) z〜∞
0.00	.0000	.5000	0.55	.2088	.2912	1.10	.3643	.1357
0.01	.0040	.4960	0.56	.2123	.2877	1.11	.3665	.1335
0.02	.0080	.4920	0.57	.2157	.2843	1.12	.3686	.1314
0.03	.0120	.4880	0.58	.2190	.2810	1.13	.3708	.1292
0.04	.0160	.4840	0.59	.2224	.2776	1.14	.3729	.1271
0.05	.0199	.4801	0.60	.2257	.2743	1.15	.3749	.1251
0.06	.0239	.4761	0.61	.2291	.2709	1.16	.3770	.1230
0.07	.0279	.4721	0.62	.2324	.2676	1.17	.3790	.1210
0.08	.0319	.4681	0.63	.2357	.2643	1.18	.3830	.1190
0.09	.0359	.4641	0.64	.2389	.2611	1.19	.3830	.1170
0.10	.0398	.4602	0.65	.2422	.2578	1.20	.3849	.1151
0.11	.0438	.4562	0.66	.2454	.2546	1.21	.3869	.1131
0.12	.0478	.4522	0.67	.2486	.2514	1.22	.3888	.1112
0.13	.0517	.4483	0.68	.2517	.2483	1.23	.3907	.1093
0.14	.0557	.4443	0.69	.2549	.2451	1.24	.3925	.1075
0.15	.0596	.4404	0.70	.2580	.2420	1.25	.3944	.1056
0.16	.0636	.4364	0.71	.2611	.2389	1.26	.3962	.1038
0.17	.0675	.4325	0.72	.2642	.2358	1.27	.3980	.1020
0.18	.0714	.4286	0.73	.2673	.2327	1.28	.3997	.1003
0.19	.0753	.4247	0.74	.2704	.2296	1.29	.4015	.0985
0.20	.0793	.4207	0.75	.2734	.2266	1.30	.4032	.0968
0.21	.0832	.4168	0.76	.2764	.2236	1.31	.4049	.0951
0.22	.0871	.4129	0.77	.2794	.2206	1.32	.4066	.0934
0.23	.0910	.4090	0.78	.2823	.2177	1.33	.4082	.0918
0.24	.0948	.4052	0.79	.2852	.2148	1.34	.4099	.0901
0.25	.0987	.4013	0.80	.2881	.2119	1.35	.4115	.0885
0.26	.1026	.3974	0.81	.2910	.2090	1.36	.4131	.0869
0.27	.1064	.3936	0.82	.2939	.2061	1.37	.4147	.0853
0.28	.1103	.3897	0.83	.2967	.2033	1.38	.4162	.0838
0.29	.1141	.3859	0.84	.2995	.2005	1.39	.4177	.0823
0.30	.1179	.3821	0.85	.3023	.1977	1.40	.4192	.0808
0.31	.1217	.3783	0.86	.3051	.1949	1.41	.4207	.0793
0.32	.1255	.3745	0.87	.3078	.1922	1.42	.4222	.0778
0.33	.1293	.3707	0.88	.3106	.1894	1.43	.4236	.0764
0.34	.1331	.3669	0.89	.3133	.1867	1.44	.4251	.0749
0.35	.1368	.3632	0.90	.3159	.1841	1.45	.4265	.0735
0.36	.1406	.3594	0.91	.3186	.1814	1.46	.4279	.0721
0.37	.1443	.3557	0.92	.3212	.1788	1.47	.4292	.0708
0.38	.1480	.3520	0.93	.3238	.1762	1.48	.4306	.0694
0.39	.1517	.3483	0.94	.3264	.1736	1.49	.4319	.0681
0.40	.1554	.3446	0.95	.3289	.1711	1.50	.4332	.0668
0.41	.1591	.3409	0.96	.3315	.1685	1.51	.4345	.0655
0.42	.1628	.3372	0.97	.3340	.1660	1.52	.4357	.0643
0.43	.1664	.3336	0.98	.3365	.1635	1.53	.4370	.0630
0.44	.1700	.3300	0.99	.3389	.1611	1.54	.4382	.0618
0.45	.1736	.3264	1.00	.3413	.1587	1.55	.4394	.0606
0.46	.1772	.3228	1.01	.3438	.1562	1.56	.4406	.0594
0.47	.1808	.3192	1.02	.3461	.1539	1.57	.4418	.0582
0.48	.1844	.3156	1.03	.3485	.1515	1.58	.4429	.0571
0.49	.1879	.3121	1.04	.3508	.1492	1.59	.4441	.0559
0.50	.1915	.3085	1.05	.3531	.1469	1.60	.4452	.0548
0.51	.1950	.3050	1.06	.3554	.1446	1.61	.4463	.0537
0.52	.1985	.3015	1.07	.3577	.1423	1.62	.4474	.0526
0.53	.2019	.2981	1.08	.3599	.1401	1.63	.4484	.0516
0.54	.2054	.2946	1.09	.3621	.1379	1.64	.4495	.0505

山内，1998より。
本表の形式の一部は，McCall, R. B. (2001). *Fundamental statistics for behavioral sciences*. 8th ed. Belmont, CA：Wadsworth.による。

付表 A 標準正規分布の面積の表（続き）

z (1)	(2)	(3)	z (1)	(2)	(3)	z (1)	(2)	(3)
1.645	.4500	.0500	2.22	.4868	.0132	2.78	.4973	.0027
1.65	.4505	.0495	2.23	.4871	.0129	2.79	.4974	.0026
1.66	.4515	.0485	2.24	.4875	.0125	2.80	.4974	.0026
1.67	.4525	.0475	2.25	.4878	.0122	2.81	.4975	.0025
1.68	.4535	.0465	2.26	.4881	.0119	2.82	.4976	.0024
1.69	.4545	.0455	2.27	.4884	.0116	2.83	.4977	.0023
1.70	.4554	.0446	2.28	.4887	.0113	2.84	.4977	.0023
1.71	.4564	.0436	2.29	.4890	.0110	2.85	.4978	.0022
1.72	.4573	.0427	2.30	.4893	.0107	2.86	.4979	.0021
1.73	.4582	.0418	2.31	.4896	.0104	2.87	.4979	.0021
1.74	.4591	.0409	2.32	.4898	.0102	2.88	.4980	.0020
1.75	.4599	.0401	2.326	.4900	.0100	2.89	.4981	.0019
1.76	.4608	.0392	2.33	.4901	.0099	2.90	.4981	.0019
1.77	.4616	.0384	2.34	.4904	.0096	2.91	.4982	.0018
1.78	.4625	.0375	2.35	.4906	.0094	2.92	.4982	.0018
1.79	.4633	.0367	2.36	.4909	.0091	2.93	.4983	.0017
1.80	.4641	.0359	2.37	.4911	.0089	2.94	.4984	.0016
1.81	.4649	.0351	2.38	.4913	.0087	2.95	.4984	.0016
1.82	.4656	.0344	2.39	.4916	.0084	2.96	.4985	.0015
1.83	.4664	.0336	2.40	.4918	.0082	2.97	.4985	.0015
1.84	.4671	.0329	2.41	.4920	.0080	2.98	.4986	.0014
1.85	.4678	.0322	2.42	.4922	.0078	2.99	.4986	.0014
1.86	.4686	.0314	2.43	.4925	.0075	3.00	.4987	.0013
1.87	.4693	.0307	2.44	.4927	.0073	3.01	.4987	.0013
1.88	.4699	.0301	2.45	.4929	.0071	3.02	.4987	.0013
1.89	.4706	.0294	2.46	.4931	.0069	3.03	.4988	.0012
1.90	.4713	.0287	2.47	.4932	.0068	3.04	.4988	.0012
1.91	.4719	.0281	2.48	.4934	.0066	3.05	.4989	.0011
1.92	.4726	.0274	2.49	.4936	.0064	3.06	.4989	.0011
1.93	.4732	.0268	2.50	.4938	.0062	3.07	.4989	.0011
1.94	.4738	.0262	2.51	.4940	.0060	3.08	.4990	.0010
1.95	.4744	.0256	2.52	.4941	.0059	3.09	.4990	.0010
1.96	.4750	.0250	2.53	.4943	.0057	3.10	.4990	.0010
1.97	.4756	.0244	2.54	.4945	.0055	3.11	.4991	.0009
1.98	.4761	.0239	2.55	.4946	.0054	3.12	.4991	.0009
1.99	.4767	.0233	2.56	.4948	.0052	3.13	.4991	.0009
2.00	.4772	.0228	2.57	.4949	.0051	3.14	.4992	.0008
2.01	.4778	.0222	2.576	.4950	.0050	3.15	.4992	.0008
2.02	.4783	.0217	2.58	.4951	.0049	3.16	.4992	.0008
2.03	.4788	.0212	2.59	.4952	.0048	3.17	.4992	.0008
2.04	.4793	.0207	2.60	.4953	.0047	3.18	.4993	.0007
2.05	.4798	.0202	2.61	.4955	.0045	3.19	.4993	.0007
2.06	.4803	.0197	2.62	.4956	.0044	3.20	.4993	.0007
2.07	.4808	.0192	2.63	.4957	.0043	3.21	.4993	.0007
2.08	.4812	.0188	2.64	.4959	.0041	3.22	.4994	.0006
2.09	.4817	.0183	2.65	.4960	.0040	3.23	.4994	.0006
2.10	.4821	.0179	2.66	.4961	.0039	3.24	.4994	.0006
2.11	.4826	.0174	2.67	.4962	.0038	3.25	.4994	.0006
2.12	.4830	.0170	2.68	.4963	.0037	3.30	.4995	.0005
2.13	.4834	.0166	2.69	.4964	.0036	3.35	.4996	.0004
2.14	.4838	.0162	2.70	.4965	.0035	3.40	.4997	.0003
2.15	.4842	.0158	2.71	.4966	.0034	3.45	.4997	.0003
2.16	.4846	.0154	2.72	.4967	.0033	3.50	.4998	.0002
2.17	.4850	.0150	2.73	.4968	.0032	3.60	.4998	.0002
2.18	.4854	.0146	2.74	.4969	.0031	3.70	.4999	.0001
2.19	.4857	.0143	2.75	.4970	.0030	3.80	.4999	.0001
2.20	.4861	.0139	2.76	.4971	.0029	3.90	.49995	.00005
2.21	.4864	.0136	2.77	.4972	.0028	4.00	.49997	.00003

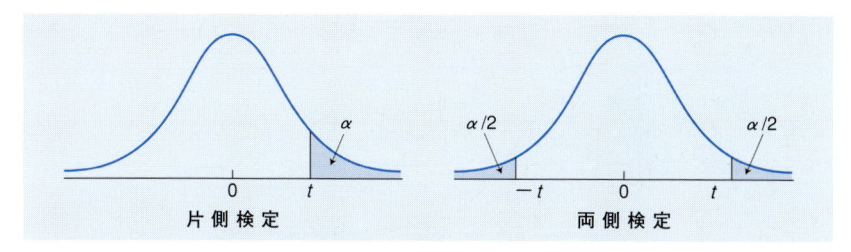

付　表

付表 B　t 分布のパーセント点（限界値）

df	片側検定の有意水準					
	.10	.05	.025	.01	.005	.0005
	両側検定の有意水準					
	.20	.10	.05	.02	.01	.001
1	3.078	6.314	12.706	31.821	63.657	636.619
2	1.886	2.920	4.303	6.965	9.925	31.598
3	1.638	2.353	3.182	4.541	5.841	12.941
4	1.533	2.132	2.776	3.747	4.604	8.610
5	1.476	2.015	2.571	3.365	4.032	6.859
6	1.440	1.943	2.447	3.143	3.707	5.959
7	1.415	1.895	2.365	2.998	3.499	5.405
8	1.397	1.860	2.306	2.896	3.355	5.041
9	1.383	1.833	2.262	2.821	3.250	4.781
10	1.372	1.812	2.228	2.764	3.169	4.587
11	1.363	1.796	2.201	2.718	3.106	4.437
12	1.356	1.782	2.179	2.681	3.055	4.318
13	1.350	1.771	2.160	2.650	3.012	4.221
14	1.345	1.761	2.145	2.624	2.977	4.140
15	1.341	1.753	2.131	2.602	2.947	4.073
16	1.337	1.746	2.120	2.583	2.921	4.015
17	1.333	1.740	2.110	2.567	2.898	3.965
18	1.330	1.734	2.101	2.552	2.878	3.922
19	1.328	1.729	2.093	2.539	2.861	3.883
20	1.325	1.725	2.086	2.528	2.845	3.850
21	1.323	1.721	2.080	2.518	2.831	3.819
22	1.321	1.717	2.074	2.508	2.819	3.792
23	1.319	1.714	2.069	2.500	2.807	3.767
24	1.318	1.711	2.064	2.492	2.797	3.745
25	1.316	1.708	2.060	2.485	2.787	3.725
26	1.315	1.706	2.056	2.479	2.779	3.707
27	1.314	1.703	2.052	2.473	2.771	3.690
28	1.313	1.701	2.048	2.467	2.763	3.674
29	1.311	1.699	2.045	2.462	2.756	3.659
30	1.310	1.697	2.042	2.457	2.750	3.646
40	1.303	1.684	2.021	2.423	2.704	3.551
60	1.296	1.671	2.000	2.390	2.660	3.460
120	1.289	1.658	1.980	2.358	2.617	3.373
∞	1.282	1.645	1.960	2.326	2.576	3.291

山内，1998より。

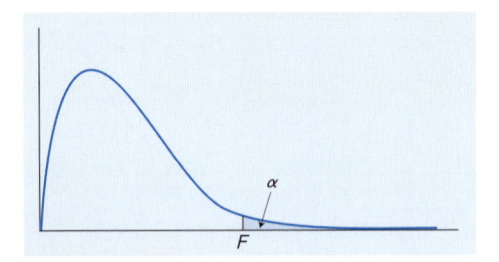

付表C　F分布のパーセント点（限界値）

		分子の自由度							
	α	1	2	3	4	5	6	7	8
1	.10	39.9	49.5	53.6	55.8	57.2	58.2	58.9	59.4
	.05	161	200	216	225	230	234	237	239
	.025	648	800	864	900	922	937	948	957
	.01	4052	5000	5403	5625	5764	5859	5928	5982
	.001	4053*	5000*	5404*	5625*	5764*	5859*	5929*	5981*
2	.10	8.53	9.00	9.16	9.24	9.29	9.33	9.35	9.37
	.05	18.5	19.0	19.2	19.3	19.3	19.3	19.4	19.4
	.025	38.5	39.0	39.2	39.3	39.3	39.3	39.4	39.4
	.01	98.5	99.0	99.2	99.3	99.3	99.3	99.4	99.4
	.001	999	999	999	999	999	999	999	999
3	.10	5.54	5.46	5.39	5.34	5.31	5.28	5.27	5.25
	.05	10.1	9.55	9.28	9.12	9.01	8.94	8.89	8.85
	.025	17.4	16.0	15.4	15.1	14.9	14.7	14.6	14.5
	.01	34.1	30.8	29.5	28.7	28.2	27.9	27.7	27.5
	.001	167	148	141	137	135	133	132	131
4	.10	4.54	4.32	4.19	4.11	4.05	4.01	3.98	3.95
	.05	7.71	6.94	6.59	6.39	6.26	6.16	6.09	6.04
	.025	12.2	10.6	9.98	9.60	9.36	9.20	9.07	8.98
	.01	21.2	18.0	16.7	16.0	15.5	15.2	15.0	14.8
	.001	74.1	61.2	56.2	53.4	51.7	50.5	49.7	49.0
5	.10	4.06	3.78	3.62	3.52	3.45	3.40	3.37	3.34
	.05	6.61	5.79	5.41	5.19	5.05	4.95	4.88	4.82
	.025	10.0	8.43	7.76	7.39	7.15	6.98	6.85	6.76
	.01	16.3	13.3	12.1	11.4	11.0	10.7	10.5	10.3
	.001	47.2	37.1	33.2	31.1	29.8	28.8	28.2	27.6
6	.10	3.78	3.46	3.29	3.18	3.11	3.05	3.01	2.98
	.05	5.99	5.14	4.76	4.53	4.39	4.28	4.21	4.15
	.025	8.81	7.26	6.60	6.23	5.99	5.82	5.70	5.60
	.01	13.8	10.9	9.78	9.15	8.75	8.47	8.26	8.10
	.001	35.5	27.0	23.7	21.9	20.8	20.0	19.5	19.0
7	.10	3.59	3.26	3.07	2.96	2.88	2.83	2.78	2.75
	.05	5.59	4.74	4.35	4.12	3.97	3.87	3.79	3.73
	.025	8.07	6.54	5.89	5.52	5.29	5.12	4.99	4.90
	.01	12.2	9.55	8.45	7.85	7.46	7.19	6.99	6.84
	.001	29.2	21.7	18.8	17.2	16.2	15.5	15.0	14.6
8	.10	3.46	3.11	2.92	2.81	2.73	2.67	2.62	2.59
	.05	5.32	4.46	4.07	3.84	3.69	3.58	3.50	3.44
	.025	7.57	6.06	5.42	5.05	4.82	4.65	4.53	4.43
	.01	11.3	8.65	7.59	7.01	6.63	6.37	6.18	6.03
	.001	25.4	18.5	15.8	14.4	13.5	12.9	12.4	12.0

分母の自由度

山内，1998より。
*印の値は100倍すること。

付　表

付表C　F 分布のパーセント点（限界値）（続き）

分母の自由度		分子の自由度								
		9	10	12	15	20	24	30	40	60	∞
	1	59.9 240 963 6022 6023*	60.2 242 969 6056 6056*	60.7 244 977 6106 6107*	61.2 246 985 6157 6158*	61.7 248 993 6209 6209*	62.0 249 997 6235 6235*	62.3 250 1001 6261 6261*	62.5 251 1006 6287 6287*	62.8 252 1010 6313 6313*	63.3 254 1018 6366 6366*
	2	9.38 19.4 39.4 99.4 999	9.39 19.4 39.4 99.4 999	9.41 19.4 39.4 99.4 999	9.42 19.4 39.4 99.4 999	9.44 19.5 39.5 99.5 999	9.45 19.5 39.5 99.5 1000	9.46 19.5 39.5 99.5 1000	9.47 19.5 39.5 99.5 1000	9.47 19.5 39.5 99.5 1000	9.49 19.5 39.5 99.5 1000
	3	5.24 8.81 14.5 27.4 130	5.23 8.79 14.4 27.2 129	5.22 8.74 14.3 27.0 128	5.20 8.70 14.2 26.9 127	5.18 8.66 14.2 26.7 126	5.18 8.64 14.1 26.6 126	5.17 8.62 14.1 26.5 125	5.16 8.59 14.0 26.4 125	5.15 8.57 14.0 26.3 124	5.13 8.53 13.9 26.1 124
	4	3.94 6.00 8.90 14.7 48.5	3.92 5.96 8.84 14.6 48.0	3.90 5.91 8.75 14.4 47.4	3.87 5.86 8.66 14.2 46.8	3.84 5.80 8.56 14.0 46.1	3.83 5.77 8.51 13.9 45.8	3.82 5.75 8.46 13.8 45.4	3.80 5.72 8.41 13.8 45.1	3.79 5.69 8.36 13.6 44.8	3.76 5.63 8.26 13.5 44.0
	5	3.32 4.77 6.68 10.2 27.2	3.30 4.74 6.62 10.0 26.9	3.27 4.68 6.52 9.89 26.4	3.24 4.62 6.43 9.72 25.9	3.21 4.56 6.33 9.55 25.4	3.19 4.53 6.28 9.47 25.1	3.17 4.50 6.23 9.38 24.9	3.16 4.46 6.18 9.29 24.6	3.14 4.43 6.12 9.20 24.3	3.10 4.36 6.02 9.02 23.8
	6	2.96 4.10 5.52 7.98 18.7	2.94 4.06 5.46 7.87 18.4	2.90 4.00 5.37 7.72 18.0	2.87 3.94 5.27 7.56 17.6	2.84 3.87 5.17 7.40 17.1	2.82 3.84<>5.12 7.31 16.9	2.80 3.81 5.07 7.23 16.7	2.78 3.77 5.01 7.14 16.4	2.76 3.74 4.96 7.06 16.2	2.72 3.67 4.85 6.88 15.8
	7	2.72 3.68 4.82 6.72 14.3	2.70 3.64 4.76 6.62 14.1	2.67 3.57 4.67 6.47 13.7	2.63 3.51 4.57 6.31 13.3	2.59 3.44 4.47 6.16 12.9	2.58 3.41 4.42 6.07 12.7	2.56 3.38 4.36 5.99 12.5	2.54 3.34 4.31 5.91 12.3	2.51 3.30 4.25 5.82 12.1	2.47 3.23 4.14 5.65 11.7
	8	2.56 3.39 4.36 5.91 11.8	2.54 3.35 4.30 5.81 11.5	2.50 3.28 4.20 5.67 11.2	2.46 3.22 4.10 5.52 10.8	2.42 3.15 4.00 5.36 10.5	2.40 3.12 3.95 5.28 10.3	2.38 3.08 3.89 5.20 10.1	2.36 3.04 3.84 5.12 9.92	2.34 3.01 3.78 5.03 9.73	2.29 2.93 3.67 4.86 9.33

*印の値は100倍すること。

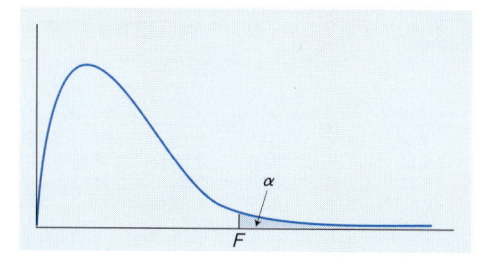

付表C　F分布のパーセント点（限界値）（続き）

分子の自由度

分母の自由度	α	1	2	3	4	5	6	7	8
9	.10	3.36	3.01	2.81	2.69	2.61	2.55	2.51	2.47
	.05	5.12	4.26	3.86	3.63	3.48	3.37	3.29	3.23
	.025	7.21	5.71	5.08	4.72	4.48	4.32	4.20	4.10
	.01	10.6	8.02	6.99	6.42	6.06	5.80	5.61	5.47
	.001	22.9	16.4	13.9	12.6	11.7	11.1	10.7	10.4
10	.10	3.29	2.92	2.73	2.61	2.52	2.46	2.41	2.38
	.05	4.96	4.10	3.71	3.48	3.33	3.22	3.14	3.07
	.025	6.94	5.46	4.83	4.47	4.24	4.07	3.95	3.85
	.01	10.0	7.56	6.55	5.99	5.64	5.39	5.20	5.06
	.001	21.0	14.9	12.6	11.3	10.5	9.92	9.52	9.20
11	.10	3.23	2.86	2.66	2.54	2.45	2.39	2.34	2.30
	.05	4.84	3.98	3.59	3.36	3.20	3.09	3.01	2.95
	.025	6.72	5.26	4.63	4.28	4.04	3.88	3.76	3.66
	.01	9.65	7.21	6.22	5.67	5.32	5.07	4.89	4.74
	.001	19.7	13.8	11.6	10.4	9.58	9.05	8.66	8.35
12	.10	3.18	2.81	2.61	2.48	2.39	2.33	2.28	2.24
	.05	4.75	3.89	3.49	3.26	3.11	3.00	2.91	2.85
	.025	6.55	5.10	4.47	4.12	3.89	3.73	3.61	3.51
	.01	9.33	6.93	5.95	5.41	5.06	4.82	4.64	4.50
	.001	18.6	13.0	10.8	9.63	8.89	8.38	8.00	7.71
13	.10	3.14	2.76	2.56	2.43	2.35	2.28	2.23	2.20
	.05	4.67	3.81	3.41	3.18	3.03	2.92	2.83	2.77
	.025	6.41	4.97	4.35	4.00	3.77	3.60	3.48	3.39
	.01	9.07	6.70	5.74	5.21	4.86	4.62	4.44	4.30
	.001	17.8	12.3	10.2	9.07	8.35	7.86	7.49	7.21
14	.10	3.10	2.73	2.52	2.39	2.31	2.24	2.19	2.15
	.05	4.60	3.74	3.34	3.11	2.96	2.85	2.76	2.70
	.025	6.30	4.86	4.24	3.89	3.66	3.50	3.38	3.29
	.01	8.86	6.51	5.56	5.04	4.69	4.46	4.28	4.14
	.001	17.1	11.8	9.73	8.62	7.92	7.43	7.08	6.80
15	.10	3.07	2.70	2.49	2.36	2.27	2.21	2.16	2.12
	.05	4.54	3.68	3.29	3.06	2.90	2.79	2.71	2.64
	.025	6.20	4.77	4.15	3.80	3.58	3.41	3.29	3.20
	.01	8.68	6.36	5.42	4.89	4.56	4.32	4.14	4.00
	.001	16.6	11.3	9.34	8.25	7.57	7.09	6.74	6.47
16	.10	3.05	2.67	2.46	2.33	2.24	2.18	2.13	2.09
	.05	4.49	3.63	3.24	3.01	2.85	2.74	2.66	2.59
	.025	6.12	4.69	4.08	3.73	3.50	3.34	3.22	3.12
	.01	8.53	6.23	5.29	4.77	4.44	4.20	4.03	3.89
	.001	16.1	11.0	9.00	7.94	7.27	6.81	6.46	6.19
17	.10	3.03	2.64	2.44	2.31	2.22	2.15	2.10	2.06
	.05	4.45	3.59	3.20	2.96	2.81	2.70	2.61	2.55
	.025	6.04	4.62	4.01	3.66	3.44	3.28	3.16	3.06
	.01	8.40	6.11	5.18	4.67	4.34	4.10	3.93	3.79
	.001	15.7	10.7	8.73	7.68	7.02	6.56	6.22	5.96
18	.10	3.01	2.62	2.42	2.29	2.20	2.13	2.08	2.04
	.05	4.41	3.55	3.16	2.93	2.77	2.66	2.58	2.51
	.025	5.98	4.56	3.95	3.61	3.38	3.22	3.10	3.01
	.01	8.29	6.01	5.09	4.58	4.25	4.01	3.84	3.71
	.001	15.4	10.4	8.49	7.46	6.81	6.35	6.02	5.76

付表C　F分布のパーセント点（限界値）（続き）

分母の自由度	分子の自由度	9	10	12	15	20	24	30	40	60	∞
9		2.44 3.18 4.03 5.35 10.1	2.42 3.14 3.96 5.26 9.89	2.38 3.07 3.87 5.11 9.57	2.34 3.01 3.77 4.96 9.24	2.30 2.94 3.67 4.81 8.90	2.28 2.90 3.61 4.73 8.72	2.25 2.86 3.56 4.65 8.55	2.23 2.83 3.51 4.57 8.37	2.21 2.79 3.45 4.48 8.19	2.16 2.71 3.33 4.31 7.81
10		2.35 3.02 3.78 4.94 8.96	2.32 2.98 3.72 4.85 8.75	2.28 2.91 3.62 4.71 8.45	2.24 2.85 3.52 4.56 8.13	2.20 2.77 3.42 4.41 7.80	2.18 2.74 3.37 4.33 7.64	2.16 2.70 3.31 4.25 7.47	2.13 2.66 3.26 4.17 7.30	2.11 2.62 3.20 4.08 7.12	2.06 2.54 3.08 3.91 6.76
11		2.27 2.90 3.59 4.63 8.12	2.25 2.85 3.53 4.54 7.92	2.21 2.79 3.43 4.40 7.63	2.17 2.72 3.33 4.25 7.32	2.12 2.65 3.23 4.10 7.01	2.10 2.61 3.17 4.02 6.85	2.08 2.57 3.12 3.94 6.68	2.05 2.53 3.06 3.86 6.52	2.03 2.49 3.00 3.78 6.35	1.97 2.40 2.88 3.60 6.00
12		2.21 2.80 3.44 4.39 7.48	2.19 2.75 3.37 4.30 7.29	2.15 2.69 3.28 4.16 7.00	2.10 2.62 3.18 4.01 6.71	2.06 2.54 3.07 3.86 6.40	2.04 2.51 3.02 3.78 6.25	2.01 2.47 2.96 3.70 6.09	1.99 2.43 2.91 3.62 5.93	1.96 2.38 2.85 3.54 5.76	1.90 2.30 2.72 3.36 5.42
13		2.16 2.71 3.31 4.19 6.98	2.14 2.67 3.25 4.10 6.80	2.10 2.60 3.15 3.96 6.52	2.05 2.53 3.05 3.82 6.23	2.01 2.46 2.95 3.66 5.93	1.98 2.42 2.89 3.59 5.78	1.96 2.38 2.84 3.51 5.63	1.93 2.34 2.78 3.43 5.47	1.90 2.30 2.72 3.34 5.30	1.85 2.21 2.60 3.17 4.97
14		2.12 2.65 3.21 4.03 6.58	2.10 2.60 3.15 3.94 6.40	2.05 2.53 3.05 3.80 6.13	2.01 2.46 2.95 3.66 5.85	1.96 2.39 2.84 3.51 5.56	1.94 2.35 2.79 3.43 5.41	1.91 2.31 2.73 3.35 5.25	1.89 2.27 2.67 3.27 5.10	1.86 2.22 2.61 3.18 4.94	1.80 2.13 2.49 3.00 4.60
15		2.09 2.59 3.12 3.89 6.26	2.06 2.54 3.06 3.80 6.08	2.02 2.48 2.96 3.67 5.81	1.97 2.40 2.86 3.52 5.54	1.92 2.33 2.76 3.37 5.25	1.90 2.29 2.70 3.29 5.10	1.87 2.25 2.64 3.21 4.95	1.85 2.20 2.59 3.13 4.80	1.82 2.16 2.52 3.05 4.64	1.76 2.07 2.40 2.87 4.31
16		2.06 2.54 3.05 3.78 5.98	2.03 2.49 2.99 3.69 5.81	1.99 2.42 2.89 3.55 5.55	1.94 2.35 2.79 3.41 5.27	1.89 2.28 2.68 3.26 4.99	1.87 2.24 2.63 3.18 4.85	1.84 2.19 2.57 3.10 4.70	1.81 2.15 2.51 3.02 4.54	1.78 2.11 2.45 2.93 4.39	1.72 2.01 2.32 2.75 4.06
17		2.03 2.49 2.98 3.68 5.75	2.00 2.45 2.92 3.59 5.58	1.96 2.38 2.82 3.46 5.32	1.91 2.31 2.72 3.31 5.05	1.86 2.23 2.62 3.16 4.78	1.84 2.19 2.56 3.08 4.63	1.81 2.15 2.50 3.00 4.48	1.78 2.10 2.44 2.92 4.33	1.75 2.06 2.38 2.83 4.18	1.69 1.96 2.25 2.65 3.85
18		2.00 2.46 2.93 3.60 5.56	1.98 2.41 2.87 3.51 5.39	1.93 2.34 2.77 3.37 5.13	1.89 2.27 2.67 3.23 4.87	1.84 2.19 2.56 3.08 4.59	1.81 2.15 2.50 3.00 4.45	1.78 2.11 2.44 2.92 4.30	1.75 2.06 2.38 2.84 4.15	1.72 2.02 2.32 2.75 4.00	1.66 1.92 2.19 2.57 3.67

付表C　F 分布のパーセント点（限界値）（続き）

<table>
<tr><th colspan="2" rowspan="2"></th><th></th><th colspan="8">分子の自由度</th></tr>
<tr><th>α</th><th>1</th><th>2</th><th>3</th><th>4</th><th>5</th><th>6</th><th>7</th><th>8</th></tr>
<tr><td rowspan="5">19</td><td>.10</td><td>2.99</td><td>2.61</td><td>2.40</td><td>2.27</td><td>2.18</td><td>2.11</td><td>2.06</td><td>2.02</td></tr>
<tr><td>.05</td><td>4.38</td><td>3.52</td><td>3.13</td><td>2.90</td><td>2.74</td><td>2.63</td><td>2.54</td><td>2.48</td></tr>
<tr><td>.025</td><td>5.92</td><td>4.51</td><td>3.90</td><td>3.56</td><td>3.33</td><td>3.17</td><td>3.05</td><td>2.96</td></tr>
<tr><td>.01</td><td>8.18</td><td>5.93</td><td>5.01</td><td>4.50</td><td>4.17</td><td>3.94</td><td>3.77</td><td>3.63</td></tr>
<tr><td>.001</td><td>15.1</td><td>10.2</td><td>8.28</td><td>7.26</td><td>6.62</td><td>6.18</td><td>5.85</td><td>5.59</td></tr>
<tr><td rowspan="5">20</td><td>.10</td><td>2.97</td><td>2.59</td><td>2.38</td><td>2.25</td><td>2.16</td><td>2.09</td><td>2.04</td><td>2.00</td></tr>
<tr><td>.05</td><td>4.35</td><td>3.49</td><td>3.10</td><td>2.87</td><td>2.71</td><td>2.60</td><td>2.51</td><td>2.45</td></tr>
<tr><td>.025</td><td>5.87</td><td>4.46</td><td>3.86</td><td>3.51</td><td>3.29</td><td>3.13</td><td>3.01</td><td>2.91</td></tr>
<tr><td>.01</td><td>8.10</td><td>5.85</td><td>4.94</td><td>4.43</td><td>4.10</td><td>3.87</td><td>3.70</td><td>3.56</td></tr>
<tr><td>.001</td><td>14.8</td><td>9.95</td><td>8.10</td><td>7.10</td><td>6.46</td><td>6.02</td><td>5.69</td><td>5.44</td></tr>
<tr><td rowspan="5">22</td><td>.10</td><td>2.95</td><td>2.56</td><td>2.35</td><td>2.22</td><td>2.13</td><td>2.06</td><td>2.01</td><td>1.97</td></tr>
<tr><td>.05</td><td>4.30</td><td>3.44</td><td>3.05</td><td>2.82</td><td>2.66</td><td>2.55</td><td>2.46</td><td>2.40</td></tr>
<tr><td>.025</td><td>5.79</td><td>4.38</td><td>3.78</td><td>3.44</td><td>3.22</td><td>3.05</td><td>2.93</td><td>2.84</td></tr>
<tr><td>.01</td><td>7.95</td><td>5.72</td><td>4.82</td><td>4.31</td><td>3.99</td><td>3.76</td><td>3.59</td><td>3.45</td></tr>
<tr><td>.001</td><td>14.4</td><td>9.61</td><td>7.80</td><td>6.81</td><td>6.19</td><td>5.76</td><td>5.44</td><td>5.19</td></tr>
<tr><td rowspan="5">24</td><td>.10</td><td>2.93</td><td>2.54</td><td>2.33</td><td>2.19</td><td>2.10</td><td>2.04</td><td>1.98</td><td>1.94</td></tr>
<tr><td>.05</td><td>4.26</td><td>3.40</td><td>3.01</td><td>2.78</td><td>2.62</td><td>2.51</td><td>2.42</td><td>2.36</td></tr>
<tr><td>.025</td><td>5.72</td><td>4.32</td><td>3.72</td><td>3.38</td><td>3.15</td><td>2.99</td><td>2.87</td><td>2.78</td></tr>
<tr><td>.01</td><td>7.82</td><td>5.61</td><td>4.72</td><td>4.22</td><td>3.90</td><td>3.67</td><td>3.50</td><td>3.36</td></tr>
<tr><td>.001</td><td>14.0</td><td>9.34</td><td>7.55</td><td>6.59</td><td>5.98</td><td>5.55</td><td>5.23</td><td>4.99</td></tr>
<tr><td rowspan="5">28</td><td>.10</td><td>2.89</td><td>2.50</td><td>2.29</td><td>2.16</td><td>2.06</td><td>2.00</td><td>1.94</td><td>1.90</td></tr>
<tr><td>.05</td><td>4.20</td><td>3.34</td><td>2.95</td><td>2.71</td><td>2.56</td><td>2.45</td><td>2.36</td><td>2.29</td></tr>
<tr><td>.025</td><td>5.61</td><td>4.22</td><td>3.63</td><td>3.29</td><td>3.06</td><td>2.90</td><td>2.78</td><td>2.69</td></tr>
<tr><td>.01</td><td>7.64</td><td>5.45</td><td>4.57</td><td>4.07</td><td>3.75</td><td>3.53</td><td>3.36</td><td>3.23</td></tr>
<tr><td>.001</td><td>13.5</td><td>8.93</td><td>7.19</td><td>6.25</td><td>5.66</td><td>5.24</td><td>4.93</td><td>4.69</td></tr>
<tr><td rowspan="5">30</td><td>.10</td><td>2.88</td><td>2.49</td><td>2.28</td><td>2.14</td><td>2.05</td><td>1.98</td><td>1.93</td><td>1.88</td></tr>
<tr><td>.05</td><td>4.17</td><td>3.32</td><td>2.92</td><td>2.69</td><td>2.53</td><td>2.42</td><td>2.33</td><td>2.27</td></tr>
<tr><td>.025</td><td>5.57</td><td>4.18</td><td>3.59</td><td>3.25</td><td>3.03</td><td>2.87</td><td>2.75</td><td>2.65</td></tr>
<tr><td>.01</td><td>7.56</td><td>5.39</td><td>4.51</td><td>4.02</td><td>3.70</td><td>3.47</td><td>3.30</td><td>3.17</td></tr>
<tr><td>.001</td><td>13.3</td><td>8.77</td><td>7.05</td><td>6.12</td><td>5.53</td><td>5.12</td><td>4.82</td><td>4.58</td></tr>
<tr><td rowspan="5">40</td><td>.10</td><td>2.84</td><td>2.44</td><td>2.23</td><td>2.09</td><td>2.00</td><td>1.93</td><td>1.87</td><td>1.83</td></tr>
<tr><td>.05</td><td>4.08</td><td>3.23</td><td>2.84</td><td>2.61</td><td>2.45</td><td>2.34</td><td>2.25</td><td>2.18</td></tr>
<tr><td>.025</td><td>5.42</td><td>4.05</td><td>3.46</td><td>3.13</td><td>2.90</td><td>2.74</td><td>2.62</td><td>2.53</td></tr>
<tr><td>.01</td><td>7.31</td><td>5.18</td><td>4.31</td><td>3.83</td><td>3.51</td><td>3.29</td><td>3.12</td><td>2.99</td></tr>
<tr><td>.001</td><td>12.6</td><td>8.25</td><td>6.60</td><td>5.70</td><td>5.13</td><td>4.73</td><td>4.44</td><td>4.21</td></tr>
<tr><td rowspan="5">60</td><td>.10</td><td>2.79</td><td>2.39</td><td>2.18</td><td>2.04</td><td>1.95</td><td>1.87</td><td>1.82</td><td>1.77</td></tr>
<tr><td>.05</td><td>4.00</td><td>3.15</td><td>2.76</td><td>2.53</td><td>2.37</td><td>2.25</td><td>2.17</td><td>2.10</td></tr>
<tr><td>.025</td><td>5.29</td><td>3.93</td><td>3.34</td><td>3.01</td><td>2.79</td><td>2.63</td><td>2.51</td><td>2.41</td></tr>
<tr><td>.01</td><td>7.08</td><td>4.98</td><td>4.13</td><td>3.65</td><td>3.34</td><td>3.12</td><td>2.95</td><td>2.82</td></tr>
<tr><td>.001</td><td>12.0</td><td>7.76</td><td>6.17</td><td>5.31</td><td>4.76</td><td>4.37</td><td>4.09</td><td>3.87</td></tr>
<tr><td rowspan="5">120</td><td>.10</td><td>2.75</td><td>2.35</td><td>2.13</td><td>1.99</td><td>1.90</td><td>1.82</td><td>1.77</td><td>1.72</td></tr>
<tr><td>.05</td><td>3.92</td><td>3.07</td><td>2.68</td><td>2.45</td><td>2.29</td><td>2.17</td><td>2.09</td><td>2.02</td></tr>
<tr><td>.025</td><td>5.15</td><td>3.80</td><td>3.23</td><td>2.89</td><td>2.67</td><td>2.52</td><td>2.39</td><td>2.30</td></tr>
<tr><td>.01</td><td>6.85</td><td>4.79</td><td>3.95</td><td>3.48</td><td>3.17</td><td>2.96</td><td>2.79</td><td>2.66</td></tr>
<tr><td>.001</td><td>11.4</td><td>7.32</td><td>5.79</td><td>4.95</td><td>4.42</td><td>4.04</td><td>3.77</td><td>3.55</td></tr>
<tr><td rowspan="5">∞</td><td>.10</td><td>2.71</td><td>2.30</td><td>2.08</td><td>1.94</td><td>1.85</td><td>1.77</td><td>1.72</td><td>1.67</td></tr>
<tr><td>.05</td><td>3.84</td><td>3.00</td><td>2.60</td><td>2.37</td><td>2.21</td><td>2.10</td><td>2.01</td><td>1.94</td></tr>
<tr><td>.025</td><td>5.02</td><td>3.69</td><td>3.12</td><td>2.79</td><td>2.57</td><td>2.41</td><td>2.29</td><td>2.19</td></tr>
<tr><td>.01</td><td>6.63</td><td>4.61</td><td>3.78</td><td>3.32</td><td>3.02</td><td>2.80</td><td>2.64</td><td>2.51</td></tr>
<tr><td>.001</td><td>10.8</td><td>6.91</td><td>5.42</td><td>4.62</td><td>4.10</td><td>3.74</td><td>3.47</td><td>3.27</td></tr>
</table>

分母の自由度

付表C　F分布のパーセント点（限界値）（続き）

<table>
<tr><th colspan="2" rowspan="2"></th><th colspan="10">分子の自由度</th></tr>
<tr><th>9</th><th>10</th><th>12</th><th>15</th><th>20</th><th>24</th><th>30</th><th>40</th><th>60</th><th>∞</th></tr>
<tr><td rowspan="10">分母の自由度</td><td rowspan="5">19</td><td>1.98</td><td>1.96</td><td>1.91</td><td>1.86</td><td>1.81</td><td>1.79</td><td>1.76</td><td>1.73</td><td>1.70</td><td>1.63</td></tr>
<tr><td>2.42</td><td>2.38</td><td>2.31</td><td>2.23</td><td>2.16</td><td>2.11</td><td>2.07</td><td>2.03</td><td>1.98</td><td>1.88</td></tr>
<tr><td>2.88</td><td>2.82</td><td>2.72</td><td>2.62</td><td>2.51</td><td>2.45</td><td>2.39</td><td>2.33</td><td>2.27</td><td>2.13</td></tr>
<tr><td>3.52</td><td>3.43</td><td>3.30</td><td>3.15</td><td>3.00</td><td>2.92</td><td>2.84</td><td>2.76</td><td>2.67</td><td>2.49</td></tr>
<tr><td>5.39</td><td>5.22</td><td>4.97</td><td>4.70</td><td>4.43</td><td>4.29</td><td>4.14</td><td>3.99</td><td>3.84</td><td>3.51</td></tr>
<tr><td rowspan="5">20</td><td>1.96</td><td>1.94</td><td>1.89</td><td>1.84</td><td>1.79</td><td>1.77</td><td>1.74</td><td>1.71</td><td>1.68</td><td>1.61</td></tr>
<tr><td>2.39</td><td>2.35</td><td>2.28</td><td>2.20</td><td>2.12</td><td>2.08</td><td>2.04</td><td>1.99</td><td>1.95</td><td>1.84</td></tr>
<tr><td>2.84</td><td>2.77</td><td>2.68</td><td>2.57</td><td>2.46</td><td>2.41</td><td>2.35</td><td>2.29</td><td>2.22</td><td>2.09</td></tr>
<tr><td>3.46</td><td>3.37</td><td>3.23</td><td>3.09</td><td>2.94</td><td>2.86</td><td>2.78</td><td>2.69</td><td>2.61</td><td>2.42</td></tr>
<tr><td>5.24</td><td>5.08</td><td>4.82</td><td>4.56</td><td>4.29</td><td>4.15</td><td>4.00</td><td>3.86</td><td>3.70</td><td>3.38</td></tr>
<tr><td rowspan="5">22</td><td>1.93</td><td>1.90</td><td>1.86</td><td>1.81</td><td>1.76</td><td>1.73</td><td>1.70</td><td>1.67</td><td>1.64</td><td>1.57</td></tr>
<tr><td>2.34</td><td>2.30</td><td>2.23</td><td>2.15</td><td>2.07</td><td>2.03</td><td>1.98</td><td>1.94</td><td>1.89</td><td>1.78</td></tr>
<tr><td>2.76</td><td>2.70</td><td>2.60</td><td>2.50</td><td>2.39</td><td>2.33</td><td>2.27</td><td>2.21</td><td>2.14</td><td>2.00</td></tr>
<tr><td>3.35</td><td>3.26</td><td>3.12</td><td>2.98</td><td>2.83</td><td>2.75</td><td>2.67</td><td>2.58</td><td>2.50</td><td>2.31</td></tr>
<tr><td>4.99</td><td>4.83</td><td>4.58</td><td>4.33</td><td>4.06</td><td>3.92</td><td>3.78</td><td>3.63</td><td>3.48</td><td>3.15</td></tr>
<tr><td rowspan="5">24</td><td>1.91</td><td>1.88</td><td>1.83</td><td>1.78</td><td>1.73</td><td>1.70</td><td>1.67</td><td>1.64</td><td>1.61</td><td>1.53</td></tr>
<tr><td>2.30</td><td>2.25</td><td>2.18</td><td>2.11</td><td>2.03</td><td>1.98</td><td>1.94</td><td>1.89</td><td>1.84</td><td>1.73</td></tr>
<tr><td>2.70</td><td>2.64</td><td>2.54</td><td>2.44</td><td>2.33</td><td>2.27</td><td>2.21</td><td>2.15</td><td>2.08</td><td>1.94</td></tr>
<tr><td>3.26</td><td>3.17</td><td>3.03</td><td>2.89</td><td>2.74</td><td>2.66</td><td>2.58</td><td>2.49</td><td>2.40</td><td>2.21</td></tr>
<tr><td>4.80</td><td>4.64</td><td>4.39</td><td>4.14</td><td>3.87</td><td>3.74</td><td>3.59</td><td>3.45</td><td>3.29</td><td>2.97</td></tr>
<tr><td rowspan="5">28</td><td>1.87</td><td>1.84</td><td>1.79</td><td>1.74</td><td>1.69</td><td>1.66</td><td>1.63</td><td>1.59</td><td>1.56</td><td>1.48</td></tr>
<tr><td>2.24</td><td>2.19</td><td>2.12</td><td>2.04</td><td>1.96</td><td>1.91</td><td>1.87</td><td>1.82</td><td>1.77</td><td>1.65</td></tr>
<tr><td>2.61</td><td>2.55</td><td>2.45</td><td>2.34</td><td>2.23</td><td>2.17</td><td>2.11</td><td>2.05</td><td>1.98</td><td>1.83</td></tr>
<tr><td>3.12</td><td>3.03</td><td>2.90</td><td>2.75</td><td>2.60</td><td>2.52</td><td>2.44</td><td>2.35</td><td>2.26</td><td>2.06</td></tr>
<tr><td>4.50</td><td>4.35</td><td>4.11</td><td>3.86</td><td>3.60</td><td>3.46</td><td>3.32</td><td>3.18</td><td>3.02</td><td>2.69</td></tr>
<tr><td rowspan="5">30</td><td>1.85</td><td>1.82</td><td>1.77</td><td>1.72</td><td>1.67</td><td>1.64</td><td>1.61</td><td>1.57</td><td>1.54</td><td>1.46</td></tr>
<tr><td>2.21</td><td>2.16</td><td>2.09</td><td>2.01</td><td>1.93</td><td>1.89</td><td>1.84</td><td>1.79</td><td>1.74</td><td>1.62</td></tr>
<tr><td>2.57</td><td>2.51</td><td>2.41</td><td>2.31</td><td>2.20</td><td>2.14</td><td>2.07</td><td>2.01</td><td>1.94</td><td>1.79</td></tr>
<tr><td>3.07</td><td>2.98</td><td>2.84</td><td>2.70</td><td>2.55</td><td>2.47</td><td>2.39</td><td>2.30</td><td>2.21</td><td>2.01</td></tr>
<tr><td>4.39</td><td>4.24</td><td>4.00</td><td>3.75</td><td>3.49</td><td>3.36</td><td>3.22</td><td>3.07</td><td>2.92</td><td>2.59</td></tr>
<tr><td rowspan="5">40</td><td>1.79</td><td>1.76</td><td>1.71</td><td>1.66</td><td>1.61</td><td>1.57</td><td>1.54</td><td>1.51</td><td>1.47</td><td>1.38</td></tr>
<tr><td>2.12</td><td>2.08</td><td>2.00</td><td>1.92</td><td>1.84</td><td>1.79</td><td>1.74</td><td>1.69</td><td>1.64</td><td>1.51</td></tr>
<tr><td>2.45</td><td>2.39</td><td>2.29</td><td>2.18</td><td>2.07</td><td>2.01</td><td>1.94</td><td>1.88</td><td>1.80</td><td>1.64</td></tr>
<tr><td>2.89</td><td>2.80</td><td>2.66</td><td>2.52</td><td>2.37</td><td>2.29</td><td>2.20</td><td>2.11</td><td>2.02</td><td>1.80</td></tr>
<tr><td>4.02</td><td>3.87</td><td>3.64</td><td>3.40</td><td>3.15</td><td>3.01</td><td>2.87</td><td>2.73</td><td>2.57</td><td>2.23</td></tr>
<tr><td rowspan="5">60</td><td>1.74</td><td>1.71</td><td>1.66</td><td>1.60</td><td>1.54</td><td>1.51</td><td>1.48</td><td>1.44</td><td>1.40</td><td>1.29</td></tr>
<tr><td>2.04</td><td>1.99</td><td>1.92</td><td>1.84</td><td>1.75</td><td>1.70</td><td>1.65</td><td>1.59</td><td>1.53</td><td>1.39</td></tr>
<tr><td>2.33</td><td>2.27</td><td>2.17</td><td>2.06</td><td>1.94</td><td>1.88</td><td>1.82</td><td>1.74</td><td>1.67</td><td>1.48</td></tr>
<tr><td>2.72</td><td>2.63</td><td>2.50</td><td>2.35</td><td>2.20</td><td>2.12</td><td>2.03</td><td>1.94</td><td>1.84</td><td>1.60</td></tr>
<tr><td>3.69</td><td>3.54</td><td>3.31</td><td>3.08</td><td>2.83</td><td>2.69</td><td>2.55</td><td>2.41</td><td>2.25</td><td>1.89</td></tr>
<tr><td rowspan="5">120</td><td>1.68</td><td>1.65</td><td>1.60</td><td>1.55</td><td>1.48</td><td>1.45</td><td>1.41</td><td>1.37</td><td>1.32</td><td>1.19</td></tr>
<tr><td>1.96</td><td>1.91</td><td>1.83</td><td>1.75</td><td>1.66</td><td>1.61</td><td>1.55</td><td>1.50</td><td>1.43</td><td>1.25</td></tr>
<tr><td>2.22</td><td>2.16</td><td>2.05</td><td>1.94</td><td>1.82</td><td>1.76</td><td>1.69</td><td>1.61</td><td>1.53</td><td>1.31</td></tr>
<tr><td>2.56</td><td>2.47</td><td>2.34</td><td>2.19</td><td>2.03</td><td>1.95</td><td>1.86</td><td>1.76</td><td>1.66</td><td>1.38</td></tr>
<tr><td>3.38</td><td>3.24</td><td>3.02</td><td>2.78</td><td>2.53</td><td>2.40</td><td>2.26</td><td>2.11</td><td>1.95</td><td>1.54</td></tr>
<tr><td rowspan="5">∞</td><td>1.63</td><td>1.60</td><td>1.55</td><td>1.49</td><td>1.42</td><td>1.38</td><td>1.34</td><td>1.30</td><td>1.24</td><td>1.00</td></tr>
<tr><td>1.88</td><td>1.83</td><td>1.75</td><td>1.67</td><td>1.57</td><td>1.52</td><td>1.46</td><td>1.39</td><td>1.32</td><td>1.00</td></tr>
<tr><td>2.11</td><td>2.05</td><td>1.94</td><td>1.83</td><td>1.71</td><td>1.64</td><td>1.57</td><td>1.48</td><td>1.39</td><td>1.00</td></tr>
<tr><td>2.41</td><td>2.32</td><td>2.18</td><td>2.04</td><td>1.88</td><td>1.79</td><td>1.70</td><td>1.59</td><td>1.47</td><td>1.00</td></tr>
<tr><td>3.10</td><td>2.96</td><td>2.74</td><td>2.51</td><td>2.27</td><td>2.13</td><td>1.99</td><td>1.84</td><td>1.66</td><td>1.00</td></tr>
</table>

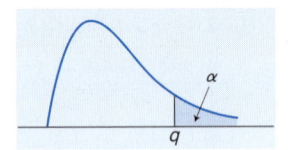

付表D　スチューデント化された範囲 (q) のパーセント点

| 誤差 df | α | \multicolumn{10}{c}{k = 平均の数} |
		2	3	4	5	6	7	8	9	10	11
5	.05	3.64	4.60	5.22	5.67	16.03	6.33	6.58	6.80	6.99	7.17
	.01	5.70	6.98	7.80	8.42	8.91	9.32	9.67	9.97	10.24	10.48
6	.05	3.46	4.34	4.90	5.30	5.63	5.90	6.12	6.32	6.49	6.65
	.01	5.24	6.33	7.03	7.56	7.97	8.32	8.61	8.87	9.10	9.30
7	.05	3.34	4.16	4.68	5.06	5.36	5.61	5.82	6.00	6.16	6.30
	.01	4.95	5.92	6.54	7.01	7.37	7.68	7.94	8.17	8.37	8.55
8	.05	3.26	4.04	4.53	4.89	5.17	5.40	5.60	5.77	5.92	6.05
	.01	4.75	5.64	6.20	6.62	6.96	7.24	7.47	7.68	7.86	8.03
9	.05	3.20	3.95	4.41	4.76	5.02	5.24	5.43	5.59	5.74	5.87
	.01	4.60	5.43	5.96	6.35	6.66	6.91	7.13	7.33	7.49	7.65
10	.05	3.15	3.88	4.33	4.65	4.91	5.12	5.30	5.46	5.60	5.72
	.01	4.48	5.27	5.77	6.14	6.43	6.67	6.87	7.05	7.21	7.36
11	.05	3.11	3.82	4.26	4.57	4.82	5.03	5.20	5.35	5.49	5.61
	.01	4.39	5.15	5.62	5.97	6.25	6.48	6.67	6.84	6.99	7.13
12	.05	3.08	3.77	4.20	4.51	4.75	4.95	5.12	5.27	5.39	5.51
	.01	4.32	5.05	5.50	5.84	6.10	6.32	6.51	6.67	6.81	6.94
13	.05	3.06	3.73	4.15	4.45	4.69	4.88	5.05	5.19	5.32	5.43
	.01	4.26	4.96	5.40	5.73	5.98	6.19	6.37	6.53	6.67	6.79
14	.05	3.03	3.70	4.11	4.41	4.64	4.83	4.99	5.13	5.25	5.36
	.01	4.21	4.89	5.32	5.63	5.88	6.08	6.26	6.41	6.54	6.66
15	.05	3.01	3.67	4.08	4.37	4.59	4.78	4.94	5.08	5.20	5.31
	.01	4.17	4.84	5.25	5.56	5.80	5.99	6.16	6.31	6.44	6.55
16	.05	3.00	3.65	4.05	4.33	4.56	4.74	4.90	5.03	5.15	5.26
	.01	4.13	4.79	5.19	5.49	5.72	5.92	6.08	6.22	6.35	6.46
17	.05	2.98	3.63	4.02	4.30	4.52	4.70	4.86	4.99	5.11	5.21
	.01	4.10	4.74	5.14	5.43	5.66	5.85	6.01	6.15	6.27	6.38
18	.05	2.97	3.61	4.00	4.28	4.49	4.67	4.82	4.96	5.07	5.17
	.01	4.07	4.70	5.09	5.38	5.60	5.79	5.94	6.08	6.20	6.31
19	.05	2.96	3.59	3.98	4.25	4.47	4.65	4.79	4.92	5.04	5.14
	.01	4.05	4.67	5.05	5.33	5.55	5.73	5.89	6.02	6.14	6.25
20	.05	2.95	3.58	3.96	4.23	4.45	4.62	4.77	4.90	5.01	5.11
	.01	4.02	4.64	5.02	5.29	5.51	5.69	5.84	5.97	6.09	6.19
24	.05	2.92	3.53	3.90	4.17	4.37	4.54	4.68	4.81	4.92	5.01
	.01	3.96	4.55	4.91	5.17	5.37	5.54	5.69	5.81	5.92	6.02
30	.05	2.89	3.49	3.85	4.10	4.30	4.46	4.60	4.72	4.82	4.92
	.01	3.89	4.45	4.80	5.05	5.24	5.40	5.54	5.65	5.76	5.85
40	.05	2.86	3.44	3.79	4.04	4.23	4.39	4.52	4.63	4.73	4.82
	.01	3.82	4.37	4.70	4.93	5.11	5.26	5.39	5.50	5.60	5.69
60	.05	2.83	3.40	3.74	3.98	4.16	4.31	4.44	4.55	4.65	4.73
	.01	3.76	4.28	4.59	4.82	4.99	5.13	5.25	5.36	5.45	5.53
120	.05	2.80	3.36	3.68	3.92	4.10	4.24	4.36	4.47	4.56	4.64
	.01	3.70	4.20	4.50	4.71	4.87	5.01	5.12	5.21	5.30	5.37
∞	.05	2.77	3.31	3.63	3.86	4.03	4.17	4.29	4.39	4.47	4.55
	.01	3.64	4.12	4.40	4.60	4.76	4.88	4.99	5.08	5.16	5.23

山内，1998より。

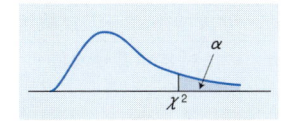

付　表

付表 E　カイ 2 乗分布のパーセント点（限界値）

df	5%	1%
1	3.84	6.64
2	5.99	9.21
3	7.82	11.34
4	9.49	13.28
5	11.07	15.09
6	12.59	16.81
7	14.07	18.48
8	15.51	20.09
9	16.92	21.67
10	18.31	23.21
11	19.68	24.72
12	21.03	26.22
13	22.36	27.69
14	23.68	29.14
15	25.00	30.58
16	26.30	32.00
17	27.59	33.41
18	28.87	34.80
19	30.14	36.19
20	31.41	37.57
21	32.67	38.93
22	33.92	40.29
23	35.17	41.64
24	36.42	42.98
25	37.65	44.31
26	38.88	45.64
27	40.11	46.96
28	41.34	48.28
29	42.56	49.59
30	43.77	50.89
35	49.80	57.34
40	55.76	63.69
50	67.50	76.15
60	79.08	88.38
70	90.53	100.4
80	101.9	112.3
90	113.1	124.1
100	124.3	135.8

山内，1998より。

付表 F　マン-ホイットニーの U 検定の限界値

より小さい値の U が，表中の m, n に対応する値と同じか小さければそれぞれの α 値またはそれ以下と判定される（m と n の標本の大きさが異なるときは，$m < n$ とする）。
片側：$\alpha = 0.025$，両側：$\alpha = 0.05$

n \ m	1	2	3	4	5	6	7	8	9	10	11	12	13	14	15	16	17	18	19	20
1	—																			
2	—	—																		
3	—	—	—																	
4	—	—	—	0																
5	—	—	0	1	2															
6	—	—	1	2	3	5														
7	—	—	1	3	5	6	8													
8	—	0	2	4	6	8	10	13												
9	—	0	2	4	7	10	12	15	17											
10	—	0	3	5	8	11	14	17	20	23										
11	—	0	3	6	9	13	16	19	23	26	30									
12	—	1	4	7	11	14	18	22	26	29	33	37								
13	—	1	4	8	12	16	20	24	28	33	37	41	45							
14	—	1	5	9	13	17	22	26	31	36	40	45	50	55						
15	—	1	5	10	14	19	24	29	34	39	44	49	54	59	64					
16	—	1	6	11	15	21	26	31	37	42	47	53	59	64	70	75				
17	—	2	6	11	17	22	28	34	39	45	51	57	63	69	75	81	87			
18	—	2	7	12	18	24	30	36	42	48	55	61	67	74	80	86	93	99		
19	—	2	7	13	19	25	32	38	45	52	58	65	72	78	85	92	99	106	113	
20	—	2	8	14	20	27	34	41	48	55	62	69	76	83	90	98	105	112	119	127

（小さい標本の大きさ：m，大きい標本の大きさ：n）

山内二郎（1972）. 統計数値表　日本規格協会　pp.277-278 による。

付表 F　マン-ホイットニーの U 検定の限界値（続き）

より小さい値の U が，表中の m，n に対応する値と同じか小さければそれぞれの α 値またはそれ以下と判定される（m と n の標本の大きさが異なるときは，$m < n$ とする）。

片側：$\alpha = 0.05$，両側：$\alpha = 0.10$

n（大きい標本の大きさ）＼ m（小さい標本の大きさ）	1	2	3	4	5	6	7	8	9	10	11	12	13	14	15	16	17	18	19	20
1	—																			
2	—	—																		
3	—	—	0																	
4	—	—	0	1																
5	—	0	1	2	4															
6	—	0	2	3	5	7														
7	—	0	2	4	6	8	11													
8	—	1	3	5	8	10	13	15												
9	—	1	4	6	9	12	15	18	21											
10	—	1	4	7	11	14	17	20	24	27										
11	—	1	5	8	12	16	19	23	27	31	34									
12	—	2	5	9	13	17	21	26	30	34	38	42								
13	—	2	6	10	15	19	24	28	33	37	42	47	51							
14	—	3	7	11	16	21	26	31	36	41	46	51	56	61						
15	—	3	7	12	18	23	28	33	39	44	50	55	61	66	72					
16	—	3	8	14	19	25	30	36	42	48	54	60	65	71	77	83				
17	—	3	9	15	20	26	33	39	45	51	57	64	70	77	83	89	96			
18	—	4	9	16	22	28	35	41	48	55	61	68	75	82	88	95	102	109		
19	0	4	10	17	23	30	37	44	51	58	65	72	80	87	94	101	109	116	123	
20	0	4	11	18	25	32	39	47	54	62	69	77	84	92	100	107	115	123	130	133

付表 G	ウィルコクソンの符号検定の限界値		
	片側検定の有意水準		
対の数	.025	.01	.005
	両側検定の有意水準		
	.05	.02	.01
6	0	—	—
7	2	0	—
8	3	1	0
9	5	3	1
10	8	5	3
11	10	7	5
12	13	9	7
13	17	12	9
14	21	15	12
15	25	19	15
16	29	23	19
17	34	27	23
18	40	32	27
19	46	37	32
20	52	43	37
21	58	49	42
22	65	55	48
23	73	62	54
24	81	69	61
25	89	76	68

Kirk, 1999より。

付表 H　スピアマン順位相関係数の検定の限界値

N	片側検定の有意水準			
	.05	.025	.005	.001
	両側検定の有意水準			
	.10	.05	.01	.002
5	.900	1.000		
6	.829	.886	1.000	
7	.715	.786	.929	1.000
8	.620	.715	.881	.953
9	.600	.700	.834	.917
10	.564	.649	.794	.879
11	.537	.619	.764	.855
12	.504	.588	.735	.826
13	.484	.561	.704	.797
14	.464	.539	.680	.772
15	.447	.522	.658	.750
16	.430	.503	.636	.730
17	.415	.488	.618	.711
18	.402	.474	.600	.693
19	.392	.460	.585	.676
20	.381	.447	.570	.661
21	.371	.437	.556	.647
22	.361	.426	.544	.633
23	.353	.417	.532	.620
24	.345	.407	.521	.608
25	.337	.399	.511	.597
26	.331	.391	.501	.587
27	.325	.383	.493	.577
28	.319	.376	.484	.567
29	.312	.369	.475	.558
30	.307	.363	.467	.549

Zar, 1972より。

引用文献

Box, G.E.P. (1954). Some theorems on quadratic forms applied in the study of analysis of variance problems, I : Effect of inequality of variance in the one-way classification. *Annals of Mathematical Statistics*, **25**, 290-302.

千野直仁 (1993). 反復デザイン概説——その1—— 愛知学院大学文学部紀要, **23**, 223-235.

千野直仁 (1999). 反復測定デザインでの注意点 繁桝算男・柳井晴夫・森 敏昭 (編著) Q & A で知る統計データ解析——DOs and DON'Ts—— サイエンス社 pp.79-81.

Cohen, J. (1988). *Statistical power analysis for the behavioral sciences.* 2nd ed. Hillsdale, NJ : Lawrence Erlbaum.

Einot, I., & Gabriel, K.R. (1975). A study of the powers of several methods of multiple comparisons. *Journal of the American Statistical Association*, **70**, 574-583.

Greenhouse, S.W., & Geisser, S. (1959). On methods in the analysis of profile data. *Psychometrika*, **24**, 95-112.

Huynh, H., & Feldt, L.S. (1976). Estimation of the Box correction for degrees of freedom from sample data in the randomized block and split plot designs. *Journal of Educational Statistics*, **1**, 69-82.

Keppel, G. (1991). *Design and analysis : A researcher's handbook.* 3rd ed. Englewood Cliffs, NJ : Prentice Hall.

Kirk, R.E. (1995). *Experimental design : Procedures for the behavioral sciences.* 3rd. ed. Monterey, CA : Brooks/Cole.

Kirk, R.E. (1999). *Statistics : An introduction.* 4th ed. Fort Worth, TX : Harcourt Brace College Publishers.

McCall, R.B. (2001). *Fundamental statistics for behavioral science.* 8th ed. Belmont, CA : Wadsworth/Thomson Learning.

森 敏昭・吉田寿夫 (1990). 心理学のためのデータ解析テクニカルブック 北大路書房

R Development Core Team (2006). *R : A language and environment for statistical computing.* Vienna, Austria : R Foundation for Statistical Computing. Retrieved November 21, 2006, from http://www.R-project.org

Ryan, T.A. (1959). Multiple comparisons in psychological research. *Psychological Bulletin*, **56**, 26-47.

Ryan, T.A. (1960). Significance tests for multiple comparisons of proportions, variances, and other statistics. *Psychological Bulletin*, **57**, 318-328.

Stevens, S.S. (1946). On the theory of scales of measurement. *Science*, **103**, 667-680.

Tan, W.Y. (1982). Sampling distributions and robustness of t, F and variance-ratio in two samplees and ANOVA models with respect to departure from normallity. *Communications in Statistics-Theory and Methods*, **11**, 486-511.

Welsch, R.E. (1977). Stepwise multiple comparison procedures. *Journal of the American Statistical Association*, **72**, 566-575.

山内二郎 (編) (1972). 統計数値表 日本規格協会

Zar, J.H. (1972). Significance testing of the Spearman rank correlation coefficient. *Journal of the American Statistical Association*, **67**, 578-580.

索　引

ア　行
因果関係　146

ウィルコクソンの符号検定　227
上側確率　86

F 統計量　176
F 分布　115

オムニバス F 検定　180

カ　行
回帰直線　63
回帰分析　61
階級　17, 18
階級数　18, 20
階級値　17
階級幅　18, 20
カイ 2 乗統計量　214, 215
ガウス分布　95
科学的仮説　122
確率　70, 71
確率実験　71
確率の加法定理　73
確率分布　82
確率変数　81
片側検定　126, 133
間隔尺度　6
完全無作為化計画　171
完全無作為化法　188
観測度数　215

棄却　123, 125
棄却域　125
記述統計学　1, 16
基準変数　62
期待度数　215

帰無仮説　122, 173
q 統計量　181
境界値　17
共分散　50

区間推定　138
グループ間平方和　175
グループ内平方和　175
クロス集計表　217

計数データ　9, 214
計量心理学　3
決定係数　68
限界値　125
検定統計量　124
検定力　128, 129

効果量　129, 133
交互作用　188, 189
交互作用効果　188
個性記述的方法　1

サ　行
最小二乗法　63
採択　123, 125
最頻値　32
算術平均　30
散布度　33

試行　71
事象　70
下側確率　86
質的変数　9
四分位数　36
四分位範囲　37
四分位偏差　38
尺度　4

索　引

従属変数　146
主観確率　75
順位相関係数　60
順序尺度　5
条件付き確率　73
信頼区間　139
信頼係数　139
心理測定学　3
心理統計学　2

水準　172
推測統計学　1, 121
スタージェスの方法　20
スチューデント化された範囲統計量　180
スピアマンの順位相関係数　60

正規分布　95
積率　43
説明変数　62
全体平方和　174
尖度　42, 88

相関　47
相関係数　50
相関図　47
相関表　49
相対度数　18
測定　4

タ　行

第1種の誤り　127
第2種の誤り　128
代表値　29
対立仮説　122, 173
多重比較　180
多変量データ解析　3
単純主効果　189
単純無作為抽出　80

中央値　31
柱状グラフ　23
中心極限定理　119

定数　8
データ　1, 3
適合度の検定　214
テューキー法　180

統計的仮説　122
統計的推測　121
統制群法　146
独立性の検定　217
独立変数　146, 172, 185
度数　18
度数データ　214
度数分布多角形　24
度数分布表　17

ナ　行

2項分布　91, 101

ノンパラメトリック検定　224

ハ　行

箱ヒゲ図　43
パーセンタイル順位　36
範囲　35
反復測定　207

ピアソンの積率相関係数　50, 54, 141
被験者間要因計画　207
被験者内要因　207
比尺度　7
ヒストグラム　23
百分位数　36
標準誤差　104
標準正規分布　96
標準偏差　33
標本　79, 102
標本抽出　79
標本統計量　104, 124
標本の大きさ　129
標本分散　109
標本分布　104
標本平均　106, 124
比率の差の検定　220

索　引

フィッシャーの Z 変換　144
複合 2 項分布　94
不偏分散　136
分位数　36
分割表　217
分散　33, 87
分散分析　170
分布関数　84

平均　30, 86
平均平方　175
ベイズの定理　76
平方和　174
ベルヌイ試行　89
ベルヌイ分布　89
変数　8
変動係数　40

法則定立的方法　1
母集団　79, 102
母集団分布　103
母分散　129

マ　行

マン–ホイットニーの U 検定　224
幹葉表示　27
無作為　79, 102
無作為抽出　79, 148
無作為標本　79, 148

無作為割り当て　148

名義尺度　4

目的変数　62

ヤ　行

有意　126
有意確率　133
有意水準　126, 129

要因　172
要因計画　185, 188
予測の標準誤差　66
予測変数　62

ラ　行

ランダムサンプル　79

離散変数　9
両側検定　126, 133
量的変数　9

累積相対度数　18
累積度数　18

連続変数　9

ワ　行

歪度　40, 88

執筆者紹介

中村　知靖 (1〜4章, 7〜12章, BOX)
なかむら　ともやす

1986 年　千葉大学文学部卒業
1993 年　東京大学大学院教育学研究科博士課程修了
現　　在　九州大学大学院人間環境学研究院（文学部）教授　博士（教育学）

主要著書

『誰も教えてくれなかった因子分析——数式が絶対に出てこない因子分析入門——』（共著）（北大路書房，2002）

『理論からの心理学入門』（分担執筆）（培風館，2005）

松井　仁 (5章, 6章)
まつい　ひとし

1982 年　東京大学教育学部卒業
1993 年　東京大学大学院教育学研究科教育心理学専攻（教育情報科学）博士課程修了　博士（教育学）
1994 年　新潟大学教育人間科学部助教授
2001 年　京都教育大学教育学部教授
2007 年　逝去

主要著書

『心理検査法入門——正確な診断と評価のために——』（分担執筆）（福村出版，1993）

『心理統計の技法』（分担執筆）（福村出版，2002）

前田　忠彦 (9章, 10章)
まえだ　ただひこ

1987 年　早稲田大学第一文学部卒業
1994 年　早稲田大学大学院文学研究科博士後期課程単位取得退学
現　　在　情報・システム研究機構統計数理研究所データ科学研究系准教授

主要著書

『原因をさぐる統計学——共分散構造分析入門——』（共著）（講談社，1992）

新心理学ライブラリ＝14

心理統計法への招待
―― 統計をやさしく学び身近にするために ――

2006年12月25日 ⓒ	初 版 発 行
2018年 9月25日	初版第5刷発行

著 者　中村知靖　　　発行者　森平敏孝
　　　　松井　仁　　　印刷者　杉井康之
　　　　前田忠彦　　　製本者　小高祥弘

発行所　株式会社　サイエンス社

〒151-0051　東京都渋谷区千駄ヶ谷1丁目3番25号
営業　☎(03)5474-8500(代)　振替00170-7-2387
編集　☎(03)5474-8700(代)
FAX　☎(03)5474-8900

印刷　株式会社ディグ　　製本　小高製本工業

《検印省略》

本書の内容を無断で複写複製することは、著作者および
出版者の権利を侵害することがありますので、その場合
にはあらかじめ小社あて許諾をお求め下さい。

サイエンス社のホームページのご案内
http://www.saiensu.co.jp
ご意見・ご要望は
jinbun@saiensu.co.jp まで

ISBN4-7819-1151-X

PRINTED IN JAPAN

心理測定尺度集 堀 洋道監修

第Ⅴ巻：個人から社会へ〈自己・対人関係・価値観〉
　吉田富二雄・宮本聡介編　B5判／384頁／本体3,150円

第Ⅵ巻：現実社会とかかわる〈集団・組織・適応〉
　松井　豊・宮本聡介編　B5判／344頁／本体3,100円

2007年までに刊行された第Ⅰ～Ⅳ巻は，現在まで版を重ね，心理学界にとどまらず，看護などの関連領域においても，一定の評価を得てきました．従来の巻では，社会心理学，臨床心理学，発達心理学を中心とする心理学の領域で，それぞれの発達段階の人を対象として作成された尺度を選定し，紹介してきました．第Ⅴ巻，第Ⅵ巻ではこれまでの4巻の編集方針を基本的に継承しながら，主に2000年以降に公刊された学会誌，学会発表論文集，紀要，単行本の中から尺度を収集し，紹介しています．

【第Ⅴ巻目次】自己・自我　認知・感情・欲求　対人認知・対人態度　親密な対人関係　対人行動　コミュニケーション　社会的態度・ジェンダー

【第Ⅵ巻目次】集団・リーダーシップ　学校・学習・進路選択　産業・組織ストレス　ストレス・コーピング　ソーシャルサポートと社会的スキル　適応・ライフイベント　不安・人格障害・問題行動　医療・看護・カウンセリング

～～～好評既刊書～～～

第Ⅰ巻：人間の内面を探る〈自己・個人内過程〉
　山本眞理子編　B5判／336頁／本体2,700円

第Ⅱ巻：人間と社会のつながりをとらえる
　　　　〈対人関係・価値観〉
　吉田富二雄編　B5判／480頁／本体3,600円

第Ⅲ巻：心の健康をはかる〈適応・臨床〉
　松井　豊編　B5判／432頁／本体3,400円

第Ⅳ巻：子どもの発達を支える〈対人関係・適応〉
　櫻井茂男・松井　豊編　B5判／432頁／本体3,200円

＊表示価格はすべて税抜きです．

サイエンス社

━━╱╱━━ コンパクト新心理学ライブラリ　既刊より ━━╱╱━━

1. **心理学　第2版**──心のはたらきを知る
   梅本堯夫・大山正・岡本浩一共著　　四六判／224頁　1400円
2. **学習の心理**──行動のメカニズムを探る
   実森正子・中島定彦共著　　四六判／216頁　1500円
4. **発達の心理**──ことばの獲得と学び
   内田伸子著　　　　　　　　四六判／224頁　2100円
5. **性格の心理**──ビッグファイブと臨床からみたパーソナリティ
   丹野義彦著　　　　　　　　四六判／264頁　1800円
7. **教育心理学　第2版**──より充実した学びのために
   多鹿秀継著　　　　　　　　四六判／224頁　1600円
8. **乳幼児の心理**──コミュニケーションと自我の発達
   麻生　武著　　　　　　　　四六判／216頁　1500円
9. **児童の心理**──パーソナリティ発達と不適応行動
   森下正康著　　　　　　　　四六判／288頁　1900円
10. **青年の心理**──ゆれ動く時代を生きる
    遠藤由美著　　　　　　　　四六判／176頁　1500円
11. **臨床心理学**──心の理解と援助のために
    森谷寛之著　　　　　　　　四六判／240頁　1700円
12. **心理学研究法**──データ収集・分析から論文作成まで
    大山正・岩脇三良・宮埜壽夫共著　四六判／304頁　2200円
13. **情報処理心理学**──情報と人間の関わりの認知心理学
    中島義明著　　　　　　　　四六判／264頁　2000円
14. **生理心理学　第2版**──脳のはたらきから見た心の世界
    岡田隆・廣中直行・宮森孝史共著　四六判／320頁　2300円
15. **心理学史**──現代心理学の生い立ち
    大山　正著　　　　　　　　四六判／320頁　2200円
16. **実験心理学**──こころと行動の科学の基礎
    大山　正編著　　　　　　　四六判／248頁　1850円

　　　　　　　　　　　　　　　＊表示価格はすべて税抜きです。

━━╱╱━━　サイエンス社　━━╱╱━━

新心理学ライブラリ

1. **心理学への招待［改訂版］**──こころの科学を知る
   梅本堯夫・大山 正共編著　A5判・336頁・本体2500円
2. **幼児心理学への招待［改訂版］**──子どもの世界づくり
   内田伸子著　A5判・360頁・本体2850円
3. **児童心理学への招待［改訂版］**──学童期の発達と生活
   小嶋秀夫・森下正康共著　A5判・296頁・本体2300円
5. **発達心理学への招待**──人間発達の全体像をさぐる
   矢野喜夫・落合正行共著　A5判・328頁・本体2900円
6. **学習心理学への招待［改訂版］**──学習・記憶のしくみを探る
   篠原彰一著　A5判・256頁・本体2400円
7. **最新 認知心理学への招待［改訂版］**──心の働きとしくみを探る
   御領・菊地・江草・伊集院・服部・井関共著
   A5判・352頁・本体2950円
8. **実験心理学への招待［改訂版］**──実験によりこころを科学する
   大山 正・中島義明共編　A5判・272頁・本体2500円
9. **性格心理学への招待［改訂版］**──自分を知り他者を理解するために
   詫摩・瀧本・鈴木・松井共著　A5判・280頁・本体2100円
11. **教育心理学への招待**──児童・生徒への理解を深めるために
    岩脇三良著　A5判・264頁・本体2300円
13. **心理測定法への招待**──測定からみた心理学入門
    市川伸一編著　A5判・328頁・本体2700円
14. **心理統計法への招待**──統計をやさしく学び身近にするために
    中村知靖・松井 仁・前田忠彦共著　A5判・272頁・本体2300円
15. **心理学史への招待**──現代心理学の背景
    梅本堯夫・大山 正共編著　A5判・352頁・本体2800円
17. **感情心理学への招待**──感情・情緒へのアプローチ
    濱 治世・鈴木直人・濱 保久共著　A5判・296頁・本体2200円
18. **視覚心理学への招待**──見えの世界へのアプローチ
    大山 正著　A5判・264頁・本体2200円
20. **犯罪心理学への招待**──犯罪・非行を通して人間を考える
    安香 宏著　A5判・264頁・本体2300円
21. **障がい児心理学への招待**──発達障がいとコミュニケーションを中心に
    鹿取廣人編著　A5判・152頁・本体1800円
別巻．**意思決定心理学への招待**
    奥田秀宇著　A5判・232頁・本体2200円

＊表示価格はすべて税抜きです。

サイエンス社